经济学学术前沿书系

JINRONG ZHONGXIN LUN

金融中心论

陶 冶 张国胜 著

经济日报出版社

图书在版编目（CIP）数据

金融中心论／陶冶，张国胜著. -- 北京：经济日报出版社，2019.12

ISBN 978-7-5196-0640-4

Ⅰ.①金… Ⅱ.①陶… ②张… Ⅲ.①国际金融中心-建设-研究-中国 Ⅳ.①F832.3

中国版本图书馆 CIP 数据核字（2020）第 019570 号

金融中心论

作　　者	陶　冶　张国胜
责任编辑	陈　芬
责任校对	李艳春
出版发行	经济日报出版社
地　　址	北京市西城区白纸坊东街 2 号 A 座综合楼 710（邮政编码：100054）
电　　话	010-63567684（总编室）
	010-63584556（财经编辑部）
	010-63567687（企业与企业家史编辑部）
	010-63567683（经济与管理学术编辑部）
	010-63538621　63567692（发行部）
网　　址	www.edpbook.com.cn
E - mail	edpbook@126.com
经　　销	全国新华书店
印　　刷	北京建宏印刷有限公司
开　　本	710×1000 毫米　1/16
印　　张	18.5
字　　数	290 千字
版　　次	2020 年 7 月第一版
印　　次	2020 年 7 月第一次印刷
书　　号	ISBN 978-7-5196-0640-4
定　　价	56.00 元

前　言

本书是在现行国家支持建立国际金融中心政策背景下，主要针对我国建立国际金融中心与离岸金融市场发展状况进行写作的。目的是，通过对国外国际金融中心的发展状况进行系统的分析比较，结合我国具体国情与发展进程，提出我国建设国际金融中心的建议。党的十四大首次提出建设上海国际金融中心的目标，自 1992 年以来，上海已基本确立了以市场中心为主要特征的国内领先的金融中心地位，并正向建设国际金融中心的目标迈进。2008 年，《关于促进首都金融业发展的意见》中首次提出，要将北京建设成为具有国际影响力的金融中心城市。2009 年 4 月，为应对国际金融危机，国务院颁布《关于推进上海加快发展现代服务业和先进制造业、建设国际金融中心和国际航运中心的意见》，在中央政府的领导和关心下，在国家各有关部门的指导和支持下，加快推进上海国际金融中心建设。最新数据统计显示，2018 年上海金融业实现增加值 5781.63 亿元，同比增长 5.7%，占全市生产总值的比重为 17.69%，这表明金融对经济的支持作用进一步增强；金融市场体系进一步完善，规模持续扩大、功能不断增强。2012 年，国家发改委发布《“十二五”时期上海国际金融中心建设规划》，再次基于国家战略层面强调上海市不同于国内其他区域性金融中心的重要地位和责任使命。2016 年，上海市政府发布《“十三五”时期上海国际贸易中心建设规划》，更加明确了上海作为我国国际贸易中心的地位。上面两个《规划》是上海国际金融中心建设过程中非常重要的纲领性文件，它对上海今后一段时期国际金融中心建设的指导思想、目标、主要任务和措施等作出了明确说明，给出了具体的指导意见。在“一带一路”“长江经济带”等国家战略建设的稳步推进下，上海之于我国改革开放和现代化建设大局的重要性愈加突出。由国家近年来出台的各种有利政策，可以看出对建设金融中心的大力支持。本书应时势而出，具有重大现实意义。

大到一个国家、一个地区，小到一座城市，若想成为国际金融中心，不仅要有强大的经济支撑和优越的地理位置，基本上还取决于其自身金融市场的深度、金融机构的聚集程度、金融创新的能力、高素质的金融人才以及法律制度的完善等诸多条件。对于后起和正在建设中的国际金融中心来说，宽严适度的金融发展环境、政府的支持等同样是重要的因素。

19 世纪末，凭借自由贸易思想和工业革命的推动，伦敦成功地占据国际金融领域的主导地位，最终形成当时世界上首个真正意义上的国际金融中心。类似地，第二次世界大战后，得益于美国强大的经济实力和以美元为主导的国际货币体系，纽约成为全球最发达、最活跃的国际金融中心。

20 世纪 80 年代，得益于高度自由开放的市场经济体制、宽松的经济金融发展环境和优越的地理位置，香港发展成为著名的国际金融中心。20 世纪 80 年代中后期，借助日本雄厚的经济实力以及日元国际化、金融自由化的推动，东京成为全球第三大国际金融中心。20 世纪 90 年代，随着离岸金融业务的快速发展以及政府强有力的推动，新加坡成为重要的国际金融中心。

国际金融中心的形成与壮大，不仅有利于西方工业国家，发展中国家也受益良多，甚至可以说对全球经济都具有非常积极的推进作用。其主要表现在以下几个方面：调节各国国际收支；为各国经济发展提供了资金；促进银行业务的国际化；加速生产和资本的国际化等。

本书主要内容包括：金融中心的概述，包括国际金融中心的形成因素分析与分布规律；新兴的国际金融中心的主要功能、意义、地位和影响；金融中心形成历史背景，对现有的五个著名国际金融中心进行梳理，详细地介绍了五个著名国际金融中心——伦敦、纽约、法兰克福、东京、新加坡的发展，并进行了比较分析；在此基础上提出离岸金融中心，阐明其对世界经济的影响；针对不同国家的发展路径，比较分析主要国家的中心业务、发展趋势和政府监管方面的不同。在基础分析之后，提出我国金融中心的建设，分析了国际金融中心建设的战略意义、行动框架及条件，进一步梳理我国四大金融中心发展历程。之后，在战略视角下对多层次的金融中心发展进行分析；提出逆周期的宏观金融审慎管理制度构想；并创新性地从汽车金融服务业角度思考金融市场发展；提出我国发展多层次金融中心的战略规划；论述金融国际化对中国资本市场的正负效应，分析我国资本市场发展过程中存在的问题，并提出建议。根据我国离岸人民币业务的构想，包括离岸金融市场的建设策略和香港的发展对内地金融市场的影响，辨析人民币离岸金融中心的发展路径。最后从全球化的视角，探析我国金融国际化的未来之路，提出金融中心理念创新、加强法律建设完善市场监督管制、人才集聚及信用制度建设三条独创性发展之路。

本书的重点在于：通过对现在的国际金融中心的历史与现状的认识，深入分析我国建设国际金融中心的必要性以及其建设过程中可能面临的问题与挑战，并由此针对性地提出发展建议。

特色在于，通过近年最新数据的分析，从战略视角下分析我国金融中心多层次发展状况，并针对金融国际化对国内经济的影响提出构建离岸金融中心构想。从历史与未来，国际与国内，横向与纵向，多角度全面细致分析。问题分析具有针对性，建议具有现实性与可行性。

近年来，随着我国综合国力的上升，人民币的国际地位越来越高，国际金融市场对人民币境外流通的需求越来越高，在这种趋势下，建设人民币离岸金融中心强调契合以市场为导向的发展道路，中国作为人民币的本币国，更应该顺应市场的发展趋势，实施积极政策引导人民币在境外的发展，构建一个运行平稳安全的以人民币为结算的体系，循序渐进地推动人民币离岸金融中心的建设。

国际金融中心是一个方兴未艾且极具挑战的研究课题和领域，受作者能力的局限，特别是由于金融中心建设的迅猛发展，书中难免有疏漏和不足之处，欢迎广大读者批评指正。

目 录
CONTENTS

第一章　金融中心概论

第一节　金融中心基础理论

一、金融中心的界定

从功能的角度，美国经济学家金德尔伯格（Kinderberg）认为："金融中心不仅随时要在个人和企业的储蓄和投资之间发挥平衡作用，将金融资本从储蓄者转移到投资者，而且还对不同地区间储蓄的支付和转移产生影响。"

我国香港学者饶余庆提出："金融中心是银行与其他金融机构高度集中，各类金融市场能自由生存和发展，金融活动与交易较任何其他地方更有效率的都市。"

英国金融专家库克利则认为："金融中心传统上是对主要金融市场的描绘。在这个市场上，当大量金融交易活动被集中在某一区域尤其是特定城市时，该城市或区域便被看作是金融中心。"

可以说，金融中心一定是具备经过历史财富积累而奠定的经济基础，而且能经历改革甚至是残酷的政治斗争而延续下来。同时，通达的区位优势以及具备现代计算机技术的硬件设施也是其不可或缺的条件，并在此基础上进一步向各类金融机构以及新型交易的中介商提供更加精细化的分工，再通过不断地发展扩张，孕育出具备区域性或者全球性的资本交易清算场所。由此，金融中心是建立在以科学技术为基础而产生的科技、贸易、经济等中心之上的汇聚机构、交易、清算、先进设施、金融领域人才以及科技创新的中心。

金融中心功能的实质即金融中介功能。传统上，为有资金需求客户与有闲散资金客户之间提供中介服务作为绝大多数金融机构的中介功能；而金融中心则为各类金融机构提供集中交易和清算的场所，某种程度上是"中介的中介"。区域金融中心是那些允许国际投资者们自由积极地从事各种相关金融交易的特定区域。与之对应的，只允许本国居民进行金融交易的则被称为国内金融中心。

二、从供求角度分析金融中心形成

基于世界经济格局变迁的视角，可以说，任何强大的经济体都必然会发展出一个与之相适应的区域金融中心，通过历史的发展规律同样也可以看出：打破宗教束缚以及最早发行公债进行融资的威尼斯；坐拥商业和信息交换中心，诞生出世界历史上第一家中央银行的阿姆斯特丹；借助英国第一次工业革命的推动，成为新生经济体的核心区——伦敦；还有纽约、东京等城市都是世界著名的区域金融中心。

自 1978 年改革开放以来，我国取得了举世瞩目的发展成就。时间回溯到 2011 年 2 月 14 日，根据日本内阁公布的数据，日本 2010 年全年名义 GDP 为 54742 亿美元，这与我国同期名义 GDP 相比少了约 4000 亿美元，这是我国 GDP 首次超过日本。当前我国的 GDP 总量已远超日本，位居世界第二位，按这样的经济规模和发展速度，我国理应孕育出具有区域影响力的金融中心。实际上，一个国家产生出区域金融中心往往就意味着其具备了区域货币和资本的控制权以及定价权，由此，当代各国建立区域金融中心的竞争愈加激烈。

Kinderberg（1974）提出，金融服务中心一定是由银行、证券、信托等高度专业分工的金融中介公司组成的。促使金融中心形成的向心动力往往是以具备相当规模的经济体作为核心，尤其是在交易和支付结算体系的构建中。由此，金融市场的信息不对称、地理区域以及文化差异等可以说是离心力。历史表明，通常是在金融中心的开端期，一些“小的历史偶然事件”可能就会导致某一区域中产生较小的优势，这也意味着一些优势在当时不一定能被识别出。由此，对于早期的历史研究来说，找出促使一个领先金融中心出现的因素尤为关键；一般情况下，战乱、贸易发展变化等都可能会影响金融中心的兴衰起落。譬如，在经历第二次世界大战的洗礼后，美国、欧洲各国以及日本的金融地位的发展变化轨迹很大程度上吻合以上规律。这些新兴的金融中心无不显示出一个共同之处：以国民经济的增长作为动力；以当代先进的科技作为基础，以完善的信息披露、会计制度及相关法律作为保证。回到前文所述有关金融中心形成的向心力与离心力观点。向心力可大致分为三个部分：（1）市场的流动性（2）信息溢出效应（3）规模经济。离心力同样大致包含三个部分：（1）政策导向（2）进入市场成本（3）法律法规等。在这一领域的研究中，也有学者提出了不同的结论。比如一些学者会把技术的溢出、文化因素性、市场的外部等看成影响金融中心形成的首要因素，认为金融发展的背后动力可以用信息的外生性、不对称信息等来解释。

香港学者饶余庆（1997）曾长期在香港进行一系列的实地研究，获得不少区域金融中心发展的经验和结论。赵晓斌等（2002）在研究未来中国金融的发展时，创新式地将信息腹地理论引入到地理经济学的领域中来进行研究。吴景平（2005）采取多维的角度，详细分析了作为近代中国的区域金融中心的上海在20世纪二三十年代的市场状况。此外，有关区域金融中心的形成问题，王力和黄育华（2004）、黄解宇和杨再斌（2006）与上财金融中心（2008）等都对其进行了较为系统的分析。潘英丽（2003）与张幼文（2003）则对金融中心建设的某一个方面进行了较为细致地论述。

饶余庆（1997）通过供求的角度分析说明了金融中心所形成的框架结构。冯德连（2004）通过创建一个轮式模型，分析认为城市因素和供求因素以及历史因素作为区域金融中心发展的推动力，而拉力则由科学技术和经济发展组成，并强调了另一不容忽视的重要的影响因素，即地方政府的公共政策。薛波（2009）以蝴蝶效应与路径依赖相互作用的分析思路，分为三条分析框架进行研究。首先从一般的供求关系角度进行分析，即本国居民与外国居民以及本国与跨国金融机构对生活基础条件、金融服务及其衍生品等方面的供给需求关系。虽然第一个分析框架适用性较广，但未能深层次分析区域金融中心形成的原因或动力机制。然后是归类研究这些影响因素，第二个框架分析存在没有很好地理清逻辑分析层次的问题。最后以英国、美国以及日本的例子进行说明，引用蝴蝶效应理论，重点介绍了重大政治经济变革在历史进程中对金融中心造成的影响。但是这三个分析框架均存在一些不足，不符合当代金融中心诞生的理论体系标准。

三、金融中心发展的深刻背景

有关区域金融中心建设的问题涵盖政治、经济、历史以及文化等诸多因素，因此多数学者基于竞争力视角来研究区域金融中心的主要形成要素，关键方法是设计出能对某金融中心的整体发展状况进行量化的指标体系，这其中，伦敦金融城以及新华 – 道琼斯的评价指标体系可以说是最具代表性的。

但实质上，上述两个评价指标仅仅是罗列了各个金融中心的详细状况，或者说只针对金融中心本身这个大的概念，没有考虑其内部指标体系之间的逻辑关系，所以对于建设区域金融中心来说，可借鉴之处有限。正如诺斯曾在分析经济发展时所提出的，技术创新、人力资本和劳动力等只关注经济增长本身，并不能解释增长的原因。这就导致关于区域金融中心，不过是通过一系列的指标来描述其本身，而不能从逻辑层面上将其形成的原因解释清楚，而这正是我们研究区域金融中心的重点和难点。

对于探究区域金融中心的形成机制，抽象出重要的变量以进行层次分析尤为关键。所以，首先考虑金融业不同于其他行业的特殊性。作为一种特殊的服务业，金融业与制造业相比，其中一个最大的区别就是制造业市场上交易的是服装、家具等看得见、摸得着的商品。因为其商品自身的特性，相较于金融业，制造业的生产、销售市场的发展进程对更严格的法律及信息结构需求不高。服务业某种意义上就是契约型产业，我们认为生产与交易相当于一个复杂与密集的契约活动。服务业中的金融业，交易双方能掌握的信息较少，其实质就是金融契约合同的生效（支付条件）。在一个不能保障契约有效运行的环境里，交易者从事高端服务业交易的风险便会大大提升，交易者的交易意愿也会降低，因此，能否缓解此类问题就体现出了制度的长远价值。而法治与政府政策构成金融的制度基础，法治的基础是能对产权与契约执行进行保护，同时也能对政府行为起到约束作用。政府政策则表现为政府对金融市场的干预作用，基本表现为税收水平和对金融企业的所有权等方面。由此，司法体系是否独立以及政府政策是否合意对金融业的发展至关重要。

法律体系主要分为大陆法系与普通法系。施莱弗等（2008）系统性地研究了 150 个国家的法律起源。结论表明：（1）执行大陆法系的国家对投资者的保护力度不如执行普通法系的国家，金融发展的状况同样不如后者；（2）由于最大限度地排除人为因素，执行普通法系的国家中那些因客观条件导致的商业行贿等事件显著降低；（3）在执行普通法系的国家中，司法体系更独立，法律程序更简便，所以合同执行的效率更高，产权更安全。施莱弗等的发现对于有关区域金融中心和证券市场领域的研究具有较高的价值。这同样表明了制度基础之于区域金融中心的形成和发展至关重要。比较当今世界各区域金融中心的发展历程，属于大陆法系的金融中心相较于属于普通法系的金融中心，其发展状况要弱一些，且可持续性方面也有不足之处，前者包括东京、法兰克福和巴黎等城市，后者则是伦敦、纽约、中国香港和新加坡等城市。对于区域金融中心的形成，很重要的一点是，如果有好的政策和制度环境，诸如基础设施与人才等必要条件是可以内生出来的。

除了分析法律制度，政府的金融政策同样值得深究。金融政策属于非长期政策法规，基本上由相关的个人及公司赋税政策、金融人才配套政策、金融自由化政策等构成，具有相对灵活变通的特性。历史表明，在法律制度相对稳定的情况下，大到一个国家的发展，小到一个金融体系的形成，政府的政策导向是极其关键的。当今世界，金融中心的竞争激烈程度远非 19 世纪前可比拟，人们纷纷认识到金融中心的重要性，只要具备一定的条件，任何地区和国家都不会放弃金融中心的发展。基于竞争激烈的金融背景，金融中心所处地区和国家的金融政策就显得极为关键。一般情况下，金融政策主要围绕金融业准入门槛、监管程度和税收政策等方面。好的金融政策能起到降低金融机构的经营成本和创新成本的作用，从而进一步吸引金融机构的进驻。总结以上介绍的区域金融中心的历史经验，无论是金融中心的横向对比与其自身的纵向对比，可以看出一个适度宽松的金融政策能有效促进金融中心的发展。实际上，一个有效的金融政策促进金融中心发展，某种程度上还可以抵消现有制度的不足，同时留存空间和时间从而利于制度的改革。

前文论述了法律制度与金融政策对于金融中心的影响，我们还发现，那些国际著名的区域金融中心同时也是其本国央行的所在地，例如巴黎、伦敦和纽约。20 世纪二三十年代的上海作为远东区域金融中心同样如此。不难发现，央行能够促进区域金融中心提升其国际影响力。区域金融中心可以理解为金融信息聚集和扩散的中心，现代信息技术的发展对信息地理区位有一定的弱化，但是由市场本身地理差异和时差所造成的信息时滞仍不能得到有效解决。所以，倘若金融机构更加接近信息源，那么其他就能更加快速地获取有效信息，尤其是非标准化信息。基于短期来看，金融市场充满了投机活动，这就会导致一些距离央行比较近的金融机构，能够其先人一步得到有效信息，从而取得更高的收益。另一方面，央行所在地通常具备监管信息与先天政策优势，会吸引大量金融机构进驻，这能够更进一步促进区域金融中心的形成和发展。

另外，金融中心的发展还需具备开放的经济和地理区位优势。一方面，通常是只有一定经济规模和地理纵深的地区才能诞生金融中心，因为金融中心具有大量的交易主体，而只有这样大的经济腹地才能承载。而且，区域金融中心内拥有大量的金融机构和企业，其区域化程度越高，区域金融中心的影响范围就越大，二者成正相关的关系。比较典型的是新加坡和香港，前者作为东南亚的金融中心、经济中心，虽然其国土面积不大，但其具有很高的区域化程度，我国香港不但作为大陆华南地区的经济中心，更是东亚地区的金融中心；另一方面，金融中心城市通常是由过去的航运与贸易中心城市，因此具备先天的地理区位优势。历史上，伦敦、纽约、东京、中国香港以及新加坡等均从旧时的航运贸易中心发展成为当今的区域金融中心；另外，金融的需求量与交易量在短期内是相对稳定的，倘若金融中心在同一个时区或者时区相差不大时，便会产生竞争。纽约与伦敦之间相差五个时区，伦敦与东京之间又相差九个时区，而同处亚洲东半部的东京与中国香港、新加坡和上海只差一个时区，因此，较近的时区必然会导致以上几个金融中心之间竞争激烈。

另外，世界上几乎所有区域金融中心的工作语言都是英语。例如：伦敦、纽约、新加坡、中国香港、悉尼等，英语作为世界通用语言，是联合国的工作语言之一，所以那些以英语作为本国官方语言的国家，无形中为区域金融中心的发展增添一个优势。都位于亚洲东部的东京和我国上海因为官方语言都不是英语，有可能会导致相应的交易成本升高，所以，我们认为区域金融中心发展的辅助条件还应该包括语言方面。

基于前文的分析，对于一座城市来说，要想建设区域金融中心，其自身的法律制度、相关金融政策、央行所在地、地理区位以及相邻金融中心之间时区远近等都是关键的影响因素，官方语言则作为一个隐形因素影响着金融中心的交易成本，要强调的是关于金融中心的制度建设，尤其是其中的法治建设最为关键。回到前文的论述，每一个城市自身的禀赋特征都不尽相同，所以各种复杂因素的影响结果一方面可能会成为有利于金融中心发展的向心力，另一方面，也可能形成一定程度的离心力，从而影响区域金融中心的发展。

基于历史角度分析，关于区域金融中心形成的一个核心基础条件便是良好的产权保护和有效维护契约执行的法治体系。目前世界上现有的几大区域金融中心里，那些执行普通法体系的金融中心发展得更好，可以说，它们的法律体系一定程度上优于大陆法，施莱弗等的研究证明了这个结论。如果说法治是区域金融中心诞生的基础条件，基于我国的现实情况，可以说，我国的司法体系历史上就不是独立的司法体系。从公元618年的唐朝到1911年的清朝结束，中国过去一直都是一个中央集权式国家（陈志武，2009），这同西方国家的分权体制完全不同，中国的法律突出行政处罚与刑事制度，关于民事责任的认定和程序法的规范上有明显不足。作为统治阶级的工具，近代中国的法律体系同以往朝代相比没有较大变化，司法体系被政府控制，没有有效的独立司法体系。自1978年改革开放以来，我国法律得到了修正和完善，并且在1991年通过并颁布了《中华人民共和国民事诉讼法》，此后还颁布和实施了其他的一些民事和商业法律，法制建设进一步提升，但司法体系的发展进程仍然无法契合经济高速发展的步伐。

单豪杰等（2007）从历史、理论和经验研究三个角度对制度与经济发展之间的关系进行了较为细致的研究，提出有关制度划分与阶段性发展的创新论述。实际上，制度层面分析方面，划分制度的内涵和分层以及划分制度分析的阶段性是非常重要的，因为，如果研究的历史跨度较长的话，可能会陷入循环论中，因此，如何处理二者之间的内生性问题的关键是找出一个合理的时间起点。金融中心和法治的建设同样具有这一逻辑关系。从宏观层面来看，法治的发展通常是较为缓慢的，尤其是地方政府常常会影响地方法院，因此这种意义上的法治发展的进程都较为缓慢。但从另一个角度，即法治功能的内涵来理解，我们的思维就可以扩散。我们把它划分成五类，即政府的治理效率、政府的廉洁程度、对产权的保护力度、法律制定的质量和执行效率尤其是维护契约合同的有效执行等。这五个方面的发展需要很长时间才会改变，但好在不是一成不变的，换一种说法就是，法治因素是处于0—1分布上的一个值，而不是一个0或者1的界值点。只考虑完全的独立司法，倘若将其认为是一种“缓慢且严谨的制度”过程就显得不够科学。实际上，这其中的一部分，即我们的金融政策，例如人才配套政策、税收政策、金融自由化等方面的政策都是能够迅速发展与变化的。诸如这些政策，我们可将其称之为“迅速变迁的制度”。

此外，基于区域发展经验来说，我们应该借鉴英美等发达国家金融市场的法律经验。因此金融市场高速成长的同时，还需建立和完善一系列与之相配套的法律，让法律来保障金融市场的发展。回顾我国金融市场的发展历史，这种作用体现得非常明显。不得不说我们尚未建立起促进金融发展的良好体系，某种程度上反而不利于金融市场的发展，因此只能在实践中去不断地推动。毋庸置疑，这种推动势必要付出相当大的代价。正因为如此，部分学者认为，上海如果不能成功地在司法体系上取得突破，将不可能建成区域金融中心。但我们对于建设上海区域金融中心仍采取乐观的态度，很关键的一点是，在金融领域，法治要求范围相对要小许多。因为中国是经济分权式的体制模式，地方政府通常在政策与制度方面拥有较大的创新空间，所以相当一部分经济领域的法律法规可以在宪法的框架下进行创新，金融政策则相对更为灵活。如何解决这些背后的基础问题？在中国，在一个强大政府的支持之下，同样可以借鉴其他国家的一些法律条文和案例进行创新改革。

需要强调的是，金融市场中的证券市场有其独有的运行特征。现实中，那些证券市场里的投资人们能够形成一个交流有效信息的利益群体，他们对利益的认同感和认知性具有高度的一致性。在这个市场上，由违规违法等不当操作而导致的损失都能够得到精准测算。另一方面，由于市场会被来自各个领域的投资者和社会各界媒体关注，所以监管者的压力也会上升，可以说间接地督促该市场发展得更加完善。特别是当出现较大波动时，对违规违法行为的处罚尤其重要。虽然这类作用机制真正奏效是漫长的，但另一方面，对法治建设来说却可以长期有效。马克思经济学中有同样的观点，Coffee（2001）也得出了类似的结论，即当处于市场和经济发展的初始阶段时，此阶段应当是制度的建构阶段，应找出问题并变革旧制度，法律的变革总是随着经济发展之后发生。虽然这类路径的成本较高，但不得不说，其是在现有体制下进行利益集团博弈的一个次优选择，可以说金融市场的区域化就是具有推进作用的有效路径，其积极引入外力作用，在加强上海的相关法律制度和构建上海区域金融中心方面具有强劲的推动力。

由此，金融中心形成的内在决定性因素就是金融制度，在促进其发展中，金融政策则起到很重要的推动作用。至于金融中心形成的外在支撑条件，则是前文提到的央行与监管部门所在地、经济区位、时区、英语环境以及蓬勃发展的经济腹地。按此理论框架，查找并分析近年数据，东京，其法治和金融政策均不占优势，结果当然就是其作为区域金融中心的地位在近年来显著下降，不排除其经济状况的原因，但可以肯定地说，导致其区域金融中心地位不断下降的重要原因便是制度与政策的缺陷。另一方面，中国香港则在金融政策方面富有竞争力，新加坡在法治制度的基础方面具有明显的优势。此外，同处亚洲的印度与中国在金融政策与法治建设等方面都有较大的劣势。所以基于这一分析框架，我国上海建设区域金融中心的核心问题就是金融政策以及法治建设，而体现在经济自由指数中的政府规模、政府廉洁、产权、投资自由、货币自由以及金融自由等方面都存在较大的短板。换言之，构建上海国际金融中心的侧重点就是这些方面。

四、历史上的区域金融中心发展分析

（一）威尼斯

威尼斯坐落于意大利南部，位于亚得里亚海之滨，是世界著名的海港和旅游城市。其历史大约起源于公元5世纪，当时的一部分欧洲难民为躲避蛮族的侵袭，迁移到亚得里亚海北部沿岸的一片沼泽地带，利用当地错综复杂的水道与欧洲大陆相隔离，免受频繁的战事和各方复杂政治势力的干扰，最终建立起独立的城邦国家。由于当地教会与封建贵族势力都没有很大的影响力，因此威尼斯能够幸运地摆脱传统规则的束缚从而建立起新的秩序。事实正是如此，威尼斯当时的政权被一批崛起于富商阶层的领导家族所牢牢掌控，这影响了后世威尼斯长达5个世纪的重商主义，一定程度上为此后资本主义萌芽的产生设下伏笔。此外，当地实用主义的价值取向盛行，同那些被教会以及贵族势力统治的地区相比，威尼斯更为自由开放，且水面交通发达，是贯穿亚、非、拉三地的交通枢纽，成为当时西方实际的金融与贸易的核心地带。

威尼斯历史上曾有过鼎盛时期。大约在公元11世纪到16世纪时，威尼斯的势力范围占据整个亚得里亚海，位于地中海的航运业务也被其长期掌控。根据历史记载，威尼斯依靠其前四次“十字军”东征获得了极其丰厚的回报，尤其是第四次东征，威尼斯改变其行军路线，最终战胜了强大的拜占庭帝国，并从中获得了巨额的收益。通过长期的战争，威尼斯逐一击败突厥人、阿拉伯人以及拜占庭帝国，而回报就是地中海地区的贸易市场与港口控制权，这样，威尼斯便能够掌控着东西方的贸易往来，发展为世界上首个依赖商业贸易繁荣的国家。

当地的金融业，借助不断增长的贸易的推动，迅速发展。威尼斯及周边的城邦国家中首次出现货币汇兑以及信贷业务。作为现代会计处理与银行结算的实务基础，也就是今天所用到的借贷记账法和票据结算方法，同样是这一时期出现的。另外，政府公债也是诞生于威尼斯，这里通过建立起自由转让的市场以刺激债务的流动性，某种程度上可以说是金融市场的雏形。1346年，热那亚诞生了欧洲第一家银行，此后威尼斯及其周边城邦国家中的银行业以极快的速度扩张。到了中世纪中晚期，西欧的教民们都通过意大利的银行向罗马教廷缴纳什一税，这里金融业的势力以及当时的结算效率可见一斑。威尼斯就是凭借其便捷的水路交通以及先进的结算信贷系统，在相当长的时间里保持了其地位。

1. 威尼斯成为金融中心的因素分析

要想弄清楚威尼斯能够发展为金融中心的因素，首先应该熟悉中世纪的欧洲教会打击金融行为的背景历史。纵观整个中世纪，资金借贷行为一直都被欧洲教会禁止收取利息。追溯到公元 325 年，在基督教的第一个大公会议——尼西亚大公会议上颁布严禁放高利贷的教会规定，而此后的1500多年，一切与放高利贷有关的行为都将被严令禁止，更不幸的是，这一规定逐渐演变成为基督教教义的核心思想之一。欧洲金融业从此受到严重打击，一旦交易商们做出信用与融资溢价的行为，随之而来的便是教会的谴责，严重者还将面临除去教籍的惩罚。在欧洲大陆中，越是受到教会与贵族控制的地区，贸易和金融业的发展便越落后。但是也有一些国家另辟蹊径，如地处北海和波罗的海贸易区的弗兰德尔，借助地租或者租赁的形式为政府融资，间接地绕开严禁发生高利贷行为的规定。而威尼斯却是当时少数几个不怎么受这一教规限制的城邦国家之一。公元 1164 年，威尼斯政府率先利用公债来获得融资，随着公债规模的逐渐扩大，威尼斯又建起了公债二手交易市场，这是欧洲其他地区绝不可能发生的事情。之所以威尼斯能够成为中世纪教会对欧洲金融业限制下的一个特殊存在，与其自身的政治、经济、军事、地理、文化以及民族特点等息息相关，绝不是偶然的。总的来说，威尼斯发展为金融中心的因素，可以概括为以下几点：

威尼斯特有的政体是首要的。正如前文所述，威尼斯以及其他一些城邦国家的政治体制近似一种由寡头垄断的议会制，而一众领导家族通过指派的代表来操纵着议会，所以议会握有该国的社会、政治以及经济等各领域的最终决策权，剩下的单一贵族则需听从议会的总体决议。被指派的代表们分为教皇党与保皇党，但不论派别，大多数代表都是来自各个贵族集团的大商人和银行家等，这些代表通过频繁的贸易往来攫取暴利，还能够利用议会来控制政策的走向。这就导致城邦国家的意志是建立在富商阶层的利益基础之上，当出现商业利益与封建教条相违背的情况时，那么这些国家很有可能会对严苛的教义作出重新诠释。典型的例子是，佛罗伦萨在1343年至1345年间发行了一种名为prestanza的附息公债，教会的法理学家认为这并不违背禁止高利贷行为的教条，理由是强迫认购。

很重要的一点，威尼斯以及其他城邦国家从事金融业务，符合教会利益，而罗马教廷不仅持暧昧和姑息的态度，甚至还暗中作出支持。历史表明，中世纪欧洲的最高权力掌握在教会手中，通过历史上著名的“卡诺莎事件”可以来佐证：神圣罗马帝国的皇帝亨利四世想要争夺本国境内的“神职授任权”，最终在1076年与罗马教廷产生冲突，当时的罗马教皇，格里高利七世，愤怒地将亨利四世的教籍开除。只是失去教会的认可，亨利四世的皇位就变得岌岌可危，为此，他不得不冬天翻越阿尔卑斯山，站在卡诺莎堡城门前的积雪上，赤足披毯苦等三天，才最终得到教皇的宽恕。可以说，罗马教廷在政治上掌握绝对的话语权，令欧洲所有帝王都无比羡慕的还有教廷的财产。西方基督教国家每年向罗马教廷缴纳的什一税、彼得税、教产税、诉讼费用还有赎罪券金等大量资金，源源不断地流进意大利。例如，“就教职首年税”作为一项授圣职费而征收的税费，是新任主教在其首年任期内的主教管区的所有获利。1252年，罗马教廷单是从英国收缴的税收就相当于英国王室年收入的3倍。这就带来了一个问题：如何保证这些巨额捐税的安全？而且这些税款还需繁杂的核算，罗马教廷不得不请专业的银行家来对大笔资金进行结算与汇兑管理。为了这些人能够专心地听教廷指使，教廷对这些意大利籍的商人提供其所需要的一切需求。可以说，教廷与威尼斯等其他城邦国家之间逐渐发展为一种互相依赖的关系。

需要补充的是，威尼斯以及其他城邦国家支持教廷的行为并不囿于这一类敛财活动。威尼斯以及周边城邦国家在历次由教廷唆使的战争中，尤其是几次“十字军”东征，都是积极的参与方以及物资的动员方，结果是这些城邦国家同样从战争中获得丰厚报酬。当第一次“十字军”东征时，欧洲各国的骑士团甚至是皇帝们便已经开始频繁地通过意大利位于各地的分行进行汇兑活动。历史上，拜占庭皇帝阿历克塞通过教皇的授权，趁塞尔柱帝国瓦解之际收复东部失地是“十字军”东征的直接原因。耐人寻味的是，在随后多次向东方行军的漫长过程中，当初发动战争的拜占庭帝国反而由此走向衰亡，诸如威尼斯等意大利城邦却成为最终的获利者。这其中最关键的一个因素就是数次“十字军”东征无意间替意大利商人开拓了与东方贸易往来的通道。公元1096年，曾经作为东西方中介的拜占庭帝国逐渐失去地位，取而代之的是威尼斯与热那亚，它们随即占据了位于巴勒斯坦的商业根据地。最终，当第四次“十字军”东征时，威尼斯突然以物资供应不足为借口，挑动“十字军”更改进行军线路，趁机占领了拜占庭首都大马士革，导致拜占庭的第一次覆灭。此后拜占庭帝国所有的港口，威尼斯人享有关税豁免权，并且威尼斯的商人们又在君士坦丁堡设立治外法权区域。最终，威尼斯手握拜占庭国内商业贸易的绝对控制权，地中海的航道也被其掌控着。

不同于欧洲大陆的其他国家和地区，威尼斯有其独特的民族文化特点。一方面，意大利历史上曾数次被占领、分裂以及融合，西罗马帝国覆灭后这一过程便一直持续着，在这片土地上，东哥特人、伦巴德人、法兰克人、日耳曼人以及诺曼人等轮番登上统治舞台，最终形成了威尼斯地区多民族聚居的特点。而且威尼斯作为欧、亚、非大陆交通的枢纽，源源不断的贸易往来与人口迁徙产生了大量的移民，尤其是众多的阿拉伯人以及犹太人等，最终，威尼斯具有相当复杂的多民族结构。封建教会关于世俗事务的约束，特别是在依赖贸易的威尼斯地区对高利贷行为的桎梏，势必受到多民族融合的影响。对于商人中的非基督徒来说，他们当然不会受到教廷教规的约束；但即便是起源相同的犹太法典与基督教法典，对高利贷行为的解释也大相径庭。犹太法典解释兄弟之间严禁发生高利贷行为，一旦双方不是兄弟关系则不会受到约束。例如《申命记》里存在这样的描述：“你不应该利用借款而向你的兄弟索要利息，无论利息是以钱计量的、以实物计量的或以任何形式计量的。对外国人你可以不受限制，但对兄弟则不可以……”这与基督教法典中的解释明显不同，甚至相违背。混乱的教义造成不同的认识，所以威尼斯地区早期的金融借贷行为受到教廷的限制不大，也因此发展较好。研究威尼斯地区的公债发行历史发现，鲜有因高利贷行为而遭受批评与抵制的纪录。

纵观十四世纪的欧洲版图，我们可以看到四个比较重要和发达的贸易地区，分别是北海—波罗的海贸易带、地中海贸易区、不列颠地区以及汉萨同盟。而威尼斯正处于最发达的地中海贸易区，在地理位置上可以从海上直通北海，由陆路出发可以到达欧洲大陆中、西部腹地，往东则可通向伊斯兰东方，可以说是核心中的核心。威尼斯一年当中的不同时节总能看到红火的港口贸易活动，交易流通着大量进口而来的铜、银等金属，羊毛等纺织品以及来自遥远的东方的香料、茶叶、丝绸等商品，还有棉花、粮食等大量农作物。这里的四季车水马龙。威尼斯的商船队伍的规模之大，实力之强，使其成为中世纪欧洲最富有的地区之一。经济贸易活动的发展推动金融业的扩张，诸多意大利银行由票据结算业务起家，并迅速在欧洲各地建立驻点，至此“伦巴德人”活跃在欧洲各地的贸易市场当中。

2. 15 世纪之前威尼斯金融业发展状况

威尼斯金融业的成功崛起关键依靠于两个方面：首先是以票据结算与汇兑业务为基础的银行业务，这是在应对贸易结算以及教会税收需求的过程中而发展起来的；再就是政府财政开支需求很大，不得不面向公众发行政府债券业务，以及由此诞生出的二级市场业务。

法国的香槟集市（被称为 Lettre de Foire）随着交易规模的扩大，开始出现票据结算和汇兑业务（Instrumentum ex Causa Cambi）的需求，票据结算能帮助交易商摆脱贵重金属运输过程中的麻烦和风险；汇兑业务主要用来调整价格和汇兑比率，还能作为一种规避教会监管的投资产品，因此受到广泛欢迎，成为贸易结算和币种间汇兑的主要工具。此后经由意大利银行家的推广，一直是威尼斯银行业中最重要的业务。当时意大利银行的结算方式与当今银行结算体系的操作非常接近，商人能够在异地办理票据结算业务，而且还可以转让结算票据，市场流动性大大提高。

相较于佛罗伦萨以及热那亚等其他城邦国家，威尼斯的首家银行出现时间较晚。虽然早在 1356 年，建立正规银行的方案就已经被提出，但直到 1587 年，威尼斯地区才建成第一家银行，当时被叫作 Banco della Piazza di Rialto（或简称 Banco di Rialto）。到了 1619 年，第二家银行 Banco Giro 建成。首家银行诞生之前，早期威尼斯地区主要由一种叫 banchi di scritta 的旧式银行来开展贸易结算和汇兑业务，当出现因劣种钱币或者支付范围带来的高成本问题以及现金流不足时，旧式银行则通过汇划账户（giro accounts）来解决，但政府不对这种旧式银行作担保。而 Banco della Piazza di Rialto 诞生后，一直作为中央专属的清算银行，这与随后阿姆斯特丹成立的 Wisselbank 较为类似。前文提到的第二家银行 Banco Giro 可以说是威尼斯金融行业的另一大创新，政府允许 Banco Giro 以债务额为基础发行法币，所以它也是一家发行的银行，作为回报，向政府提供短期贷款是它的主营业务。Banco Giro 在其成立之初即完成了 350000 杜卡特的短期债务货币化。随着市场对货币需求的增加，Banco Giro 的业务迅速扩张，1637 年，最终代替 Banco della Piazza di Rialto 成为威尼斯最大的银行。

由于多年的战争，威尼斯亟须足够的物资以应对庞大的政府开支，政府公债业务应运而生。因为即使是和平时期，威尼斯也要供养一支庞大的军队，来确保国土以及地中海航道的安全。另外，数次的“十字军”东征中，威尼斯都耗费了大量的资金来进行动员。虽然一部分财政支出可以由税收来弥补，但政府的税收能力相当有限，特别是在中世纪的欧洲，一项政策的出台大多依靠惯例来论证其合法性，结果是增加税种的行为势必会招致反抗，因而政府公债即是在这一背景下产生的。

前文提到，威尼斯是世界上第一个利用公债来进行财政融资的国家，威尼斯政府于公元 1164 年由发行了第一支公债，名为 imprestiti。到了 1207 年，政府公债以强迫认购的形式发行，具体做法是按照公民的承受能力以某个设定好的比例强行摊销，通过每个公民在 estimo 登记在册的流动资产数量确定承受能力。早期的公债没有利息，自 1262 年，政府设立了一个被称为 Monte Vecchio 的基金，将发行在外的所有公债集中于这一基金，并宣布债务持有人可获得 5% 的年息，每半年付息一次，一直持续到 1379 年 Chioggia 战争爆发前夕，利息支付都较为稳定。1320 年到 1379 年，威尼斯政府设立一个有组织的二手公债交易市场，按利息支付情况，公债按照平价或折价价格进行交易。

3. 威尼斯的衰落

综合前文所述的各种因素，威尼斯成了当时世界贸易与金融的中心。到了 16 世纪早期，威尼斯的区域金融中心地位达到巅峰，之后其金融地位和影响力就在逐渐下降，学者们公认的一个原因是新航道的开辟。15 世纪时，欧洲航海技术得到了迅速发展，尤其是葡萄牙建造的海船吨位更大，具备远洋航行能力，且船舷上能够安装大炮。欧洲航海家于 1487 年到达非洲的最南端——好望角，达珈玛于 1497 年到达印度，至此威尼斯垄断东方贸易的历史被终结。从葡萄牙出发的船队将香料、胡椒等商品源源不断地输送到里斯本。西班牙也紧随葡萄牙之后，积极在美洲开疆拓土。英、法等国也不甘落后，积极资助航海活动并开始在欧洲以外的地区建立殖民地。

贸易出现萎缩后，威尼斯等城邦国家开始发展手工业和手工作坊等内陆产业，但又暴露出另一个致命的问题，即狭小的国土面积难以取得规模经济和经济剩余，内陆资源的匮乏也进一步限制了威尼斯早期的发展。同时一个没有规模的经济无法武装强大的军队，威尼斯在经济萎缩后一连串的战争失利也加速了它的衰落。

（二）阿姆斯特丹

1. 阿姆斯特丹金融业的兴起

作为荷兰的首都，阿姆斯特丹（Amsterdam）约有人口 110 万，是荷兰人口最多的城市，同时是第二大港口城市。其坐落于艾瑟尔湖西南岸，被称为北方的威尼斯。公元 12 世纪到 15 世纪间，凭借其独特的地理区位因素成为东西方贸易的必经之路。到了 17 世纪，得益于商业贸易的发展以及不断扩大的需求，阿姆斯特丹的金融业得到迅速发展。这里曾诞生了世界金融史上的第一家国家中央银行，同时是第一家用纸币取代金属币发行的银行。此时阿姆斯特丹金融市场一个重要特点就是已具备体系相当完整的金融业务。1609 年，阿姆斯特丹在已有从事香料、食物以及郁金香的期货交易市场基础上建立了金融历史上的首家证券交易所。而公众对股权交易需求在荷兰东印度公司成立后爆发式增长，股票成交量迅速上升。借助如此迅猛的发展速度，证券交易所于 1611 年搬进了能同时为 500 人提供 300 多种交易品种的场内。到了 1630 年，证券交易所拥有的注册会员达 500 人左右，而非注册会员更是注册会员的一倍还多，并且职业的股票经纪人数量也超过了 100 人。

2. 阿姆斯特丹形成区域金融中心的主要因素

关于阿姆斯特丹最终能发展成为区域金融中心的重要因素，可从以下四个方面考虑。

第一，得天独厚的区位优势。阿姆斯特丹的地位起初不高，但随着欧洲的经济贸易中心向北转移，其重要性就越来越凸显出来。而后其又在东西方的贸易往来中攫取丰厚的利益，可以说为以后的侵略扩张奠定了基础。凭借东印度公司的殖民扩张，荷兰一跃成为当时世界上最大的殖民主义国家，其殖民地的范围扩展到非洲、亚洲等地。这促使阿姆斯特丹成为颇具影响力的区域金融中心。

第二，良好的经济环境。任何事物的发展都无法脱离成长、高潮，最终衰落的历史规律。大到一个国家的经济发展轨道也契合这一历史规律，金融中心更是如此。当意大利的经济开始衰退之际，正是荷兰国内资本主义的发展萌芽时期。东印度公司及西印度公司在其殖民地源源不断地压榨，这为荷兰国内经济的发展提供了不竭的动力。而且荷兰的国内经济稳定增长、贸易辐射范围逐渐扩大等，这些稳定的经济环境，是阿姆斯特丹成为当时著名的金融中心的另一个重要原因。

第三，稳定的货币发行调控。到 16 世纪末 17 世纪初，阿姆斯特丹出现了比较严峻的劣币驱逐良币问题。当时荷兰与世界众多国家和地区存在巨大的贸易份额，但国际贸易结算体系中并没有统一的世界通用结算货币，所以在当时的阿姆斯特丹和弗罗林市场，你甚至最多能够兑换到八百多种法定货币。这方面存在的严重问题，对健康的贸易货币结算体系的破坏力是巨大的。有债务人用劣币来偿还债务，一些不法商人将良币重铸，通过稀释其内在价值以牟取暴利。为了解决这个严重的问题，政府管理者出台了一系列具体的法律法规希望来恢复市场的正常秩序。但阿姆斯特丹的商业银行本来就是为了贸易的结算而存在的，其基本原则就是保证债权人的利益，其结果可想而知，市场的反应自然不会奏效。为此，阿姆斯特丹的银行最终规定了储藏币种质量，并严格限制所有的汇兑业务都必须在指定的银行间直接进行票据汇兑结算。结果表明，这种做法可行并且极为有效，系统外汇兑的价值可以通过指定的银行间的直接汇兑结算。到了 17 世纪末期，阿姆斯特丹银行宣布，其在贸易结算中承担着汇兑业务的义务，结果就是弗罗林与其他的币种不再捆绑。在这个过程中，正如前文所述，阿姆斯特丹诞生了世界金融史上第一家真正意义上的中央银行。得益于这家中央银行所颁布的有利政策，荷兰的外汇浮动一直保持在相对稳定的水平。其好处也是显而易见的，荷兰的国际贸易业务由此得到推动，国际间结算得到简化，阿姆斯特丹与其他地区的联系更加紧密了。

第四，业务体系比较完整的资本市场。阿姆斯特丹在露天的市场交易场地上，诞生了世界金融史上的首家证券交易所，并随之开发出其他各类金融衍生品，如期货等。当时的荷兰阿姆斯特丹证券交易所开发的产品，与现在相对完善成熟的金融产品相比，已经非常接近。阿姆斯特丹市场上拥有种类繁多的金融产品以供投资者选择，阿姆斯特丹也因此越来越受到投资者的青睐，并最终发展成了国际级的投资中心。而这一趋势又会反过来影响投资者以及金融产品，越来越多的专业股票经纪人和专业交易机构来到这里，与金融产品交易相关的一些技术研究也更加复杂和专业化。众多新型交易方式被创造出来，例如买空、卖空、期货合约、期权交易等。凭借如此多样的金融业务体系，阿姆斯特丹的资本市场能逐渐发展成区域金融中心显得理所当然。

3. 阿姆斯特丹的鼎盛与衰落——郁金香泡沫

阿姆斯特丹在成为当时国际资本投资的中心之前，股票市场迅速崛起。正如前文所述，当阿姆斯特丹的金融中心发展到最鼎盛的时期时，就是衰退之路的到来之日。表面上，金融市场业务膨胀式发展，但因为管理者缺乏相应监管经验以及理论支持，市场上开始充斥了大量的金融泡沫。最著名的案例就是荷兰的另一个象征——郁金香花的价格炒作。大量的国际资本伴随着贸易进入荷兰国内，虽然刺激了金融市场的扩张，但一定程度上激发了投机者和赌博的欲望。市场上的投机商人们发现一些品种郁金香的稀缺及其特有的市场反应。大量的资本瞬间涌进郁金香市场，甚至影响荷兰国人心目中对郁金香的传统认识，纷纷把拥有甚至培育郁金香花作为一种无比荣耀的象征，其结果就是郁金香的价格被疯狂炒作，呈指数式增长。到了后期，郁金香完全变成了虚幻的价值符号，郁金香的价格变得越来越离谱，但盲目跟风的普通交易者不断地投入资金，成千上万的投机客也不断涌入郁金香价格炒作，甚至有欧洲其他国家的投机客也加入其中。到了1636年，一颗郁金香的价格足以换得几匹马或是一辆马车。下面这组数据可以直观反映其价格呈急速上涨的趋势。

表 1.1.1 郁金香价格 （单位：荷兰盾）

品种	1637年1月2日	1637年2月5日
Swisters	1.0	30.0
Gheele Croonen	0.41	20.5
Witte Croonen	2.2	57.0
Gouda	17.5	136.5
Adminael de Man	18.0	209.0
Semper Augustus	2000	6290

资料来源：P. M. Garber，“Tulip Mania”，Journal of Political Economica，Vol. 97，No. 3，1989.

很显然，当郁金香的价格逐渐达到一个大多数人都无法接受的点位时，早已陷入疯狂的投机者们终于清楚地意识到自己的处境。一时间，市场的紧张情绪逐渐蔓延开来，一旦有小小的风吹草动便能够在市场中掀起轩然大波，可以说，当时盲目跟风的人群以及投机商人草木皆兵。市场的泡沫膨胀到极点，市场已经不能自行处理调控。起初，只有一小部分人偷偷在市场暴风雨来临之前的宁静中以较低的价格兜售手中积压的郁金香，接着逐渐有一些高位持有者开始贱卖，这直接导致整个市场投机者的竞相卖出。最终，郁金香价格泡沫破灭，其市场价格垂直下降、一泻千里。最后，荷兰政府不得不出面维持市场稳定，希望市场停止抛售郁金香的行为，颁布了一系列政策，并保证以原合同价格的 1/10 来买断先前所有合同，但市场的反应十分冷淡。我们还是用一组数据的变化来说明郁金香球茎价格的变化。

表 1.1.2　郁金香球茎在 1707 年、1722 年、1739 年的价格

（单位：荷兰盾）

品种	1707 年	1722 年	1739 年
Premier Noble	409	–	1.0
Aigle Noir	110	0.75	0.3
Roi de Fleurs	251	10.0	0.1
Diamant	71	2.5	2.0

资料来源：P. M. Garber, “Tulip Mania” , Journal of Political Economica, Vol. 97, No. 3, 1989.

经历了这样一轮郁金香国际投资客的疯狂炒作，投机商人们损失惨重，但真正的受害者其实是荷兰本身。实际上，受此次投机热潮的影响，荷兰国内原本合理稳定的金融市场秩序面目全非，经济的增长一蹶不振，从此荷兰进入了长期的经济衰退期。一定程度上为在 17 世纪末开始崛起的英国伦敦金融中心让开了发展的道路。至此，欧洲的区域金融中心开始向英吉利海峡彼岸转移。后人在反思总结这一历史性的事件对金融中心的影响时，甚至创造出“郁金香现象”，成为过度的投机在股票市场上造成的股价剧烈波动的代名词。

纵观阿姆斯特丹区域金融中心形成的整个过程，我们可以发现，适当程度的金融市场业务扩张对金融中心的发展能起到一定的促进作用。但如果对这一现象的认识不够彻底，当金融泡沫已经发生而管理者采取任之放之的态度，那么泡沫一旦形成一定的规模，随之而来的就是泡沫的破灭。到那时，整个金融中心乃至是国家的地位与影响力将会遭受毁灭性打击。

第二节　国际金融中心概论

一、国际金融中心的界定

13 世纪的威尼斯依靠其迅速壮大的贸易规模，以及大胆发展国家君主信贷，从而成为历史意义上的第一个国际金融中心。来到 17 世纪，荷兰具备强大的经济实力基础，逐渐发展成为整个欧洲商业和信息交换的中心，阿姆斯特丹后来居上，取代威尼斯曾经的国际金融中心的位置。到了 17 世纪，得益于第一次工业革命，英国实体经济得到快速发展，催生出大量的金融中介机构，最终英国的伦敦逐渐发展成重要的国际金融中心。13 世纪的威尼斯，17 世纪的荷兰阿姆斯特丹以及之后崛起的英国，当时还都只是发展的区域金融中心。随后由于历史进程的原因，国际金融中心迅速发展起来，美国纽约在二战后成功发展为国际金融中心。虽然这期间也诞生过一些新型的金融中心，例如日本的东京、英属开曼群岛等，但时至今日，美国纽约作为国际金融中心的地位依然不可撼动。

虽然全球首个国际金融中心诞生距今已有数百年历史。但直到 20 世纪的中后期，人们才开始对国际金融中心进行系统的研究分析。美国的金融学家 Kinderberg（1974）基于金融中心主要功能的视角，认为金融中心应该是聚集银行、证券发行以及交易商等金融中介机构，能够起到承担资金的融通和价值储藏职能的区域。20 世纪 80 年代，学者 H.C Reed 以国际投资的独特视角作出金融中心的概念定义。他认为金融中心就是一个国际投资活动的区域，即具备证券投资管理、国际清算以及跨国银行等机构的中心，当时一众以国际金融中心为代表的国际金融寡头控制并且影响着国际资本的流动，H.C Reed 的观点非常符合这一现状。许多学者专家都从不同的角度作出了金融中心的定义，它们当中都有一个相似之处，那就是“金融中介的中介”，金融中心是一个能够进行大量资金融通的区域。

结合已有的研究，我们认为国际金融中心是一个实际从事金融中介活动并且汇集各种国际金融机构、金融市场以及国际借贷者的地区，这还不够，国际金融中心既然是一块区域，就必须具备地理区位优越、交通讯息便捷、法律法规成熟、经济雄厚自由、国际交往频繁等自身条件。

总结一下，与区域金融中心的特点相比，国际金融中心有以下突出优势：（1）各类金融市场聚集；（2）国际金融机构聚集；（3）国际借贷人聚集；（4）作为国际金融中心的中介；（5）区位优势明显，拥有交通枢纽和较开放的港口。

概括起来，国际金融中心应该具备这些特征：各类金融市场齐全、服务业高度密集以及对周边地区甚至全球都具有辐射影响力。目前全球性的国际金融中心都是由那些区域金融中心经过历史积淀发展而来的，比如纽约、伦敦等。此外，法国的法兰克福、巴黎，以及亚洲的中国香港和新加坡都是区域金融中心。

早期学者大多通过目的论的角度，对国际金融中心进行分类。如麦卡锡（McCarthy，1970）就以目的论的方法将其划分为功能中心（Functional Center）以及名义中心（Paper Center）。

其内部国际性金融机构主要进行实务的金融中心被称为功能中心。这类实务主要是吸收存款发放贷款，证券交易行为以及投融资等，增加了经济效益和工作岗位。较为著名的英国伦敦以及美国纽约等均属于“功能中心”。

相反，名义中心不进行实际的金融业务，只记录国际性金融交易，因此可以说是“汇账中心”。这类金融中心通过制定诱人的“免税政策”，吸引跨国金融机构或公司在此注册，进行账面上的操作而使负税重担减少大半。开曼群岛、百慕大群岛等都属于比较著名的“名义中心”。

二、国际金融中心形成因素分析

（一）国际金融中心的形成与发展

强大的实体经济是国际金融中心诞生所必需的基础条件，而目前世界各国要想拥有一定的经济实力，大都依赖于国际贸易活动的发展。自第三次工业革命以来，国际分工更加明确，科学技术的发展日新月异，这为全球贸易活动打下了坚实的基础，从而使得国际贸易以及投资活动能够出现在世界的任何一个角落。国际金融业务依托于现代国际贸易活动进行不断地扩张，进一步地促进了原有区域金融中心的发展。做一个形象的比喻，各种跨国金融机构搭乘国际贸易全球化这艘巨轮，到达世界各地。反过来，这些跨国金融机构一定程度上又更利于国际贸易的发展，二者互利互惠，不可分割。可以说，金融市场的起源与国际贸易历史的发展逻辑相统一。

第二次世界大战后，国际金融中心经历了巨大变化的发展过程，可概括为三个阶段。第一阶段：以老牌国际金融中心——伦敦、纽约以及苏黎世为首的三大国际金融中心的局面。占尽地理优势的纽约，远离二战的主战场，并且借助巨额的军火交易订单，国力大增，最终发展成为国际金融中心，美元成为全球储备货币以及重要的国际结算货币。而苏黎世则依靠其活跃的黄金交易市场登上历史舞台，成为当时世界三大金融中心之一。第二阶段：欧洲货币市场的形成与扩张。20 世纪 60 年代，正处于冷战时期的美国在国际收支方面连续发生巨额逆差，直接导致美元在全球内的信用下降，再加上美国的货币政策，致使区域性美元的诞生，如欧洲美元市场、亚洲美元市场等。第三阶段：新兴的发展中国家从城市金融中心向区域金融中心发展，并有发展成为国际性金融中心的趋势。

如果从供给和需求的角度出发，那么市场力量决定了国际金融中心的产生。从需求的角度来说，随着世界金融市场的不断扩张，各类金融机构对城市基础设施产生更高的需求。从供给的角度来说，已经完成财富积累、具备一定的硬件基础的城市，它们在交通和电信等基础设施方面做了大量投资，能够为金融市场提供最先进技术和人才，能够满足向外扩张的金融机构的需求。国际贸易以及跨国公司的业务开展势必会产生巨大的融资需求，而各类大型金融机构能够提供更专业、更优质的金融产品及服务，所以国际金融中心就形成了。

香港学者饶余庆（1988）在 1977 年还总结了促使一个城市或地区成为国际金融中心的供求因素（见图 1.2.1）。

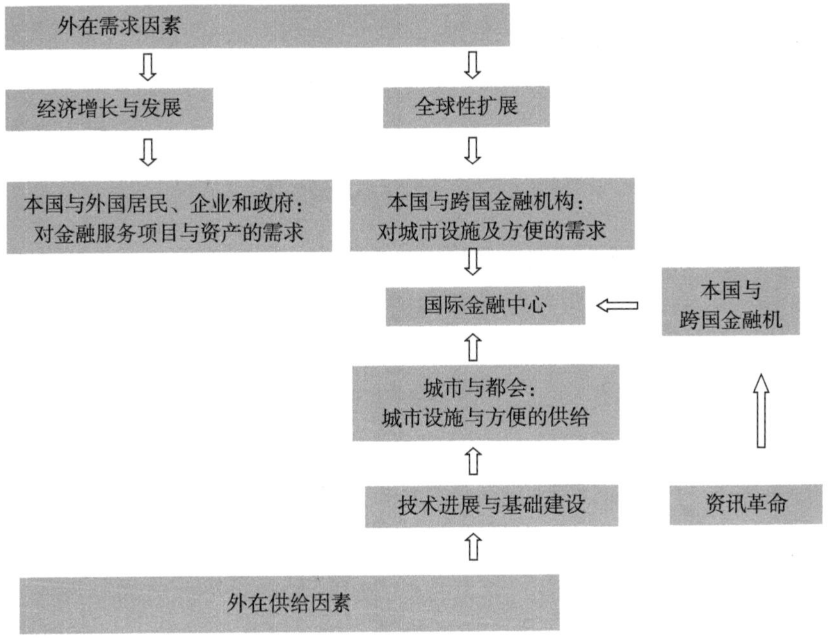

图 1.2.1　国际金融中心的供求因素

下面我们从模式的角度分析国际金融中心的形成。

下表对世界上主要金融中心的形成条件与发展特点进行了总结（见表 1.2.1），提取其中的相似之处，我们可以进一步推出金融中心诞生的基础条件。同时，从各个金融中心发展的历史进程可总结出金融中心的一般发展路径（见图 1.2.2）。

表 1.2.1　主要金融中心形成特点（根据各金融中心实际情况整理而成）

主要金融中心	形成的条件	形成模式
纽约	地理区位优势，贸易水平发达，经济实力雄厚，金融创新能力，美元国际化	自然形成
伦敦	工业革命后成为世界强国，金融自由化改革，金融机构聚集，货币市场具有世界影响力	自然形成
东京	世界重要制造中心，地理条件优越，日元国际化水平上升	自然形成
新加坡	建立亚洲美元市场，地理环境优越，政策支持	政府主导
中国香港	金融制度宽松，转口贸易和加工业成熟，国际资本集聚	自然形成

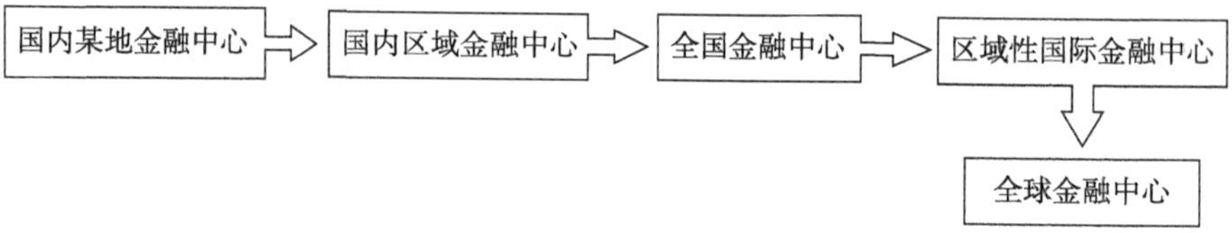

图 1.2.2　金融中心发展路径

我们从可以表 1.2.1 中发现促成国际金融中心形成的重要条件。

某种程度上，一个国家或地区内的金融体系都会经历不同的发展阶段，而金融中心正是其达到一定发展水平的产物。引入发展经济学的方法，其产生途径可大致分为两类：供给引导型与需求引导型。供给引导型是指，金融中心的诞生是超前的，即由人的主观意志而引导设置形成。这种途径下的金融中心本身是为供给而形成的，对经济的发展起到了一定的刺激作用，但这类金融中心在不同发展阶段会受制于经济的发展。需求引导型是指，其形成是在人的需求下产生的，有一定的落后性，但是一旦形成就面临着巨大的市场，发展形势好，需求引导产生巨大供给，带动经济的增长。与之相对应的，金融中心的形成也可以分为两种模式：

1. 自然形成模式

经济发展为金融中心的扩张奠定基础，从而促进制度的完善，又反过来进一步促进经济发展的循环逻辑，我们称之为自然形成模式。这里以伦敦为例来解释其在不同阶段里的金融中心地位。18 世纪初的欧洲，贸易活动已经较为发达，作为当时全球贸易活动的主要集散基地，英国的伦敦城对资金流通、结算以及拆借的需求迅速增强，伦敦开始具备金融中心的职能。到了 19 世纪末期，英国经过一个多世纪的发展，经济实力雄厚，银行商业体系逐渐成熟，直到一战前，伦敦已经确立了其国际金融中心的地位。

2. 国家建设模式（或政府主导型）

这里，我们以新加坡为例来说明国家建设模式。1965 年新加坡独立，其独立之初，贸易额连续三年降低，失业率居高不下，国内生产总值也一直处于较低水平，如果按需求反应理论判断，新加坡不可能成为金融中心，理由是这里的资金需求规模很小。但若从新加坡的国家发展过程来看，可将其作为国家建设模式的代表。新加坡政府凭借其天然的交通区位优势，于 1968 年开始，主动对国际大型金融机构以及离岸金融业务进行开放并降低税率，从而进一步与全球多方市场进行贸易合作。由于众多跨国大型金融机构入驻新加坡，本国商业银行、保险、证券公司、基金以及信托在内的金融业得到迅速发展。到了20世纪80年代初，新加坡本国的人均GDP逐年增长，社会基础设施日渐完善，发展成为当时亚洲的区域金融中心，吸引了全球精英的迁入，如著名的国际投资大师吉姆·罗杰斯。

凭借着金融市场的扩张，新加坡的国民经济持续高速增长，仅用了20年的时间即达到了中等发达国家的水平。

3. 两种形成模式的比较

首先，关于两种模式的形成与发展推动力的来源是它们的本质区别。自然形成模式下的金融中心是经济发展的自然产物，其动力来源可以说是自然发展的“原动力”；而国家建设模式下的金融中心则需要借助政府干预和带动，其动力来源可以说是人为造成的“推动力”，这类国际金融中心常见于二战后新兴的工业国家（地区）。对于大多数底蕴雄厚的资本主义国家来说，它们的国际金融中心是在市场经济长期的发展下诞生的，属于自然形成模式。

两类国际金融中心的诞生模式不同，除了在发展的推动力来源方面有本质区别外，它们在政府干预程度、目标任务以及作用发挥方面也有很大的不同（见表1.2.2）。自然形成模式下的国际金融中心随着经济的发展自然产生，缺少人为的干预。这类金融中心一旦形成，就会反作用于经济，一定程度上能够促进经济的发展，是市场经济需求的产物，并且在发展过程中高度自由与开放；而在政府引导模式下，人为主观打造一个国际或区域金融中心，政府目的明确，就是希望能够推动整个国家经济以及金融业的发展，由此政府对其发展过程的干预程度较高。

表1.2.2 自然形成模式和国家建设模式的比较

对比内容	形成模式	
	自然形成模式	国家建设模式
动力来源	自然形成的原动力	人为产生的推动力
政府干预程度	自由度以及开放度较高	干预程度较高
目标任务	与经济发展相伴相随	带动经济及金融发展
作用发挥	被动式的反作用	积极、主动、目的明确

通过分析当前国际上主要金融中心的发展进程，我们可以看到国际金融中心的诞生不仅需要多方的共同作用，多年的经营建设以及先天的优势条件同样必不可少。大致可以概括为以下四大方面：

（1）雄厚的经济实力

金融中心的形成离不开坚实的经济基础。一个地区只有具备活跃的经济基础，才能使市场上的资本流动起来，而这一点又催生出对金融中介机构需求，因而吸引众多大型金融机构进驻本地并最终发展为金融中心。历史上，属于这一发展类型的国际金融中心代表有伦敦、纽约、东京等国际金融中心。实际上，金融资本可以说是融合了产业的资本，如果没有一定规模的产业资本作为保障，金融资本的运营就成了无本之木。

下图直观地显示了部分国家和地区2017年的GDP总量（单位：亿美元）。2017年，美国GDP总量约为17.9万亿美元，英国约为2.86万亿美元，日本约为4.1万亿美元，新加坡约为3057.57亿美元，香港约为3341.04亿美元。其中，美国、英国和日本三国的GDP总量展现出雄厚的实力，而新加坡和香港的GDP体量就小得多了。

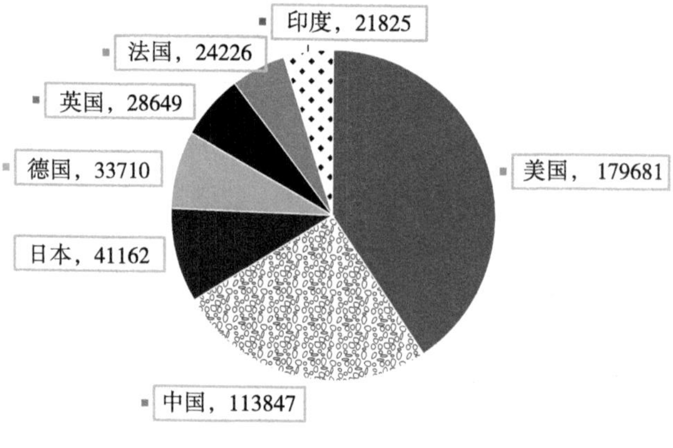

图1.2.3　2017年部分国家和地区GDP总量（亿美元）

数据来源：世界经济信息网。

高度发达的经济产生大量的资金和货币的需求，促进了金融交易规模的不断扩大，推动国际金融中心的建设和发展，这是一个国际金融中心逐步形成和发展的普遍规律。例如，19世纪70年代的英国，凭借其雄厚的经济实力，庞大的产业贸易规模，伦敦发展成为当时的国际金融中心，英镑则作为国际储备货币活跃在国际金融领域。由于第二次世界大战的破坏，以英国为代表的欧洲一些老牌资本主义国家受损严重，美国趁机赚取巨额的军火利益，美元取代英镑成为国际储备货币，纽约也成了国际金融中心。20世纪80年代末，依靠日本经济飞速发展，东京也成功跻身于世界金融中心的行列。

（2）大量的国际金融机构的集散

第二个原因可以理解为第一个原因的延伸。金融中心内各类跨国金融机构的主要业务范围集中在国际银行金融实务、跨国兼并及投资咨询等业务。金融中心的一个基本职能就是为经济、产业发展提供多功能的国际化金融服务。1994年的英国伦敦，外国证券公司有170多家，跨国大型银行更是多达520家，全球排名前二百的银行中有190多家在伦敦设有分支银行。2001年新加坡也已经拥有本土银行8家，各类外国金融中介机构共计357家。

我们可以把以上两点归为历史因素。

（3）天然的因素

所谓天然的因素，即得天独厚的区位优势以及便捷的交通枢纽。著名经济学家道格拉斯·C.诺思曾在《经济史中的结构与变迁》一书中提道：商业中心和城市的形成及发展与地理位置有重要的关系。这里的“地理位置”不仅指交通上的优越位置，还应包含时区上的优势，这两个优势共同促进金融机构开展服务业务。例如，纽约处于美国境内交通东西走向的枢纽位置，同时也是全美重要的港口，起到联系欧洲、美洲以及亚洲的重要作用。新加坡则扼守世界上最繁忙的海峡之一——马六甲海峡。

（4）人为的因素

可以考虑以下三点：一定水平的设施建设；监管方法律体系的完善水平以及政府主导的政策导向。

金融服务机构的第一考虑要素就是基础设施的建设，因为科技进步带来的优势是巨大的，一方面科学技术的成熟应用使得服务行业的人力成本大大降低，另一方面又大大提高了效率。依靠科技进步，金融衍生品得到空前发展，全球各地的单一金融市场被紧密地联系在一起，形成全球金融市场，全球内的资本家同样利用先进的设备对全球资本市场进行24小时不间断监控，因而只有具备这样基础设施的地区才可能诞生国际金融中心。而且，一个金融中心，一定能够为投资者的合法所得提供安全保障，否则资金不会流向那里，当然金融机构也不会。换言之，若想吸引资金以及金融机构汇集于此，必须具备法律层面的制度保证。

关于规范监管和市场主体的行为以及如何保护合法收入，已有不少研究成果，这里简单做一下总结：一，根据本国的实际情况，参照国际准则和一些发达金融中心的成功经验，不断完善自身法律制度；二，建立公开透明的监管准则，让权力在阳光下进行。而且，当市场出现突发事件时，还要具备应急处理方案以及灵活有效的调控体系。另外，公平合理的竞争环境是必不可少的，企业的竞争就是人才的竞争，从相关的统计数据来看，金融行业的高学历人才比一般行业多，因此要保证金融中心能够营造一个公平竞争的环境。最后在政策层面上，要以完善金融中心为政策导向和改革目标。金融中心的完善涉及多个方面，如货币市场、资本市场、外汇市场、衍生品市场等。要想引来更多的资金以及金融中介机构，那么落实严格的管理制度，宽松的资金限制就是政策导向和改革的方向。更进一步说，非居民参加金融业务活动时能否被给予国民的待遇对于国际金融中心的资金流动来说非常重要。比如英属殖民地开曼群岛，人口稀少，但在 1969 年颁布免税法之后成为离岸金融中心和避税天堂。

综上所述，国际金融中心在经济发展的不同阶段或不同需求下，诞生于多种资源优势之中，进而不断地壮大。其众多优势因素可以大致概括为：强大繁荣的经济基础、分布集中的金融机构、完备齐全的基础设施、高效健全的金融制度、安定和平的政治环境、鼓励扶持的政策取向以及低廉合理的税费成本。

（二）国际金融中心的形成条件

金融是现代经济的核心，国际金融中心则是全球经济的焦点。建立一个国际化的金融中心，需要一个城市从经济、政策、国民生产总值等各个方面达到特定的条件及指标。但随着世界经济的发展，将现有城市建成国际金融中心的条件与原来相比已有了变化。我们可以研究老牌和新型国际金融中心——伦敦与新加坡的发展情况，通过两者的数据对比分析，可以得到新旧两种国际金融中心的异同点以及建设国际金融中心所需要的基础要素，并寻求我国建设国际金融中心应具备的样本指标，并依据这些指标数据，通过尽力提高经济规模，提高城市指标水平，以期达到真正建立国际金融中心的目标。

在全球化、信息化、市场化的 21 世纪，金融已经成为现代经济的核心，国际上出现了经济金融化、金融全球化、金融自由化的趋势。国际金融中心作为一国经济金融发展的制高点和参与全球资源分配的控制中心，已经日益成为国家和地区经济金融竞争的焦点，呈现出诸多新的发展趋势。

从2018年统计数据发现，伦敦、纽约这些老牌国际金融中心拥有大量的上市公司及很高的交易量，而新加坡和尚未建成国际金融中心的上海则是从硬件和软件等各方面去赶超（见表1.2.3）。

表1.2.3　部分金融中心情况概述

地区	金融中心面积（地区 Km^2）	金融中心人口（万）	高等学校数	上市公司总数	证券交易数额（亿美元）	股票市场指数	债券总市值（亿美元）	债券交易量（亿美元）	外汇交易量（亿美元）	银行总数（家）
纽约	945	855	376	2800	14126	12907	74243	8169	9940	371
新加坡	647	561	–	686	1164.6	1922.2	2454	9.5	5230	110
香港	1104	739	15	1135	462.7	17025	554.6	67.3	4820	207
伦敦	1580	860	40	3091	56777	2847	25743	—	27000	450
上海	610	2418	64	833	2385.2	3250	49352	42683	508	36

数据来源：Wind数据库、国际清算银行、中国教育部。

从伦敦与新加坡新旧两种类型的国际金融中心分析来看，国际金融中心建设需要大量的硬性与软性条件，而且在不同的地点、不同的历史、不同的政策影响下，国际金融中心也有其特殊的形成条件。国内外许多学者都对金融中心的形成条件进行过总结，普遍认为，增长强劲的国民经济和具有严格的会计制度和信息披露制度的金融机构以及强大的法律体系，是一个金融中心必须具备的重要条件。

香港学者饶余庆（1988）结合香港地区成为亚太地区金融中心的成功经验，认为金融中心形成的基本条件应该包括政治与社会安定、经济自由、健全的法制、有效和负责的政府、国民待遇、利民的税制、低监管成本、现代化的基础设施、信息自由、有技能的人力资源以及英语的使用。他认为独特的地理位置与时区、中国内地因素、亚太区经济增长以及金融全球化，是香港成功的外在条件。

通过以上分析，我们可以把形成国际金融中心的条件概括如下：

1. 健全的金融体制

建立一个健全的金融体制包括两个方面：

（1）法律方面：

即根据国际金融市场的准则，结合本国国情，完善金融法律法规，达到国际化和公正化的水平，建立起符合国际惯例的金融制度监督体制，并使之与发达的金融中心接轨。

（2）金融体系方面：

建立一个灵活、高效的货币调控体系，并不断完善商业银行体系和证券公司体系，使之达到充分合理、公平竞争。

2. 稳定的本币币值

国际金融中心本质上就是金融中介场所，这里流动资金数额巨大且与本币的汇兑业务频繁，因此如果本币币值不稳定，势必会被国际金融投机者所利用，汇率波动剧烈，并导致国际信誉降低，进而迫使较多的资金逃离本地。

3. 发达的经济水平

发达的经济水平，可以创造好的投资环境吸引投资，提高经济竞争力，不断扩大金融市场的规模。

4. 一定规模的金融市场

资金来源与资金运用是决定资金市场规模大小的两个方面，新加坡之所以迅速建立起离岸金融市场，就是因为美元当时急于在亚太寻找离岸金融储存地才发展起来的。因而，资金来源较为关键。一国的总储蓄规模以及吸收国际资本的能力会直接作用其金融市场资金来源的规模。可以说，资金来源的规模受本市场运作资金规模以及政府的相关金融政策共同影响。

5. 城市硬性、软性条件

纵观世界上主要的国际金融中心，它们都拥有良好的基础设施、便利的交通、先进的通信网络、大量综合素质的人才、完善的教育体制等，这些都是一个城市能够成为国际金融中心需必备的硬件与软件条件。

6. 金融的国际化与自由化程度

国际金融中心是国际资金自由流动的场所，高要求的金融国际化与自由化程度是必不可少的条件之一，具体包括金融业务自由化、市场自由化、资金价格自由化、资金流动自由化、货币的国际化即货币的自由兑换。

中国内地、香港、新加坡的经济自由度程度比较可见表 1.2.4。

表 1.2.4　2018 年自由度指数　　（注：100= 最自由）

	中国内地	香港	新加坡
综合指数	57.8	90.2	88.8
商业自由度	54.9	96.3	90.9
贸易自由度	73.2	90	90
政府诚信	47.3	82.8	91.2
政府开支	71.6	90.2	90.6
货币自由度	71.4	84.3	85.2
投资自由度	25	90	85
金融自由度	20	90	80
产权	46.7	92.5	98.4
劳动力自由度	61.4	89.4	92.6

数据来源：《世界经济自由度》报告，*Fraser Institute*，2018。

一个区域要建立国际金融中心，首先，不仅仅需要本地区经济高速增长，而且还需要其周边地区经济具备迅速增长的能力，以带来良好的投资机会和旺盛的资金需求；其次，国际金融中心所在地国际资金的供给突然增加也是一个特殊条件。例如，伦敦在 20 世纪 50 年代发展成为一个“欧洲美元中心”的重要原因是：苏联在冷战背景下，害怕它存入美国银行的美元会被美国政府没收，便将它所拥有的美元存入伦敦，而新加坡则凭借优越的地理和区位条件从而被美国等强国选中，欲将其建立为离岸金融中心；再次，纵观历史，每当全球金融市场突然出现重大变革，如全球一体化浪潮、银行业管理方法的变革等，都会促使一些基础条件良好的地区或城市步入国际金融中心行列。地理优势也是一个特殊条件，在国际日期变更线附近的香港、新加坡甚至未成为国际金融中心的上海所处的时区正好处于纽约证券交易所休市与伦敦证券交易所开市的中间时区，保证了国际金融资本 24 小时的不停运转。这样的条件使得国际金融中心的产生更为容易。但是，没有这些条件也并非不能产生国际金融中心，只不过需要时间的积累。

三、建设国际金融中心的评估指标体系

建立国际金融中心的指标体系是与建立国际金融中心的条件相辅相成的，

只有某些经济指标达到条件所要求的范围，国际金融中心成立的条件才能具备。但指标的数量标准却无法明确标出，因为国际金融中心的经济规模及综合水平是不断提高的，因此，数据标准在整个世界范围内能够排靠前的名次，这个城市便可达到国际金融中心水平。近些年来，国际金融事业蓬勃发展，由此评价国际金融中心的指标体系也在不断进步，逐渐高级化。

建立评估指标体系的方法有很多：

（一）因素分析类型的指标体系

这类指标较为直观，诸如金融产品范围可用数值来衡量；外汇自由流动、政治环境等因素则可以用结构以及质量类型的指标。因素分析类型指标体系从要素的重要性角度出发，因此简单直接，可以直观反映国际金融中心发展中最关键的要素，大大提高了对金融中心未来前景预测的可行性。

（二）风险评估型的指标体系

这类指标体系可直接用指标数值表示出来，且数值详尽清楚，对预测单一国际金融中心发展潜力非常有帮助。

（三）条件对比性的指标体系

包括经济绩效指标体系、金融发展指标体系、城市发展指标体系、外部环境指标体系、政治风险指标体系。这种类型的指标体系是紧密结合国际金融中心的诞生条件，以国际金融中心发展的综合条件为重点，涵盖综合国力以及城市发展水平指标，具有指标易于选取，宜于测度的优势。

由于我们要讨论的是建立一个国际金融中心所需要的指标体系，所以我们选取条件对比型的指标体系来展开讨论。国际金融中心的最终功能是国际融资和贷款，因此，指标体系的建立应围绕这一最终目标展开。整个指标体系由五个子体系构成，它们相互独立又相互联系和影响。五个子体系如下：

1. 经济绩效指标体系

设立该指标体系的目的是评估和度量国际经济中心所在地的经济发展总体水平。

根据国际金融中心创立条件的理论，强劲增长的本地经济可能产生旺盛的资金需求、高投资回报率，吸引国际资本的流入。因此，高水平的本地经济是国际金融中心发展的先决条件。

此外，根据需求反映金融体系的理论，金融体系的发展是对经济增长的自动反应，对金融服务需求的增长取决于实际产量的增长、农业和其他传统部门的货币化程度等因素。实际国民收入增长率越快，企业对外部资金的需求就越大，对金融中介的需求也就越大；在总产量增长率既定的情况下，不同部门或行业的增长率差异越大，金融中介在不同部门间转移储蓄的作用就越重要。所以，金融体系发展的另一个基础就是高质量发展的本地经济。

经济高速发展也会推动国际金融中心所在地城市化的进程。因此，该体系会对城市发展指标体系产生影响。

该指标体系选定数量化的指标方法以便测度和比较。经济绩效指标体系包括：（1）GDP 总额；（2）真实国内生产总值（GDP）的年增长率（%）——当年国内生产总值比上年增减变化百分比减去物价上涨率的值；（3）投资比率（%）；（4）人均 GNI；（5）通货膨胀率（%）——以零售物价指数反映；（6）失业率（%）；（7）贸易占 GDP 比率（%）；（8）货币供给年增长率（%）——M_1 或其他货币控制变数的年增长率；（9）商品贸易差额——商品计价以出口国 FOB 价为准；（10）外债总额——以年底余额为准；（11）国际储备——官方国际储备数额（年底数额）；（12）偿债比率（%）——当年应偿还债务本金和利息 / 当年出口商品和劳务收入；（13）税制——税制的平等性，包括公司税、个人税、关税等；（14）第三产业比率（%）。

表 1.2.5　2018 年世界主要金融中心所在国（地区）基本经济指标比较

	美国	英国	日本	瑞士	新加坡	中国
GDP（万亿美元）	20.4	2.8	5.0	0.7	0.3	13.6
人均 GDP（美元）	62590	42764	39369	83264	58665	9630
人均 GNI（美元）	53697	40530	38692	80560	54530	8690
经济增长率	5.2%	1.4%	1.1%	2.5%	3.3%	6.6%
第三产业比率	80.6%	80%	72.8%	74%	74.86%	52.16%
贸易占 GDP 比重	20.5%	36%	29.9%	67.2%	216.6%	34%

数据来源：Wind 数据库。

国内生产总值（GDP）和人均国民总收入（GNI）反映的是一个国家的经济实力，只有这两项数据较高，才能带动消费、流通等整个经济链更快更好地发展，从表 1.2.5 可以看到，我国人均 GDP 与美国、英国等相比相差甚远，GNI 约是美国的 15%、英国的 21%、新加坡的 16%。如此低的人均收入在拉动内需及外贸方面的实力显然很弱，发达国家的国际金融中心之所以能够有那么大规模及庞大的资金量，正是因为这些国家的整体经济实力及人均收入达到一定水平造成的。整个亚洲的外商投资总额也无法与发达国家相比，但我国的经济增长率与各国相比是最高的，也就是说我们国家拥有非常强劲的经济增长实力，虽然整体国民生产总值较低，但较高的经济增长速度可以带动我国经济飞速发展。金融及金融衍生行业属于第三产业，近年来，以我国上海、深圳、北京为代表的城市金融贸易等各行业发展迅速。虽然我们看到我国贸易总额占 GDP 总额比重较高，甚至比一些发达国家都要高，但第三产业所占比率与其他国家相比较低，即金融及金融衍生行业所占比率较低，这说明我国还是以农业、制造业为主的发展中国家，我国要建立国际金融中心就必须大力发展服务业，制订促进服务业的政策法规，努力创造良好的金融环境，促使银行业、证券业、保险业等产业飞速发展。所以第三产业所占比率是国际金融中心的一项重要指标，大力提高第三产业比率是促进金融中心发展建立的有效手段。

2. 金融发展指标体系

该体系是整个国际金融中心评估指标体系的核心，其功能是测度一国或一地金融市场发展的国际化、竞争性、效率水平等情况。

该体系选择了三组指标，第一组反映国际金融中心所在地总体金融服务发展水平，第二组反映国际金融中心所在地国际化程度，第三组反映国际金融中心所在地金融市场的成熟程度。具体包括：

（1）金融发展水平指标：银行等金融机构的业务范围、机构总数、存款总额和资产总额，每千人拥有的金融网点数，金融业电子化程度、信用卡发行规模、POS 机数量、ATM 自动取款机数量，金融部门产值占 GDP 的比重，金融从业人员占全部就业人员的比重，金融体系稳定性（历年银行倒闭数量及金融危机发生的频繁程度）等。

银行体系目前高流动性和高额法定资本金促使新兴国家许多发行机构乐于增加和持有资产。与此同时，尚不够成熟的广大资本持有者在竞争力较低的地区也宁愿购买无担保债券，这些都是新兴国际金融中心发展壮大所面临的挑战。

（2）金融国际化指标：外资银等外资金融机构总数、比例，银行等金融机构外币存款与本地货币存款之比，银行等金融机构海外存款占总存款的比例，银行等金融机构海外放款占总放款的比例，本地银行业与海外银行业同业拆借资金总额，国际银团贷款总额，外汇市场日均交易量，货币自由兑换程度，外籍金融从业人员占全部金融从业人员比例等。

（3）金融市场发展程度指标：金融市场种类（同业拆借、外汇、黄金、证券、期货市场），每一金融市场的容延度，包括绝对容量（日均交易量、月均交易量、年均交易量）和相对容量，每一金融市场的广延度，包括子市场数量、提供的金融产品种类、金融中介的数量、筹资者或投资者的数量，每一金融市场的成熟度（特定市场参与者所占市场份额、环境规范化程度、自动调节克服危机的能力和交易成本），每一金融市场的信息透明度（信息的传递速度、密集程度和传递的准确度）等。

一个国际金融中心的外国银行拥有量可以反映出一个国家金融环境的优劣，外国银行在一国开展活动有助于增强该国金融环境的稳定和效率，并可以改善原有金融环境的不足，起到监督和治理的作用。同时，外国银行数目增加后，国内银行的管理费用会有所降低（其作用甚至高于外国银行市场份额的提高在此方面的影响）。所以，吸引国外银行进入，积极促进国内银行走出去都是一个国家对建立国际金融中心所必须要做的政策推广。银行、证券公司的数量及其储蓄、贷款、证券交易额度的多少，直接影响了国际金融中心的规模和抗风险能力。以伦敦为例，无论在债券交易量或银行拥有量来说，都可以说是国际金融中心的大哥大。老牌金融中心大都具有绝对的硬件和软件条件。相比之下，新型国际金融中心虽然在不断发展，但就好像楼房要建得高一定要根基深一样，这些新型的国际金融中心由于绝对的硬件指标没有达标，很容易下滑。发生在新加坡、中国香港等新兴金融中心的东南亚金融危机就是很好的证明。所以，我国欲建立国际金融中心，必须进一步对银行业进行改革，鼓励更多外国金融机构入驻，以促进我国金融机构的竞争，提高自我实力。

3. 城市发展指标体系

从各国国际金融中心发展的经验看，一个低度开发的城市不可能为融资和贷款活动提供便利。因此，城市发展是国际金融中心形成的必要条件。一方面，完善的城市基础设施为融资贷款活动提供物质基础，使港口、通信、交通运输系统畅通运作；另一方面，良好的城市文化氛围，有利于高素质人才的培养，同时这种氛围的培养可大大推进国际金融中心的进程。

从以上两方面的作用出发，城市发展指标体系大致包括城市第三产业产值占总产值的比重、城市基础设施的投资占总投资的比重、城市的主要港口和机场数量、城市每年集装箱货物运输量及港口吞吐量、城市每千人拥有的电话数量、城市可供使用的酒店和办公楼面积、城市每平方米办公大楼租金、金融部门中级管理人员月薪、金融部门精通英语的普通职员月薪、城市劳动力平均受教育年限、精通英语的金融部门从业人员占金融部门总从业人员的比例等。

上述指标中，我国的第三产业与发达国家国际金融中心比较差距较大，仍然需要整体城市经济水平进一步提高。

4. 外部环境指标体系

该指标主要分为两类，第一类是反映国际资本总流动趋势的指标，能表明国际金融中心所在地资金的供求平衡受到的外部环境因素影响；第二类是反映与国际金融中心有密切联系的一国（汇率挂钩、进出口贸易往来比重较大）货币政策、贸易政策变化的指标。具体指标包括国际资本流入流出量、国际资本在地区结构分布方面的变动、主要相关国的短期利率和汇率变动、主要相关国与本地有关的贸易政策变动、主要相关国的股市股价变动、主要相关国对本地投资的变动等。

许多经济因素、刺激措施和基础设施缺陷也是造成新兴国际金融中心市场所在国家证券化发展速度缓慢的因素。银行体系目前高流动性和高额法定资本金促使新兴国家许多发行机构乐于增加和持有资产。与此同时，尚不够成熟的广大资本持有者在竞争力较低的地区也宁愿购买无担保债券。

5. 政治风险指标体系

该指标体系的作用在于评估一个国际金融中心的政治稳定性对其融资和贷款能力的影响。与经济指标的区别在于，政治风险的发生来自政治局势“性质”上的转变，而不是“数量”上的变化。因此，衡量的重点与方法应有所不同。这里我们采用瑞士银行国家风险评估的方法，将政治风险分为内在因素与对外关系两个方面。

（1）内在因素：政治体制及政府组织的特色，各人口群体之间因经济、宗教、种族等因素及语言差异所引起的冲突及严重冲突，有无反政府的运动存在。（2）对外关系：与邻国及贸易对手国之间的关系，该国所处战略位置及其重要性，该国在国际经济关系调整中的态度和作用。

以上所述的金融中心指标体系是根据近几年来国际金融发展情况而设计的，它将随着国际国内金融形势的发展变化而变化。此类国际金融中心的指标需要经过数据比较才能反映出一个城市在全球金融大环境所处的地位，权威的金融市场指数可以对宏观、微观的重要经济、政治形势变化做出及时反应。比如纽约道－琼斯指数、NASDAQ 指数、伦敦金融时报指数等已经成为世界和区域经济的晴雨表。从各类指数可以很好地测量尚未成为国际金融中心的城市与老牌国际金融中心的差距。所以，只有当一些硬性指标达到一定标准，一个城市才可能被称为国际金融中心。

四、现有国际金融中心的指标比较与新变化

（一）不同国际金融中心的指标比较

1. 硬指标比较

（1）金融机构总数量与外资机构占比的指标比较

从表 1.2.6 中，我们不难看出伦敦的银行机构数量总数居于世界各大金融中心之首。纽约外资银行数量紧随伦敦之后。排在第三位的香港，在 200 多家银行机构中，在香港以外注册的超过了 190 家，新加坡外资银行超过 150 家，占其全部银行机构的比例最高，东京则与新加坡比较相似，外资银行占比较高。

如果仅从结论性角度来看的话，伦敦和纽约无论是外资银行还是金融机构的数量，都遥遥领先于其他金融中心，具有明显的聚集效应。而这样看来，亚洲区域内的三大金融中心在体量方面还与前两者存在不小的差距。

表 1.2.6　目前主要国际金融中心银行机构数量比较　（单位：家）

城市	本地银行机构总数	外资银行机构总数
伦敦	>200	>500
纽约	>180	>300
中国香港	>60	>190

续表

城市	本地银行机构总数	外资银行机构总数
新加坡	>20	>150
东京	>50	>170

数据来源：中国人民银行驻纽约代表处、东京代表处、伦敦代表处报告。

（2）外汇市场指标比较

我们在这里简单对比前三位外汇市场的数据。如果只看它们外汇市场交易金额的情况，英国无疑是全球领先，并且领先幅度很大，超过第二、三名金额之和。美国外汇市场交易资金额居世界第二位，且多年来一直保持较为稳定的状态，起伏不大。我国香港外汇市场交易金额占全球的比例不高，但呈上升趋势，未来的发展潜力巨大。总的来说，英国因其体量大且外汇市场较为成熟发达，仍有继续扩张的态势，新兴外汇交易市场受原有发达市场的挤压，市场份额较小，可以说全球的外汇市场间存在日趋激烈的竞争（见表1.2.7）。

表 1.2.7 部分国家和地区外汇市场交易情况（单位：亿美元、%）

国家/地区	2000年		2004年		2010年		2016年	
	金额	占比	金额	占比	金额	占比	金额	占比
英国	6370	34.2	7530	31.3	18540	36.7	24063	50.6
美国	3510	17.9	4610	19.2	9040	17.9	8812	18.5
中国香港	790	4	1020	4.2	2380	4.7	4366	9.2
新加坡	1390	7.1	1250	5.2	2660	5.26	5172	10.9
德国	940	4.8	1180	4.9	1090	2.16	1164	2.4
日本	1360	6.9	1990	8.3	3120	6.17	3990	8.4
全球	19690	100	24080	100	50560	100	47567	100

数据来源：Wind 数据库，数据为当年 4 月份日均交易量。

（3）股票市场指标比较

2016 年末，纽约证券交易所是全球股票市值最高的，其股票总市值达到惊人的 19 万亿美元。同时，其成交量、成交额、市场募集的金额也均位居全球首位。美国另一家交易所——纳斯达克，其股票总市值以及成交额排名第二。英国的伦敦证券交易所，其股票总市值约为 6.2 万亿美元，排名第三位。简单概括起来，世界前两位证券交易所都在美国纽约，进一步说明纽约作为国际金融中心的重要地位。与之相比，亚洲地区证券交易所以及金融中心则有不小的差距。

表 1.2.8　世界主要证券交易所情况概述（2016 年）

	市值（10 亿美元）	历史（年）	列表（上市公司数量）
纽约证券交易所	19223	224	2800
纳斯达克	6831	45	3056
伦敦证券交易所	6187	215	3041
东京证券交易所	4485	138	2292
上海证券交易所	3986	26	1041
香港证券交易所	3325	125	1866
泛欧交易所	3321	16	1299
多伦多证券交易所	2781	155	1524
深圳证券交易所	2285	29	1420
法兰克福证券交易所	1766	431	3769
孟买证券交易所	1682	141	5749
印度国家证券交易所	1642	24	1696
瑞士证券交易所	1516	21	262
澳洲证券交易所	1272	29	2166
韩国证券交易所	1251	11	2030
北欧纳斯达克	1212	13	564
约翰内斯堡证券交易所	951	128	472
马德里证券交易所	942	185	175
台湾证券交易所	861	55	758
巴西证券交易所	824	126	365

数据来源：Wind 数据库。

（4）债券市场指标对比

在这里我们来看一组 2011 年 7 月的数据。伦敦证券交易所的债券交易量与筹资额都排名在全球第二，具体的数值分别为 36051 亿美元和 6180.2 亿美元，拥有上市债券的数量只排在第四位。法兰克福的债券交易量排名第七，但其债券数量和筹资额排名世界第二和第三，分别达到了 26031 支债券以及 4489.4 亿美元。亚洲三大金融中心整体排名从高到低依次为新加坡、日本东京以及中国香港。可见我国香港的债券市场有待进一步发展。但随着中国内地金融市场的进一步开放，内地以及香港的债券市场的前景将更加广阔（表 1.2.9）。

表 1.2.9　部分国际城市证券交易所债券融资和交易情况

（2011 年，单位：只、亿美元、%）

城市	上市债券数量			债券交易量			筹资额		
	数量	占全球	排名	金额	占全球	排名	金额	占全球	排名
卢森堡	31469	23.4	1	6.1	0.0	30	13495	38.2	1
马德里	4797	3.6	7	58543	38.6	1	—	—	—
伦敦	14699	10.9	4	36051	23.8	2	6180.2	17.5	2
香港	175	0.1	26	0.01	0.0	43	74.4	0.2	20
新加坡	990	0.7	13	196.6	0.1	18	685.1	1.9	10
法兰克福	26031	19.4	2	3168.0	2.1	7	4489.4	12.7	3
东京	359	0.3	20	29.5	0.0	22	629.5	1.8	11

数据来源：Wind 数据库。

纵观上述系列表格，可以看出一个值得思考的地方：卢森堡和马德里都在某一方面取得了世界第一的排名。因此对于国际金融中心来说，可以凭借其自身的优势资源，专注于某个单一市场的不断开拓，就能够在全球的金融业中细分某些市场，从而在此领域里独树一帜。

2. 软指标比较

全球金融中心指数从人力资源、市场准入、基础设施、商业环境以及综合竞争力等 5 个软指标对全球主要的金融中心进行评分和排名比较，2015 年 3 月，英国智库发布了第 17 期全球金融中心指数报告（GFCI17），6 个月后又发布了第 18 期全球金融中心指数报告（GFCI18）。这里借助第 17 期与 18 期的排名结果，对以下 6 个国际金融中心的软实力进行比较分析（表 1.2.10）。

表 1.2.10　主要金融中心软指标评分排名

城市	人力资源		商业环境		市场准入		基础设施		综合竞争力	
	GFCI 18	GFCI 17	GFCI 181	GFCI 17	GFCI 18	GFCI 17	GFCI 18	GFCI 17	GFCI 18	GFCI 17
伦敦	1	2	1	2	1	1	1	1	1	2
纽约	2	1	2	2	2	2	2	2	2	1
香港	3	3	3	4	3	3	3	3	3	3
新加坡	4	4	4	3	4	4	4	5	4	4
法兰克福	8	10 名后	7	8	6	6	6	7	6	10 名后
东京	10 名后	10 名后	10 名后	10 名后	10	7	10	4	9	5

（1）人力资源指标分析

该指标以一个地区的人力资源状况为切入点，参照该区域内专业人才的数量、人才市场的完善程度等，例如是否拥有大型的猎头公司等。通过两期报告的结果不难看出，伦敦和纽约的人力资源指标最优。在亚洲三个金融中心里，我国的香港人力资源情况较优，仅次于伦敦和纽约。以上几个金融中心，东京的排名最靠后。

（2）市场准入指标比较

该指标包括对外资的管制、国际资金交易的活跃程度等内容。伦敦、纽约以及香港分别位列前三位。

（3）商业环境指标比较

这一类指标涵盖的范围较广，涉及经济资源度、行政管理制度、制度执行情况、企业税率以及政府的腐败程度等方面。根据第 18 期全球金融指数报告结果，伦敦依然是行业环境指标最优的金融中心，我国香港较第 17 期上升了一位。

（4）基础指标比较

顾名思义，基础指标涵盖基础的硬件设施的建设进度以及办公、人居是否拥挤等方面。根据这两期报告结果，伦敦、纽约和香港的排名没有变动，依然位列前三，新加坡和法兰克福分别上升一位，而东京则下降了四位。

（5）综合竞争力指标比较

该指标包括城市的全球知名度、竞争力大小和综合条件等方面，可以用来预测金融中心未来发展前景。从两份报告中可以看出，伦敦、纽约和香港依然稳稳地占据着前三位。法兰克福名次上升较多，而东京则下降四位排到第九位。

（二）国际金融中心发展变化新形势

根据第 17、18 期全球金融中心指数报告，我们将这 6 个金融中心的评分以及排名变化制成下表。

表 1.2.11　英国智库全球金融中心指数排名（2015 年）

城市	GFCI18 排名	与 GFCI17 比较	GFCI18 评分	与 GFCI17 比较
伦敦	1	1	796	12
纽约	2	–1	788	3
香港	3	0	755	–3
新加坡	4	0	750	–4
法兰克福	6	1	736	14
东京	9	–1	725	3

注：表中“与第一份报告比较”一栏，“0”表示排名和评分不变，正数表示排名和评分的上升，负数表示排名和评分的下降。

通过表 1.2.10 和表 1.2.11 可以看出，全球范围内的金融中心的竞争格局已经出现一些新的变化趋势。我们简单概括为三个方面：

1. 金融中心的层级划分增多，金融中心所处的层级位置也发生较大变化

如图 1.2.4 所示，我们按照综合实力将金融中心进行层级划分，1980 年时，全球的金融中心可被划分为三个层级，且每一级的金融中心实力差距不是很大（图 1.2.4）。到了 2015 年时，金融中心的层级已经可以划分成 6 个（图 1.2.5）。有些金融中心实现了层级上的突破，如新加坡和我国的香港，前者从第三层级发展到第二层级，我国香港在回归祖国之后，其国际金融中心的地位更是从第三层级发展到第一层级，这与中国大陆坚定不移地支持其快速发展直接相关。

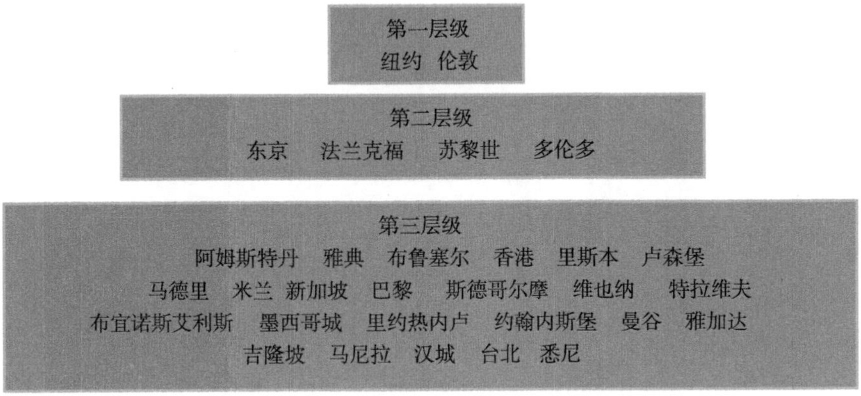

图 1.2.4　1980 年国际金融中心层级

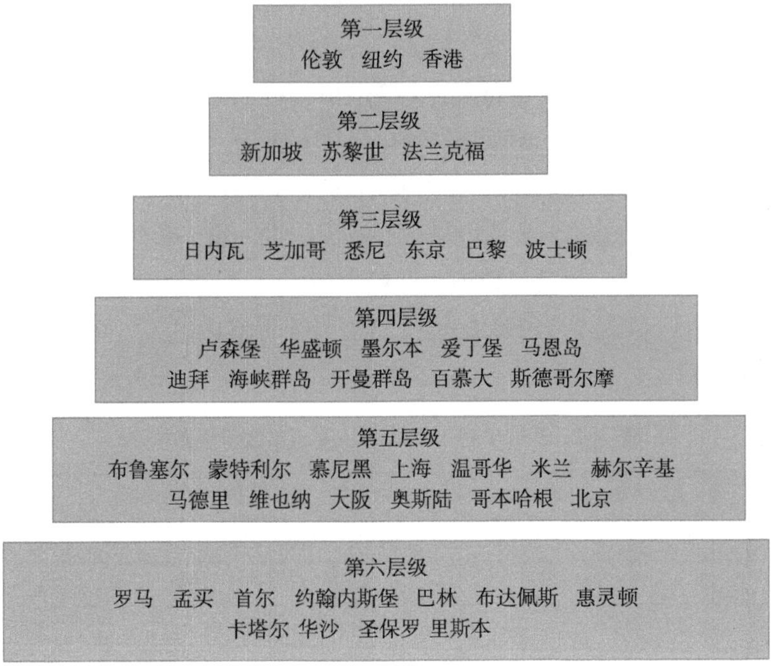

图 1.2.5　2015 年国际金融中心层级

资料来源：英国智库金融中心指数报告。

由 2016 年 9 月 26 日在上海发布的第 20 期全球金融中心指数（GFCI）可以看出，全球四大金融中心——伦敦、纽约、新加坡和香港始终保持了稳固的地位，四大金融中心之间竞争与合作共存（见图 1.2.6）。

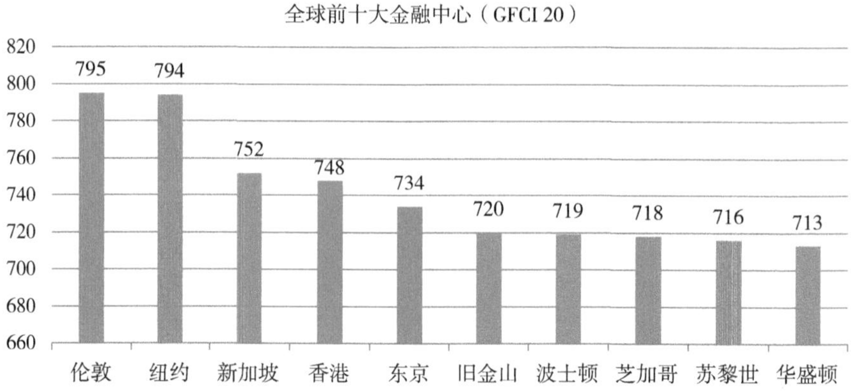

图 1.2.6　全球前十大金融中心

随着全球金融市场重心开始从北美和欧洲向亚洲转移，中国内地金融中心迅速崛起，影响力剧增。根据第 20 期全球金融中心指数，我国内地有 5 个金融中心：上海得分 700，排名全球第 16；深圳得分 691，名列全球第 22；北京排得分 683，名列全球第 26；青岛得分 631 分，排名第 46 位；大连得分 629，排名全球第 48。五大金融中心排名均位列前五十。

值得一提的是，伴随我国金融中心建设的进一步完善，到 2013 年时，城市综合竞争力指数上海已经位列全球第六名，北京也将自己的排名提升至第 11 名，深圳排名第 15 位（见表 1.2.12）。天津也首次进入了全球指数排名前 50 的行列。

表 1.2.12　2012—2013 年主要城市经济指数排名

城市	金融市场		成长发展		产业支撑		服务水平		国家环境		综合竞争力指数	
	2013	2012	2013	2012	2013	2012	2013	2012	2013	2012	2013	2012
纽约	1	1	4	2	1	1	1	1	2	1	1	1
伦敦	2	2	3	3	2	2	2	2	1	2	2	2
香港	4	4	2	4	4	5	4	4	3	3	3	4
东京	3	3	7	6	3	3	3	3	4	5	4	3
新加坡	5	7	5	7	6	6	5	6	5	6	5	5
上海	6	6	1	1	5	4	14	12	13	16	6	6
巴黎	7	8	9	9	8	9	6	5	6	8	7	8
法兰克福	8	5	15	10	10	7	9	7	8	4	8	7
芝加哥	9	10	14	13	9	10	10	9	12	13	9	10

续表

城市	金融市场		成长发展		产业支撑		服务水平		国家环境		综合竞争力指数	
	2013	2012	2013	2012	2013	2012	2013	2012	2013	2012	2013	2012
悉尼	10	12	12	15	12	14	8	10	10	12	10	12
北京	12	11	6	5	7	8	19	35	26	27	11	11
旧金山	14	13	11	12	11	13	11	14	11	19	12	13
苏黎世	11	9	13	11	15	12	7	8	7	7	13	9
多伦多	13	14	16	20	13	18	12	15	9	11	14	16
深圳	17	20	8	8	14	17	27	40	31	36	15	19
华盛顿	19	17	23	19	17	19	13	16	15	20	16	17
迪拜	15	16	10	17	16	16	21	27	30	32	17	18
波士顿	16	19	21	23	18	29	15	17	18	28	18	20
日内瓦	18	15	18	22	28	27	16	11	14	9	19	15
阿姆斯特丹	21	18	22	21	20	11	17	13	16	10	20	14
慕尼黑	25	27	20	25	22	21			20	22	21	21
温哥华	23	33	24	24	24	26	18	24	17	23	22	25
首尔	27	22	19	14	19	15	36	37	36	35	23	24

数据来源：http：// max.book118.com

2. 层级之间的差距拉大，高层级的金融中心发展更快，低层级的金融中心之间存在激烈竞争

可以说，各金融中心的发展历史导致了这样的发展结果。一方面，原本就处于领先地位的老牌国际金融中心，凭借其雄厚的经济实力、成熟的市场以及完善的制度，进一步保障自己的发展优势；另一方面，得益于科学技术的进步，成为国际金融中心的门槛降低了，这直接导致许多地区都诞生了金融中心。但市场份额是有限的，低层级的金融中心之间竞争更加激烈。

3. 处于亚洲区的金融中心将会迅速崛起，登上历史舞台

亚洲是世界上人口最多的大洲，有着众多发展中国家，是世界经济发展的重要推动力。根据最新一期的全球金融指数报告，亚洲地区上榜城市较之前增加很多，从整体上看，亚洲将成为新一轮世界经济增长的引擎。

五、新兴的国际金融中心的重要职能

在激烈的国际金融市场竞争中，新诞生的国际金融中心往往有其独到之处，其主要职能可简单概括为：资本融通、金融信息中心、价格发现、优化资源配置以及风险防范等。

（一）资本融通

实现资金在全球范围内向更为有利的方向流动，是国际金融中心相对国内金融中心而言，具有潜在的吸引力和中心辐射作用的原因。

国际金融中心的资本融通功能为周边国家和地区创造更多的发展机遇，同时也为本地区金融机构带来了它们最需要的金融业务。因为在一个金融中心内，国际金融机构能够借助当地的人才优势、资金流动优势等设立分支机构，以较低的成本，提供更优质的金融产品。

（二）一个国际金融中心同时也是一个金融信息交流中心

金融市场上充斥着大量的信息，投资者们在这里进行信息的共享，往往最重要的第一手信息来自于此。金融价格发现依赖于金融信息的有效性，国际金融中心里的信息交互频繁，连接着世界性价格的变化，能反应最真实的市场价格，因此国际金融中心同样也是价格发现的地方。

（三）优化资源配置

国际金融中心的竞争是激烈的，金融机构不得不把资源合理配置于效益最大的部门。而国际金融中心的内部是由众多金融中介机构所组成，因此受市场调节机制的决定性影响，有限的资源总是流向最合理有效的部门。

（四）风险防范

摧毁一个国际金融中心最容易的方法就是风险，所以对于国际金融中心来说，合理的政策引导和完善的法律制度是必不可少的，且金融中心内部往往会对合同等严格审查，一定程度上能起到风险防范的作用。

六、新兴的国际金融中心的战略意义

对于新兴的国际金融中心，我们将其战略意义概括为三点：

第一，促进金融扩张和基础创新。新兴国际金融中心充分利用其基础职能，拓宽信息获取渠道，扩大资本流动规模，形成一个深层次的开放自由的金融环境，从而达到吸引更多的国际金融机构进驻的目的。这就会导致金融中心内的竞争更加激烈，市场资源是有限的，这样会导致金融中心内的竞争更加激烈，反过来刺激金融机构进行不断的创新。

第二，防范金融危机风险。表面上，一个国际金融中心汇集着众多跨国金融机构，很有可能会爆发金融危机风险。实际上，作为国际金融中心，积极吸引跨国金融机构进驻，能为其自身带来更为先进成功的发展经验，能帮助其完善自身制度和政策，培养专业的金融人才，还能促进经济的发展。有了一定的经济基础，再加上完善的法律制度和专业金融人才保障，金融中心所在地区便具备了防范和化解金融风险的能力，达到了足够安全的水平。拉丁美洲金融风险频发，造成这种现象的原因很大程度上被归结为该地区缺少金融中心。

第三，提升所在地的综合实力。一个国际金融中心代表的是众多的大型金融机构，这意味着一旦建立起一个金融中心，就一定会促进相关配套产业的发展，带来大量的就业岗位以及可观的税收，增强该地区在国际金融市场上的话语权，最终有利于经济的发展。其结果就是该地区的综合实力的增强。

七、国际金融中心的地位和影响力（以英、美、日为例）

根据前文所述，国际金融中心诞生之后，其内部众多成熟金融机构会产生强大的需求力与供给力，最终实现其优化配置资源的职能。金融业相对于其他的产业来说，本身更具有独立性，每一轮的资源配置过程，都能带来大量就业岗位以及可观的税收，这又反过来刺激金融中心进一步发展壮大。伦敦、纽约和东京之所以会成为重要的国际金融中心，就是凭借着其所在国的迅速崛起。为了更清晰地阐述伦敦、纽约以及东京作为国际金融中心的地位及影响力，这里针对各金融中心的金融中介机构、股票市场以及债券市场等方面，选取一些具体且可量化的指标进行分析。

根据金融市场的交易构成，国际金融中心内的金融业务可被划分为股票市场、国际债券市场、保险市场以及银行拆借等四大类。伦敦金融市场的国际股票交易额在全球市场份额的占比最高时一度达到65%，此后有所下降，但依然占据一半的全球市场份额。国际业务是伦敦国际金融中心的主要业务，这是与纽约以及东京金融市场最大的不同。前者拥有超过全球六成的国际债券交易额，与之相关二级市场份额也达到了七成以上。另外，伦敦的国际间银行拆借业务份额达到了全球市场的1/5；其外汇市场也占据全球市场的1/3左右；这些数据与其他两个国际金融中心相比具有压倒性优势。

位于北美的纽约国际金融中心，拥有300多家外资银行，总资产超过六千亿美元，占全美外资银行总资产的六成以上，而在纽交所挂牌的总资产更是超过了全美外资银行同类资产的七成。可以说全美半数以上的银行机构及其资产都汇集在纽约，这很好地说明了纽约作为国际金融中心惊人的吸引资本的功能。截至2016年底，纽约有超过200家外资证券发行机构，发行量超过1000亿美元。2017年，纽交所的总市值约为20万亿美元，是全球市值最高的交易所，超过位列第二、三名的纳斯达克与伦敦证券交易所总市值之和，且日均证券发行量约20亿美元。所以说纽约国际金融中心是世界金融市场中的最重要的组成部分之一。

与前两个金融中心相比，东京国际金融中心诞生得最晚。以东京证券交易所为例，2017年，其上市公司数量约为2000家，总市值为5.5万亿美元。根据2018年的最新排名，东京证券交易所的债券市场总资产超过伦敦，仅次于纽交所和纳斯达克。东京国际金融中心是亚洲最大的金融中心，且开放程度很高，同样具有强大的吸引外资的能力。

第三节　国际金融中心对世界（或国内）经济的影响

国际金融中心的形成离不开一定的经济基础，而强大的经济实力推动国际金融中心的扩张。纵观整个金融中心的发展历程，很容易发现这样一个现象，那就是金融中心的发展水平总是与其所在国的经济实力呈现出正相关的关系。换句话说，一国或地区的GDP规模越大，其金融中心享有的国际知名度和地位就越高。因为当一国或地区的经济处于飞速发展时，对资金的需求同样也在不断扩大，进而吸引更多的金融机构的进驻，结果就是金融市场上的交易更加活跃，促进了金融中心的扩张。

我们认为金融业作为一个独立的产业，在全球经济体中都扮演着非常重要的角色。一个国际金融中心能带动当地的就业和相关产业的发展，并增加政府税收，一定程度上还能促进当地的金融创新和制度创新，这些好处能够共同促进实体经济的发展。

我们还可以将金融中心的出现看作是一个区域内金融系统发展成熟的结果，所以说具备一定基础的实体经济能促进金融中心的产生；而一个发达成熟金融中心能够引领实体经济的发展。

当今世界，国际竞争越来越激烈。一国的发展应是经济、政治、文化、军事等方面的高度融合的发展。经济是发展战略中的重中之重，金融则是经济活动的核心。一个国际金融中心能够帮助当地加强与世界其他经济体以及金融中心的联系，建立起参与全球竞争的桥梁，是经济全球化中重要的一环。所以说，金融中心的发展能对经济的发展起到巨大的牵引作用，从而促进整个国家或地区的发展，提升综合实力，增强国际话语权，进而带动整个全球发展。

第二章　主要国际金融中心及比较分析

第一节　伦敦

一、地理位置

伦敦是一个船只云集、贸易兴旺的港口。与70多个国家的港口建立了联系，年吞吐量约4500万吨，仅次于鹿特丹、纽约、横滨和新加坡等港口。其作为欧洲唯一能够连接纽约和远东的金融中心，地理上的优势功不可没。

二、形成历程

伦敦最早是由公元43年罗马人征服英国后在泰晤士河畔建立的一座城堡，经过近2000年的发展，成为当今世界最重要的金融中心之一。

伦敦金融中心的形成可上溯至17世纪，但直到19世纪中叶，伦敦才取代了此前的阿姆斯特丹而成为世界金融中心。18世纪60年代，英国是最早开始进行工业革命的国家，生产力得到解放，再加上后来的殖民扩张，英国积累了丰厚的原始财富。当时，伦敦城内汇集着各国的贸易资源，金融中介机构高度发达，已经发展成为初具世界影响力的国际金融中心。凭借经济与金融的相互促进作用，英国成为当时的资本主义强国。

19世纪可以说是英国银行业发展的黄金时期。这一时期的伦敦银行业创新地从私有性质转变为股份制银行，整个银行业注重经营管理和提升服务水平。到了19世纪末时，伦敦的米德兰银行已经在整个英国设立了432家分支机构。处在同一时期的证券行业由于其他各种工业领域企业的壮大也在不断扩张。比如19世纪晚期，伦敦证券交易所的会员数刚刚超过2000家，而到了20世纪初，其会员数近乎达到原来的三倍。19世纪的保险业也得到了空前发展。经历了19世纪伦敦金融业的黄金发展时期，英镑开始作为国际货币活跃在全球贸易与金融市场。

20 世纪开始后，英国先后两次卷入世界大战，整个国内经济和金融市场以及基础设施均遭受重创，伦敦金融中心原有的金融系统无法有效运转，原有的国际话语权被大大削弱，所以才被后来的纽约国际金融中心超越。英国政府决定加强对国内经济的干预，实行外汇管制，并且不再使用以黄金为本位币的货币制度，即金本位制。英国中央银行于 1945 年进行国有化，并且国家垄断把控经济命脉的能源、交通以及钢铁等行业。因为伦敦金融中心毕竟有着丰厚的历史积累，适逢战后欧洲百废待兴，有巨大的资金和金融需求，再加上本地人才尚未流失过多，其作为国际金融中心的地位依然不可撼动。但是 1957 年还是爆发了英镑危机，英国政府随即宣布：严禁本地银行向第三方贸易结算开展英镑放贷业务。最终金融市场选择了当时如日中天的美元作为结算货币，伦敦银行业因此开展与美元相关的业务，伦敦金融市场也成为当时全球首家境外美元市场。冷战时期，美国政府对外施行严格的资本管制，境外美元市场因此得到较好的发展时机，而发展最早的伦敦境外美元市场收益巨大。1979 年，英国政府施行长达 20 多年的英镑外汇管制被废止。此外，英国限制贸易行为法庭收到由政府支持的公平贸易办公室（OFT）提交的伦敦交易所规则，最终消除证券业的价格竞争。

到了 20 世纪 80 年代，一些新兴的区域性金融中心开始活跃在全球金融市场，伦敦金融中心不得不进行一系列的改革以应对日益激烈的国际竞争。从 20 世纪 80 年代初到 90 年代末，先后发生的两次“金融大爆炸”改革，极大地增强了伦敦金融中心的国际竞争力，奠定了其世界重要金融中心的地位。

三、发展现状

伦敦的国际金融中心曾一度被人看衰，但就目前来看，伦敦金融市场的业务范围、占全球市场的份额以及保险基金等领域的发展潜力，在全球金融中心范围内依然保持着领先地位。

银行业是伦敦国际金融中心的支柱产业，伦敦金融市场上进驻的银行机构数量超过 700 家，是全球银行机构最多的城市，其中来自欧洲的银行超过三成，超过半数的欧洲投资银行业务在这里开展。外资银行超过 600 家，其资产总额占到全部市场份额的半数以上。伦敦目前也是全球最大的外汇交易中心，每年的外汇成交总额超过全球份额的 1/3。同时伦敦的保险业十分发达，是全球最大的保险中心。目前，伦敦证券交易所上市公司总市值超过 5 万亿美元，在全球范围内名列前茅。

伦敦金融城的保险业十分发达，毕竟这里曾诞生了世界首个保险交易市场——“劳合社”。包括全球最大的 20 家保险企业在内，都在这里设立了分支机构。而且伦敦保险业的国际化程度非常高，其市场份额除了三成来自国内保险行业，四成来自美国保险市场，剩下的都来自全球保险市场。

而且，伦敦还拥有全球最大规模的外汇市场，其外汇交易市场日均交易量占全球的比重接近四成。根据近几年的统计结果来看，英国伦敦外汇市场有持续扩张的趋势，其日交易量比纽约外汇市场和东京外汇市场的日均交易量之和还要多。证券和债券市场的发展数据表明，截至 2007 年 6 月末，伦敦国际债券余额占全球的 13.9%，列全球第二位。此外，伦敦金融中心的债券市场占全球的比重接近 20%，近几年也呈现出快速发展的趋势。

四、功能影响

作为全球金融史上发展历史最悠久、规模最大的国际金融中心之一，伦敦国际金融中心推动着世界经济、贸易以及金融的发展。仅从英国来讲，伦敦金融城为其国内整个金融产业的贡献率超过四成。

五、原因分析

正如我们在第一章所说的，国际金融中心的诞生是建立在充分发展的实体经济基础之上的，伦敦同样如此。18 世纪 60 年代英国率先发起第一次工业革命，到 19 世纪 40 年代，英国国内已经基本实现工业取代手工业，大大解放了生产力，生产效率也得到提高，为其以后发展成为工业经济强国奠定了基础。比较有代表性的就是，当时英国生产了全球一半以上的生铁。伦敦金融中心的形成原因可以被归纳为以下几点：

（一）经济基础是金融中心成长的核心动力

根据表 2.1.1 中的数据可以看出，两种估算方法对 19 世纪时的工业产出估值都是明显超出 18 世纪的，而且前者的平均增长率超出后者一倍以上。

表 2.1.1 1700—1860 年实际产出增长率 （单位：%）

	工业产出		整体经济（GNP）	
	克拉夫茨	迪恩和科尔	克拉夫茨	迪恩和科尔
1700—1760	0.7	1.0	0.7	0.7
1760—1780	1.5	0.5	0.7	0.6
1780—1801	2.1	3.4	1.3	2.1
1801—1831	3.0	4.4	2.0	3.1
1831—1860	3.3	3.0	2.5	2.2

注：克拉夫茨对经济增长所做的新的估算，连同早些时候迪恩和科尔所做的估算，1700—1801 年间是英格兰和威尔士的数据，以后是大不列颠的数据。

（二）国民收入的投资比率不断增长

表 2.1.2 中说明，从 18 世纪到 19 世纪，投资占国民收入的比例持续上升。用于投资的收入被用来劳务生产以及商品生产，再次价值创造。

表 2.1.2 1700-1860 年投资所占国民收入的百分比

年度	投资占国民收入的百分比
1700—1760	5.0
1760—1800	7.0
1801—1831	10.0
1831—1860	11.3

表 2.1.3 显示，这一时期英国经济的不断增长离不开以下几个方面的贡献。以资本存量为例，随着经济发展的提速，资本存量变得越来越重要，可以看出，18 世纪到 19 世纪，资本存量的贡献率是一直在增加的。经济的增长又会促进金融业快速扩张。

表 2.1.3 1700—1860 年的经济增长率（年均增长率%）

	资本存量（1）	劳动力（2）	全部要素投入（3）	产出（GDP）（4）	全部要素生产率
1700—1760	0.7	0.3	0.4	0.7	0.3
1760—1800	1.0	0.8	0.8	1.0	0.2
1801—1831	1.5	1.4	1.3	2.0	0.7
1831—1860	2.0	1.4	1.5	2.5	1.0

（三）工业和产出结构出现变化

关于英国地区经济结构的变化，可以从以下两个表中看出。首先，从18世纪60年代到19世纪40年代，英国的工业和产出结构出现了很大转变，这一时期正好是英国进行第一次工业革命的时期。可以看到其工业劳动以及产出方面与18世纪初相比有较大提升，并拉大与欧洲平均水平的差距，同期农业结构的占比则出现下降，城市化人口高于同期欧洲平均水平，说明英国的城镇化水平得到了提高。表2.1.5同样说明了这一点，英国是三个国家中从事农业人口占比最少的国家，而工业和服务业产业占比较高会进一步刺激金融业的发展。当时的美国的国民经济主要以农业种植为主，所以农业的从业人口占比最高。

表2.1.4　1700—1860年结构中英国和欧洲结构变迁的比较　（单位：%）

	1700年	1760年	1840年
男性劳动力			
工业			
1. 英国	18.5	23.8	47.3
2. 欧洲平均水平	12.6	16.9	25.3
农业			
3. 英国	61.2	52.8	28.6
4. 欧洲平均水平	72.0	66.2	54.9
产出			
工业			
5. 英国	20.0	20.0	31.5
6. 欧洲平均水平	19.3	21.3	25.2
主导部门			
7. 英国	37.4	37.5	24.9
8. 欧洲平均水平	51.4	46.4	37.2
城市化（人口%）			
9. 英国	–	–	48.4
10. 欧洲平均水平	–	–	31.4

表 2.1.5 1820 年时各国人口从事三大产业分布率 （单位：%）

	荷兰	英国	美国
农业	43	37	70
工业	26	33	15
服务业	31	30	15

（四）国际贸易扩张

在完成第一次工业革命后，英国工业实力得到极大的增强，国际贸易已具备相当大的规模。根据历史数据来看，19 世纪 50 年代，英国的贸易额接近 2 亿英镑，占整个欧洲对外贸易量的三成，其出口的工业产品在欧洲市场的占比也超过了四成。更直地说，英国一年的贸易额比德国、法国和意大利三国的贸易总额之和还要多。英国作为当时的“世界工厂”，是全球最富有的国家，在世界范围内拥有极大的影响力。

（五）稳定的货币环境

在 19 世纪的发展中，英国建立了金融历史上的第一个实质性的金本位制度，这也是伦敦在国际金融市场上拥有巨大影响力的原因之一。在国内经济的平稳运行和货币的稳定下，从 19 世纪末期到 20 世纪的初期，国际间结算 40% 使用的币种为英镑，并且英镑的海外投资高达 40 亿英镑，占到当时西方总投资额的 50% 以上。

（六）充足的高素质专业人才

前文提到英国曾卷入两次世界大战，这对英国的金融系统造成了巨大的破坏。而伦敦之所以没有丧失其国际金融中心的地位，很大一部分原因就是当地的高素质金融专业人才充足。我们可以查到的资料是，全球获得注册金融分析师人数最多的四个国家和地区分别是美国、加拿大、英国和中国香港。

在第一章中我们也提到全球金融指数报告涉及人力资源指标这一项，而伦敦金融中心在这一项目中排名第一。

（七）其他方面

除了以上几点，伦敦作为全球最重要的国际金融中心，还得益于其本身灵活且有效的政府监控体系、良好的市场竞争环境等方面，这些因素共同作用于伦敦的金融市场，使其始终活跃在国际金融市场。

六、衰落

伦敦曾经一度是全球规模最大、资产总额最高的国际金融中心，但在英国卷入两次世界大战后，其金融中心地位受到打击，虽然经过战后的重建以及境外美元市场的发展，其金融运作体系逐渐恢复，并借此巩固了其国际金融中心的地位，但与其最辉煌的时刻相比，仍然存在着差距。

受战争的影响，最先遭到破坏的就是城市基础设施，这直接导致曾经聚集在伦敦的大型金融机构纷纷搬离。当时的美国不仅远离世界的主战场，拥有相对和平稳定的市场环境，还通过战争前期销售军火获取暴利，工业体系利用这得天独厚的发展机会迅速扩张，进而吸引从伦敦等欧洲金融中心撤离的跨国金融机构和资本，综合国力快速提升，至此，美国纽约超过伦敦成为全球头号金融中心。

第二节　纽约

一、地理位置

纽约是美国最大的工商业城市和最大海港，它内有广阔的腹地，外有天然的良港，是全国最大的交通枢纽、工业、财政金融和文化艺术中心。同时纽约作为美国最大的港口城市之一，不仅是美国东西走向交通干线的主要汇集地和出口基地，也是美国通向欧洲、南美洲和亚洲的主要港口。

二、形成历程

我们在第一节说到，第二次世界大战后，纽约超越伦敦，成为世界上最大的金融中心。但当第一次世界大战刚刚结束时，纽约的分析师和投资者们持悲观的态度，纷纷认为美国的金融体系必将受到战争的破坏而崩溃。实际上，一战主要发生在欧洲战场，并给远离欧洲战场的美国带来了巨大的军事武器以及农产品需求，美国趁机赚得盆满钵满，并彻底实现了从农业经济向工业经济的转变。美国股市在因恐慌而短暂下跌后迎来了道琼斯指数诞生以来的第一次大牛市。同时因战争而撤离欧洲主要金融中心的大量金融机构以及资本纷纷涌入美国，华尔街突然变得“拥挤不堪”，美国的金融市场呈现出前所未有的活力，其金融体系日益成熟。美元取代英镑成为全球贸易结算货币，纽约开始成为全球最重要的国际金融中心。

1929年至1938年间爆发的资本主义大萧条，使得美国经济急转直下。一直到第二次世界大战爆发时期，得益于天然的地理位置，美国又一次远离战争主战场，就像重复第一次世界大战的做法一样，美国大发战争财，国民经济再次崛起。

1944年，为加强美元国际地位，美国在战后建立起布雷顿森林体系。20世纪50年代后期，美国施行严格的外汇管制，结果就是该体系反而限制了美元在国际金融市场上的流动。此时，伦敦借机建立起了首个美元的境外市场，美元在这里可以用于自由投资而不受到美国的管控，纽约作为国际金融中心地位一定程度上受到了威胁。

到了60年代，由于美国政府开始加征新的利率平衡税，伦敦凭借其发达的美元市场进一步聚集大量石油美元，此时的伦敦国际金融市场开展着全球绝大部分的投融资业务，重现了两次世界大战前的辉煌。但最终凭借第三次工业革命，美国的科技水平处于世界领先地位，成功将全球金融机构和资金聚集到纽约，再次成为世界金融中心

进入20世纪70年代，众多发达国家进行金融自由化改革，全球金融市场开始发展融资证券化业务，美国政府决定不再施行外汇管制。此次政策改革顺应了全球金融竞争的新格局，刺激了本地的金融创新，为纽约金融中心的发展注入了活力。

20世纪80年代至90年代兴起的科技浪潮和全球经济一体化趋势，使得纽约继续保持了与其他金融中心之前的优势。

三、成为金融中心原因分析

通过对纽约金融中心形成历程的分析，我们认为纽约成为金融中心原因主要是两次世界大战带来的发展机遇。第一次世界大战时，美国通过军火贸易以及向欧洲的大量商品输出，大力发展国内经济，工业制造能力得到提高，为以后成为世界第一强国奠定了基础。与此同时，因躲避战争而逃离欧洲的主要金融机构和资本来到美国市场，促使纽约完善了金融市场。经济、金融以及工业制造业等都得到了空前的发展，综合国力大大提高，纽约开始超越伦敦成为世界金融中心。

第二次世界大战同样给美国的发展带来机遇，这一时期美国经济飞速增长，并在后来的全球金融竞争格局中顺应改革，逐渐放宽政策引导，美国股市再次迎来大牛市。

分析纽约国际金融中心的成长历程及经验可以得知，纽约作为美国乃至世界的金融经济中心，最初也只是美国的一个小贸易站，而华尔街只是纽约曼哈顿区南端的一条墙街。17 世纪后期，纽约凭借华尔街的场外股票交易逐渐兴盛起来，但当时美国的金融中心是费城，除了费城，芝加哥等也是纽约的竞争对手。南北战争成就了纽约，因为华尔街为北方政府提供资金支持，并最终取得了战争胜利，纽约也因此超越费城，不仅成为美国最重要的金融中心，而且一跃成为世界第二大证券市场。“二战”之后，在经济和政治利益的驱动下，纽约的贸易和金融活动日益繁荣，美国扩张资本输出。美元也通过布雷顿森林体系彻底击败英镑，纽约超越了伦敦从而成为世界第一大金融中心。作为当今世界最重要的国际金融中心之一，纽约的成长发展离不开它特殊的地理位置和本土的经济实力。两次世界大战，美国的经济实力一次又一次地飞跃，为纽约成为世界性的金融中心奠定了坚实的物质基础。可以说，成为国际金融中心必须有强大的经济实力为前提。另外，纽约之所以能成为全球性的国际金融中心，很大程度上还归功于其超强的创新能力。国际金融市场上，绝大部分的资产工具和金融衍生品都是美国创造出来的，除产品创新外，各种交易方式也同样不断创新。纽约金融机构的创新能力是其他任何一个国家都无法企及的，包括英国。其创新能力不仅跟美国追求自由化的社会理念和冒险精神有关，也与高素质和多样化的人才资源集聚有密切关系。

四、发展现状

第一次世界大战爆发之前，美国工业生产总值占全球市场三成左右，而到了1929年时，经过一战的财富积累加上战后经济的飞速发展，其工业生产总值达到了世界总产量的一半。第二次世界大战再次给美国带来了千载难逢的发展机遇，美国的综合国力大大提升，并在战后推行布雷顿森林体系，使美元取代英镑成为世界货币。

目前，美国市场拥有较低的失业率和通胀率，仍有大量的国际资本流入纽约的证券市场。根据最新的统计结果，全球十大证券交易所中，美国的纽约证券交易所和纳斯达克分列第一、二名，足以见得其作为金融中心的强大影响力。

第三节　法兰克福

一、地理位置

法兰克福坐落于德国黑森州，是德国第五大城市，城市面积248.31平方千米，人口约67万。作为德国的交通枢纽，有着非常发达的工业制造基础。

法兰克福同时也是德国乃至全球的金融中心，这里有超过400家银行、700多家保险公司的总部或分支机构，拥有欧洲第三大证券交易所——德意志证券交易所，几乎所有德国股票交易都是在这里完成的。此外，法兰克福也是欧洲央行及其他大银行总部的所在地。

二、形成历程

早在15世纪，法兰克福就已经成为当时欧洲的金融中心。法兰克福的第一个交易所成立于1402年；一直到16世纪晚期，法兰克福第一家股票交易所诞生。法兰克福的商业贸易兴起于15世纪初，经过近400年的发展，推动其成为欧洲重要的金融中心。

从 19 世纪 80 年代到第二次世界大战前，法兰克福的德国金融中心地位曾一度被柏林所取代。受东西方阵营冷战的影响，德国柏林被一分为二，从此柏林的国际金融中心地位受到极大的削弱。当时，美国和英国政府决定将德意志联邦银行的前身“德意志州银行”设在西德的西部，汉堡、法兰克福、科隆以及杜塞尔多夫四个城市最有竞争力。

当时的情况是，德国汉堡的基础设施在战争期间未遭受严重的打击，尤其是建筑设施保存相对良好，这能为金融中介机构进驻到这里提供最基础的营业场所保障。最重要的是汉堡本身就具备完整有效的金融运行体系，这里同样拥有数百家银行的分支机构以及德国商业银行的总部，此外德国绝大部分的对外支付清算业务也是在汉堡完成的。而当时的杜塞尔多夫是德国的工业基地，保存有大量完整的工业基地，聚集着许多工业企业机构，资金需求较大，同时这些企业控制着德国国内绝大部分的信贷业务。实际上，当时德国的汉堡更受人们青睐。但由于法兰克福是美国在德军事管理的总部，因此美国不顾英、法对汉堡的偏爱，决定将德意志联邦银行设在法兰克福。随后，德国其他政策银行也陆续将总部迁到了法兰克福，如负责分配战后马歇尔计划资金的德国复兴开发银行。正是由于这一特殊的历史原因，才为法兰克福赢得德国的金融中心地位奠定了基础。

此后，为了进一步增强法兰克福作为国际金融中心的地位，德国政府放宽了对银行业经营的政策干预。而且，因为德国中央银行已经设在了法兰克福，为了业务上便捷，许多商业银行也将总部搬到了法兰克福。

此外德意志证券交易所（也称法兰克福证券交易所）的崛起，也是促使法兰克福成为国际金融中心的重要推动力。我们前面提到，德国绝大部分的股票交易都发生在法兰克福，目前，德国九成以上的股票交易业务都是在这家交易所完成的，进而更加吸引了众多银行机构进驻法兰克福。

在随后的 1998 年，欧盟将欧洲中央银行设立在法兰克福，直到 2000 年，欧元开始作为国际贸易结算货币活跃在国际金融市场。法兰克福不断扩大规模，开始发展成为一个全球重要的国际金融中心。

三、发展现状

欧元在国际金融市场上的重要地位一定程度上促进了法兰克福作为金融中心的发展。目前。法兰克福金融中心涉及证券、保险、基金等业务，有超过700家金融中介机构。法兰克福聚集着德意志银行、德累斯顿等商业银行的总部，这里的金融市场积极创新，是国际金融市场上一支极具竞争力的力量。

现在，法兰克福依靠发达的信息技术，同来自全球各个国家的数百家银行建立交易中心联网。最新统计数据表明，德国近千家上市公司的总市值达2万亿美元。法兰克福和苏黎世共同开发的欧元外汇衍生工具已经成为世界上交易量最大的产品。

四、未来发展：政府推动与欧央行的机遇

事实上，法兰克福在发展成为国际性金融中心的道路上面临着一些阻碍。首先，从宏观的角度来讲，德国拥有悠久的历史，再加上近代以来发动过两次世界大战，其发展进程中存在着一些历史遗留问题，这些问题如果不能得到彻底解决，势必成为法兰克福在成为国际性金融中心道路上的障碍。其次，法兰克福金融中心现行的金融体系相对较为封闭，因为德国传统上的金融模式是以间接融资为主的，银行与企业间往往注重保持长期的稳定联系，这样不利于资金的自由流动。另外，目前德国人口老龄化的问题较为严重，国内劳动力不足，失业率居高不下，德国经济作为欧洲大陆经济发展的重要推动力也处于疲软的状态。最后一点，法兰克福作为德国金融中心，其商业环境并不友好。目前，法兰克福在德国是房价最高的几个城市之一，并且过去长期的高福利政策在经济腾飞时期还能得到有效保证，现在德国的整体经济下行，很难维持现有的人们对高福利的要求，更不要说吸引外资进行投资了，因此面临人才流失的危机。

为了提升德国在国际上的金融地位，2003年德意志联邦银行、德国证券交易所、德国财政部及11家位于法兰克福和慕尼黑的金融机构共同发起成立了德国金融中心动议（IFD），旨在德国经济发展缓慢的情况下，探索作为国际金融中心如何创新金融工具和采取什么措施来推动德国消费和商业发展，

最终提出七点建议意见，分别是：（1）调控房地产市场，抑制房价过高；（2）大力发展金融培训和教育；（3）改进税收体系；（4）活跃在欧盟的金融市场；（5）改善中小企业融资方式；（6）改进欧元支付体系；（7）完善养老保障制度。

随着欧洲央行入驻法兰克福以及欧元的发行，法兰克福向国际金融中心发展的潜力进一步增强。此外，由于法兰克福也是德国中央银行的所在地，因此法兰克福成为众多金融机构设立总部或分支机构的首选之地，其结果就是法兰克福的金融市场不断壮大。而且，借助欧盟日益扩大的政治和经济影响力，法兰克福国际金融中心逐渐在全球范围内发挥着重要作用。

第四节　东京

一、地理位置

作为日本首都的东京，地理位置处于日本本州岛的东部地区，是亚洲第一大城市、全球第四大城市，同时是亚洲范围内拥有世界财富五百强公司总部最多的金融中心。

二、形成历程

东京作为一个城市的崛起可以追溯到明治维新时期，也就是 19 世纪 60 年代，此时，日本上下经过明治维新的变革，国内经济发展获得良好的动力与空间，东京借此开始成长起来。到了 19 世纪七八十年代，东京学习借鉴美国的银行管理制度和法案，先后颁布了《国立银行条例》和《日本银行法》，并在此基础上诞生了日本银行——日本的中央银行。至此，日本金融市场开始在正规且国际化的道路上发展。

为了适应经济的发展，在 19 世纪末期，日本政府创建许多专门从事金融业务的政府机构，并通过这些官方机构直接参与金融业务，东京金融中心的市场业务在一定程度上逐渐得到了制度上的完善。

到了20世纪，日本国内形成了数个实力非常雄厚的大财团，垄断主义盛行，国民经济被帝国资本主义掌控着。第二次世界大战期间，日本政府在海外施行积极的殖民扩张以及对外贸易政策，但经济发展被军国主义牢牢掌握的。日本国内金融业也由于当时国内的战时环境，受限于军工产业。东京金融中心的发展步伐因此遭到一定程度的阻碍，其外汇市场更是处于基本停滞的状态。

东京作为一个金融中心，其真正意义上的腾飞开始于20世纪50年代。世界反法西斯战争胜利后，战后日本政府开始专心国内生产建设，并对金融市场进行了一系列的改革。目前，东京国际金融中心在全球金融市场上拥有很高的话语权，是亚洲为数不多的能够与纽约、伦敦等相媲美的金融中心。

三、发展现状

中央银行、民间金融机构、政府金融机构以及外资金融机构大致组成了东京金融中心。日本银行是日本的中央银行，执行中央银行的相关职能，是日本金融市场最重要的组成部分。目前，民间金融机构的数量在以上四种金融机构中所占的比例最大，是构成整个东京金融市场的主体部分。东京金融市场上的民间金融机构包括长期信贷银行、各城市商业银行、相互银行、信托银行和农（林、渔）业协同组合、农林中央金库、商工组合中央金库、信用组合、信用金库以及各类保险公司、短期资金公司等机构。政府金融机构则作为民间金融机构的补充，包括日本开发银行、日本输出入银行以及分别对应不同职能的金融公库。政府金融机构通常能够很好地执行日本中央银行或者政府新颁布的政策。目前，来自全球各国的上百家银行在东京金融市场上设立了数百个分支机构以及经营信托业务的附属子公司。此外，东京金融中心还拥有各类大型国际金融机构的代表处。外国的金融机构在东京金融市场的发展潜力巨大。

四、东京金融市场运行的缺点

我们在前面对东京金融市场的构成进行了分析，这有利于我们总结东京金融市场运行的不足之处。

（一）直接融资占比不高

东京金融市场的间接融资业务大概占到整个金融市场上份额的六成，而直接融资所占的比重还不到一成。虽然间接融资一定程度上提供了金融市场的灵活性，安全性得到保障，大大提高了东京金融市场的规模，但是间接融资的自由属性切断了资金供求双方的直接联系，且增加了融资成本，这是一个金融中心发展所最不愿看到的。今后，东京金融中心的发展还应该提高直接融资的比例。

（二）日本本土企业严重依赖于外资

第二次世界大战结束后，日本政府无论是出于政治目的还是为了快速恢复国民经济，不计后果地大量地引入外资，虽然后期凭借着外资援助，实现了经济腾飞，但也使国内工业尤其是对美国的援助产生依赖。

（三）政府对贷款业务监管力度不足

前文说到，民间金融机构是东京金融市场的主体部分，而政府对于银行业的贷款业务没有采取较为严格的监管制度，超额贷款在民间大银行中并不少见。尤其是大企业对资金有较高需求，一些城市商业银行受高利息的驱使再加上政府监管的不足，往往会超额贷款，这对金融市场的稳定是不利的。

（四）资金利用效率不高和金融机构间违规拆借

一些银行和其他的金融机构只将一部分募集资金用于贷款或投资有价证券，资金的利用率低下。此外，基于以上第（二）和第（三）点原因，东京金融机构间普遍存在超额贷款等违规拆借行为。

五、日元的国际化之路

日本政府于 1985 年签订“广场协议”后，日元曾大幅度升值，但到了 1997 年，面临东南亚爆发的金融危机，日元又大幅度贬值。此后日元在国际的汇率一直在 150 到 80 之间波动。由于日元一直“保持”这种较大的汇率波动，日元持有者面临着更高的随机性风险，其结果就是各国或大型跨国企业都不愿意使用日元进行结算。我们可以通过日本经济产业省的统计数据来说明这一点：从

2002年到2007年，以日元结算的进出口贸易在其全球贸易中仅占两到三成。

此外，日元在当时国际市场上长期保持较低利率。20世纪90年代，为了在经济泡沫破裂后复苏本国的经济，日本政府将日元利率下调到近乎为零。这一措施不但没有奏效，反而导致了后期更为严重的日元“套利交易”，大量国际资金涌入日本金融市场，通过借入的日元买进更高收益率的金融资产，实现套取利差。而政府为了保护本土企业，又不能提高日元的汇率，日元的汇率波动进一步加剧。

我们认为汇率波动大以及长期的低利率是日元国际化道路失败的直接原因，根本原因是日本政府对金融业发展失败的政策引领。20世纪70年代开始，得益于以银行业为主体的市场体系不断发展，日本经济迅速增长。但当国内出现资本过剩的情况时，日本政府不能及时制定合理有效的政策方案来解决这一难题。银行掌控着大量的储蓄和融资的渠道时，日本政府又制定了错误的“走出去”政策，致使大量资金向外流出，而国内企业却得不到投资。

在日本政府错误的政策引领下，当日本国内出现大量的资金时，不能自由流入国际金融市场进行投资来获得高收益率，而是以存款的形式存放在银行金库里，作为回报的只是非常低的银行利率；当国内投资率过低时，政府又积极引导国内资本“走出去”，使得本国资本流失。再加上长期的汇率波动与低利率，日元的国际化之路道阻且长。

六、金融中心的衰退

全球经济发展的中心从20世纪80年代开始，呈现出逐渐向亚太地区转移的趋势，全球国际金融中心的竞争格局也呈现出了多元化的发展趋势。经过战后国内重建以及经济腾飞，日本的经济综合实力也与日俱增，GDP总量曾一度保持世界第二位，仅次于美国。凭借国内如此雄厚的经济实力以及作为亚洲唯一发达国家的巨大优势，东京金融中心已不满足其亚洲金融中心的地位，想要获得超过美国纽约的地位。但这一美好愿望最终在其金融中心泡沫膨胀之后破灭，其GDP总量也被中国超越。

二战之后，日本政府急于恢复国内正常经济发展，于是选择大力扶持以及保护金融市场的基础——银行业。日本政府因此制定了以间接金融为主、直接金融为辅的金融发展政策，所以银行业满足了当时日本企业发展巨大资金需求，此后日本迎来经济腾飞的20年，从侧面证明了这种制度存在一定的优势。

表 2.4.1　世界排名前十位的商业银行（按资产规模）

2015 年	2004 年	1995 年
中国工商银行	瑞银集团	德意志银行
中国建设银行	花旗集团	三和银行
摩根大通	瑞穗集团	住友银行
美国银行	汇丰控股	第一劝业银行
汇丰银行	法国农业信贷银行	富士银行
花旗银行	法国巴黎银行	樱花银行
中国银行	摩根大通	三菱银行
富国银行	德意志银行	农林中央银行
中国农业银行	苏格兰皇家银行	法国农业信贷银行
三菱 UFJ 金融银行	美国银行	中国工商银行

资料来源：根据 *The Banker* 数据整理。

1985 年 9 月，美日两国政府签订《广场协议》后，美元大幅贬值，日元急速升值，原本依赖于工业出口的日本遭受巨大打击，经济从此开始持续低迷。从 1986 年开始，日本银行多次降息，致使大量资金涌向股市，股价被抬高，股市迅速泡沫化。我们可以从表 2.4.2 可看出，在 20 世纪 80 年代以后，日本 GDP 增长速度明显落后于股票总市值的膨胀速度。

表 2.4.2　泡沫经济前后日本国内生产总值与股票总市值

年份	GDP	股票总市值	年份	GDP	股票总市值
1981	261	81	1987	354	301
1982	273	91	1988	377	394
1983	286	107	1989	403	527
1984	305	138	1990	434	478
1985	324	169	1991	457	373
1986	338	230	1992	484	297

注：GDP 为年度名义值；股票取各年份 6 月东京证券交易所主板上市公司总市值。

资料来源：孙执中. 日本泡沫经济新论 [M]. 北京：人民出版社，2001.7.

随着大量热钱涌入东京证券市场，东京终于实现了超越纽约成为国际金融中心的梦想。但好景不长，金融泡沫的破灭，使日本陷入了长达 10 年的经济衰退期，被人们称作“失去的 10 年”。由于长期的低利率政策，到了 1989 年时，日本银行连续五次提高再贴现利率。投资者开始产生恐慌情绪，证券市场的泡沫最先破灭，随后是房地产市场，股价和地价短期内暴跌 50% 以上。东京金融泡沫的破灭，对日本国内经济造成巨大的破坏。最明显的表现就是破产企业的数量剧增，如表 2.4.3 所示。

根据表格中的数据，进入 90 年代后，东京开始金融泡沫破灭，伴随着破产企业数量的剧增，负债总额也是持续增长，而企业背后的银行业也将为此付出代价。银行业爆发了赤字风暴，东京的金融市场没有一家银行不背负着巨额的赤字。

纵观东京金融业从低谷发展到高峰再到低谷的整个过程。首先，在银行业和证券业的快速发展的情况下，西方老牌资本主义国家还由于“滞胀”因素的影响经济增长缓慢。在国际贸易结算领域，固定汇率制度被浮动汇率制度所取代的前提下，东京的国际金融中心地位曾一度超越了纽约。但因为日本政府放松了对金融市场的监管，大量的国际热钱涌入日本金融市场，直接导致期金融市场迅速泡沫化，最终崩溃。日本因此进入了持续 10 年的经济增长低迷期，东京金融中心的国际地位受此影响也逐渐下降。

表 2.4.3　日本泡沫经济的破灭导致企业倒闭数

年份	倒闭企业数	负债总额（亿日元）
1990	6468	19959
1991	10723	81488
1992	14069	70615
1993	14564	68477
1994	14061	56294
1995	15108	92411
1996	14834	81299
1997	16464	140447
1998	18488	137484

资料来源：孙执中. 日本泡沫经济新论 [M]. 北京：人民出版社，2001.7.

第五节　新加坡

一、地理位置

新加坡位于在整个马来半岛的南端。与马来西亚、印度尼西亚国家相邻，毗邻马六甲海峡南口。新加坡的国土面积很小，只有 719 平方千米，因此没有设立省、区、市等行政单位的划分，整个国家就是一座城市，新加坡的金融中心位于新加坡市区的中心。

二、形成历程

1965 年新加坡正式独立后，凭借毗邻马六甲海峡的交通枢纽位置以及天然的深水港，逐渐发展为国际贸易中重要的一环。

1967 年，新加坡成立货币委员会，从英国的殖民统治中收回了国家货币发行权。新加坡政府将经济发展精准定位于外贸驱动型，致力于将新加坡打造为国际离岸金融中心。

1968 年，新加坡政府开始对金融业进行大刀阔斧式的改革，改革完成后，金融业转变为国内经济发展的支柱产业。由于当时的国际巨头美国执行紧缩的货币政策，施行严格的外汇管制，导致全球对美元的需求居高不下，为缓解来自国际市场的压力，美国计划在海外建立一个离岸金融市场。新加坡政府准确把握当时的国际金融大环境，为了吸引外资机构积极入驻新加坡，宣布取消外币利息税等优惠政策。1968 年 10 月，美洲银行新加坡分行在新加坡政府的准许下设立，并发行亚洲货币单位。1969 年以后，花旗银行、华侨银行、渣打银行等先后得到了经营亚洲美元业务的许可。这为新加坡成为现代化国际金融中心奠定了重要的基础。得益于亚洲美元离岸金融市场的设立，新加坡的国民经济实现迅速发展。而且新加坡政府又颁布了一系列与税收相关的优惠政策，进一步巩固了其发展离岸金融市场的优势。

新加坡政府致力于将其金融市场打造成自由活跃的国际金融中心。20 世纪 80 年代，新加坡政府在之前的基础之上进一步放宽了对国内金融市场的政策限制，进而又掀起了大批跨国金融机构入驻新加坡的热潮，这使新加坡金融中心的创新能力大大提高，国际竞争力进一步提高，新加坡向国际金融中心的发展又迈进了一大步。

新加坡的金融市场业务范围从 20 世纪 90 年代末开始，逐渐扩展到财富管理领域，新加坡政府致力于将新加坡建设成为一个全球财富管理中心。新加坡国际金融中心逐渐在国际竞争中占据重要的地位。

三、原因分析

新加坡本身国土面积狭小，工业基础薄弱，且近代以来长期被殖民统治，新加坡政府当局面对这些情况，清晰地看透新加坡拥有的天然地理位置优势，通过不断放宽政策限制，积极吸引大型跨国金融机构进驻本土，努力将国家打造成一个位于东南亚的国际性金融中心。事实证明，经过了数 10 年的不懈努力，新加坡已发展成为全球第四大国际金融中心。目前，其柜面市场衍生交易额以及跨国间的贷款业务都排在全球市场的前列。总结其成功的原因有以下 3 点：

（一）注重对本币的保护

不同于一般的离岸金融中心，新加坡的金融市场类型具有内外分离的特征。新加坡政府通过两个方面对其金融市场进行内外分离：

第一，相较于宽松的税收优惠政策，新加坡政府在防止本国币种被用于各种投机或套利活动上采取了极其严格的监管措施，规定市场上任何一家金融机构的本国币种与非本国币种都不能处于同一账户，必须彻底分离。并出台了明确的政策限制本国币种在国外的使用。此外，新加坡政府还多次公开表示暂不计划将本国币种国际化。

第二，新加坡政府针对金融市场上的外资银行，会对其实力以及其他影响条件进行评估，通过颁发不同类型的许可证来限制其经营本国币种。由于新加坡政府对本币的保护政策，外资银行在进行本国币种的相关业务时会受到严格限制，本国货币只能通过新加坡本土商业银行来获取，这为本国的货币的安全稳定运行提供了保障；此外，该政策一定程度上也能防止银行间出现过度竞争，金融市场能够均衡的发展。

（二）优惠的税赋政策

新加坡政府为了巩固其离岸金融中心的优势地位，吸引更多的金融机构和资金流向本国，相继出台了许多与税赋有关的优惠政策。新加坡政府于1968年废除非居民存款与资本利得预扣税项；1972年开始不再收取亚洲货币币种的20%准备金，取消可转让大额定期存单以及提货单的印花税；1977年，关于亚洲货币币种的各项离岸所得税减免到10%；对亚洲货币币种的银行贷款免征所得税。

（三）合理有效的监管体系

为了更加合理有效地调控国民经济、控制通货膨胀、保持本币稳定以及对银行和证券业实施监管，新加坡政府在其中央银行的基础上，于1971年成立了新加坡金融监管局。新加坡政府在金融监管局下又分设了银行署、证券署以及保险署，分别负责对离岸金融中心各个领域的监管，以满足新加坡金融市场上金融机构的混业经营模式。在其他的方面，新加坡的金融监管当局还做出了很多骄人的成绩，特别是吸引国外金融机构和人员的进入，促进了本国金融业的蓬勃发展。尽管存在金融业的监管，以及新加坡政府对新元在国际金融市场上的流通持保守态度，金融监管当局还是在尽可能开放的程度下，保持国内金融市场运行的平稳发展，保证其在国际金融市场上的地位。

四、发展现状

新加坡金融中心的外汇市场同样发达，是全球第五大、亚洲第二大外汇市场。根据2017年的数据，新加坡证券市场的上市公司总市值超过4000亿美元。新加坡证券交易所是亚洲第五大证券交易所。新加坡金融中心的衍生品市场同样发达，并且极富创新能力，在衍生品开发以及交易机制方向设立方面能够满足不同投资者的需求。新加坡国际金融衍生品交易所能在全球范围内实现全天候不间断的交易，曾推出许多金融期货以及期权合约，大大提高了新加坡应对国际金融风险的能力。作为最先兴起的亚洲美元市场，新加坡离岸金融中心近些年的规模也在不断扩张。

第六节　主要国家金融中心发展比较分析

本节对全球性国际金融中心伦敦、纽约、东京及区域性的国际金融中心新加坡，在区位优势、形成发展、政府监管及业务类型上进行总体的比较分析，论证了拥有好的区位优势是一个国际金融中心形成及发展的基础，揭示了在发展形成上，各国际金融中心的形成都与国际政治、经济格局的剧烈变动有直接或间接的关系，各国政府也在其发展过程中对所出现的问题进行及时的政策调整，以促进国际金融中心的形成、发展。在比较的过程中，可以看出各主要国际金融中心在业务类型上都有自己的强势方面。同时，对各主要国际金融中心的比较分析可以总结出这些城市在建设国际金融中心中的经验教训，这些经验教训对我国建设国际金融中心有一定的借鉴作用。

一、主要国家国际金融中心区位条件比较分析

（一）地理条件

从当下世界著名的国际金融中心看，它们无一不是该国的经济、贸易中心。特别是随着国际经济贸易壁垒的逐步消除，那些能够组织世界性经济活动的城市，其金融中心的地位更加巩固。

伦敦是一个船只云集、贸易兴旺的港口。伦敦港与100多个国家的港口建立了联系，2006年其货物吞吐量突破5000万吨，达到了近十年来的最高值。其作为欧洲唯一能够连接纽约和远东的金融中心，地理上的优势功不可没。

从19世纪中叶开始，纽约逐渐发展成为美国最大的工商业城市和最大海港，它内有广阔的腹地，外有天然的良港，是全国最大的交通枢纽和工业、财政金融及文化艺术中心。同时，纽约作为美国最大的港口城市之一，不仅是美国东西走向交通干线的主要汇集地和出口基地，也是美国通向欧洲、南美洲和亚洲的主要港口。

东京是日本的首都和政治、经济、文化中心，它由狭长的陆地和分散在太平洋上的200多个岛屿组成，航运非常便利。

新加坡是太平洋与印度洋交通航运要道，地处马六甲海峡入口，是欧洲、

地中海、西亚、南亚等远东航船的必经之地，是世界海运交通中心之一，也是亚洲、欧洲和大洋洲之间的重要国际航空中心，因此，新加坡有“港以国兴，国以港富”之说。

（二）时区条件

伦敦、纽约和东京分别处于三个时区，新加坡所处的时区在时差上具有联系东、西半球金融交易的便利条件。当纽约市场收市后，东京市场和香港市场以及新加坡市场相继开市；伦敦及欧洲其他市场接着开始；而后美国纽约市场又开始，如此循环。

由此可以看出，作为国际金融中心不仅要在地理位置上具有优越性，在交通运输上能够连接世界各地，还要在金融市场上能够与其他国际金融中心相互联系、相互支持。

二、主要国家国际金融中心形成过程比较分析

（一）伦敦国际金融中心

伦敦金融中心的形成，可上溯至17世纪。但直到19世纪中叶，伦敦才取代了此前的阿姆斯特丹而成为世界金融中心。

1986年10月，英国开始了一场俗称为“大爆炸”的金融业改革，制定金融服务业法，核心是促进金融服务业的自由化。伦敦证券交易所于1997年10月进行了规模宏大的股票交易改革，这在金融史上称为第二次“大爆炸”，其核心内容是管理证券投资业务，废除证券交易的固定手续费制度及证券自营商与证券经纪商之间的业务藩篱，并严禁内线交易，建立了以市场为中心的股票交易自动报价系统。从此金融市场完全自由化。

“金融大爆炸”扭转了伦敦金融中心地位下降的趋势，保持和恢复了伦敦金融城在多数金融交易市场份额领先的地位。

（二）纽约国际金融中心

第一次世界大战后，随着美国经济实力的增强，纽约开始成为世界重要的金融中心。第二次世界大战以后，美国拥有世界上唯一完整的金融体系，

同时布雷顿森林体系奠定了美元作为国际货币的基础。再加上美国政府鼓励在国内金融市场发行外国债券以缓解国外美元紧缺的局面，使得纽约成为当时世界最大的资本供应中心，在国际金融中心中独占鳌头。

在政府监管方面，1973 年美国首先取消了资本流入限制，随后对外国公司进入美国国内金融市场实行了自由化，同时放松了对美国金融机构向外国贷款的管制，1980 年放松了利率管制，1986 年 4 月存款利率上限的限制全面取消，实现了利率自由化，并形成了以联邦基金利率为基准利率的市场利率管理制度。

（三）东京国际金融中心

20 世纪 70 年代中后期开始，日本着手进行金融自由化。1973 年，日本放松外汇管制，鼓励金融资本的海外流动。进入 80 年代，日本的金融自由化步伐开始加大。日本多层次的金融市场也相继建立，包括银行承兑汇票市场、无担保融资市场、商业票据市场等。

90 年代中后期是东京国际金融中心走向成熟的时期，其重要标志是 1996 年日本提出金融大改革计划，揭开“金融大爆炸”的序幕。“金融大爆炸”的核心是金融的自由化、国际化，它是对日本原有金融制度的纠正。政府取消外汇管制，逐步实行利率市场化，以强化东京的国际金融中心地位。近年来又开辟了规模巨大的离岸金融市场，从而奠定了东京金融中心的国际地位。

（四）新加坡区域性国际金融中心

1968 年始新加坡政府大力发展金融业。美国为缓和国际收支逆差，准备在亚洲设立离岸金融市场，而首选地香港政府不愿撤销外币利息税和对外资银行发放执照。新加坡政府抓住时机，及时取消外币利息税，大力鼓励外资金融机构进入新加坡金融市场，颁布了一系列吸引外资和外国银行的政策。1968 年 10 月，美洲银行新加坡分行在新加坡政府的准许下设立发行亚洲货币单位。1969 年以后，花旗银行、渣打银行等先后得到了经营亚洲美元业务的许可。这是为新加坡成为现代化国际金融中心迈出的重要一步，带动了新加坡金融自由化和国际化的步伐与进程。20 世纪 80 年代以来，新加坡又进一步放宽了对外资持有银行股份的限制，大量外资金融机构争相进入，各类金融工具在新加坡金融市场不断创新并得到广泛使用，亚洲美元市场终于在新加坡获得了较大的发展。新加坡迅速发展成为亚太地区的国际金融中心。

三、主要国家国际金融中心业务比较分析

（一）银行业

根据伦敦及国际金融业的私有机构 IFSL 的统计，目前共有 486 家银行在伦敦营业，数量超过其他任何金融中心。伦敦的这些银行有 33% 来自欧洲，其中近 2/3 是外国银行。伦敦的银行经营着全球 20% 的国际银行业务，并主要经营外国顾客的资产。伦敦还是欧洲最大的投资银行中心。

外国银行在纽约分支机构的资产规模近年来增长迅速，其资产规模和存款总额甚至超过总部设在纽约的美国国内银行。截至 2006 年底外国银行在纽约分支机构的总资产、贷款总额已经分别达到了 15567 亿美元、3962 亿美元；而总部设在纽约的美国国内商业银行的总资产、贷款总额和存款总额分别为 2731 亿美元、1581 亿美元和 1799 亿美元。纽约作为一个著名的国际金融中心，其金融业开放程度最高。

东京也是世界上最大的银行业聚集地之一。其银行存款达到 4.7 万亿美元，居世界首位。但东京的外资银行数并不多，仅有 74 家。

2009 年，新加坡共有商业银行 110 家，其中外资银行占到了 105 家。从银行数量看，香港位居世界第三，仅次于伦敦和纽约。世界最大的 100 家银行中，有近 90 家在香港设立了分支机构。

（二）保险业

英国的保险业位居欧洲第一和世界第三。共有保险公司 800 多家，其中 170 多家是外国保险公司的分支机构。伦敦保险市场的繁荣程度非常高，40% 的业务来自美国，33% 来自英国，其余部分来自欧洲大陆和世界其他地区。伦敦更是世界最大的航空和海运保险市场，是世界保险和再保险中心，有 100 家左右的跨国保险公司在此营业，主要经营财产保险，其中世界航空保险业务的 31% 和水险业务的 20% 都集中在这个市场。值得一提的是劳动合作社，作为“伦敦市场”内在的市场它是世界上唯一的专业保险市场，也是目前全球第二大商业保险人和第六大再保险人，在世界 60 多个国家和地区拥有从事

直接保险业务的执照。

美国的保险市场规模世界第一。从整体上讲，美国保险业的经营效益较好。美国保险市场竞争十分激烈，银行、其他金融机构和国外公司都纷纷进入美国市场。激烈的竞争使从业者努力通过信息技术的应用、降低成本、提供特色服务等手段来保持市场份额。另外，保险代理商分销成本的降低对提高竞争力十分重要。未来美国保险业的增长将主要来自海外市场，保险公司不断针对保险市场增长较快的国家和地区进行投资，这些海外市场比国内市场更有利可图。国际保险市场的不断开放和破除垄断，为美国的保险公司提供了本国高度成熟市场不能提供的发展机遇。

相对欧美国家而言，日本保险业的起步比较晚，但发展速度却在全球名列前茅，目前已经成为仅次于美国的全球第二保险大国。如果从其保单人均拥有数和人均保额来计算，日本早已超过英美，位居世界第一。

（三）证券业

现在，纽约、伦敦、东京、中国香港等 10 大证券市场已成为世界金融市场最亮丽的风景。伦敦集中了近 180 家外国证券公司，几乎 50% 的国际股权交易在这里进行。在伦敦股票交易所上市的外国公司的数量，也超过世界上任何其他交易所。伦敦还是主要的国际债券市场中心，分别占国际债券一级市场和二级市场份额的 60% 和 70%。在伦敦股票交易市场的二级市场上，共有 15000 种有价证券挂牌交易。而且，伦敦作为国际化程度最高的全球金融中心，十分适合外国公司上市，吸引了全球一大批领先的投资公司和金融机构。目前，有 60 个以上国家和地区的公司在伦敦证交所发股上市，不论是规模还是数量都超过其他国际性证交所。

伦敦在世界上最早开办金融衍生品交易业务，也是全球最大的场外金融衍生交易市场。伦敦国际金融中心承揽了全球 36% 的场外衍生金融产品的交易。伦敦还是继芝加哥之后全球第二大期货与期权交易市场。伦敦同时还与纽约并列为世界两大基金管理中心。

纽约是全球企业重要的融资场所。华尔街的纽约证券交易所已发展成为世界上最大的股票交易所。对全球证券市场具有风向标的作用。东京证券交易所则是世界上第二大市值股票交易所。

（四）金融机构兼并

1998 年 4 月 6 日，总部设在纽约的美国花旗公司和旅游者公司宣布实行兼并，兼并金额高达 820 亿美元，为当时世界最大的金融兼并，此项兼并使新成立的花旗集团公司成为全美仅次于大通曼哈顿银行的第二大金融集团，资产总额达 7000 亿美元，业务遍及全球 100 多个国家。从 1992 年到 1997 年，美国商业银行兼并与合作达 2492 起，总金额达 2000 亿美元以上，保险业的合并达 5114 起，涉及金额 1100 亿美元。

1998 年 7 月 6 日，英国伦敦证券交易所和德国法兰克福证券交易公司组成战略联盟，从对手成为盟友。2000 年 5 月 3 日，伦敦证券交易所、法兰克福证券交易所正式宣布合并，组建新的“国际交易所”。

国际银行和非银行金融机构的合作每年达数千起，金融机构之间的合并与合作不仅在企业之间和国内，而且已经扩展到国际之间。金融机构的兼并重组不断改变着全球金融势力的版图，对国际金融中心的分布格局带来了重大影响。国际金融业的发展不仅从竞争走向合作，而且这种合作的规模非常巨大。21 世纪初国际金融业将是竞争与合作并存，有竞争有合作，竞争中有合作，合作中有竞争。

四、主要国家国际金融中心发展趋势比较分析

相对于过去由深厚的历史沉淀而形成的发展道路来说，伦敦国际金融中心的发展可以说是机遇与挑战并存。欧元自 1999 年 1 月 1 日推出以来，对国际金融市场的影响是深远的，这种影响对暂不加入欧元区且现已明确决定退出欧盟的英国来说压力是巨大的，尤其是因为伦敦国际金融市场的业务大部分来自欧洲大陆。20 世纪以来，互联网、无线通信等 IT 技术的发展震惊世界，其对金融业务的贡献有目共睹。这种趋势对传统金融业务的影响是史无前例的。伦敦作为历史悠久的国际金融中心，对金融业发展的重要性逐渐减弱。

伦敦证券交易所（LSE）被认为是世界上国际化程度最高的证券交易所，它不仅是欧洲债券及外汇交易的全球领先者，还受理超过 2/3 的国际股票承销业务。随着金融业混业经营程度的加深，政府下决心将英格兰银行的金融监管职能分离出来，使其专注于货币政策，同时成立英国金融服务局（FSA），逐

步将分散的金融监管职能集中到 FSA。FSA 以风险管理为核心监管资源配置和量体裁衣式的监管风格也对提升英国金融市场的竞争力发挥了推动作用。伦敦金融城的成功离不开大伦敦强大人力资源的"辅佐"，伦敦拥有 42 所公立大学和少数私立大学、逾 30 万名各国留学生，人力资源的高度集聚使伦敦金融业的发展具有强大的后劲，这也是世界其他金融中心所无法企及的。

虽然美国成为全球最大、最活跃的资本市场，纽约也取代了伦敦的历史地位，成为全球最大的国际性金融中心，但纽约金融市场在发展过程中也遇到了严重问题。由于金融监管法规长期滞后于市场发展，导致市场违规操作行为增加，结果出现了一系列重要的金融丑闻。这些丑闻无不与华尔街投资银行、审计事务所、证券分析师等有关，投资者开始对美国资本市场提出质疑。

面对经济全球化和国际互联网发展的挑战，加强内部管理和整合，是纽约国际金融中心面临的一个新任务。随着经济全球化，特别是互联网技术迅猛发展，国际金融市场已成为全天候市场，任何一个市场的传统优势都变得不重要，重要的是能否为投资者提供一流的服务。在纽约证券交易所，许多上市公司股票同时在几家市场交易，投资者选择空间更大，如果一个市场不能提供满意的服务，他们完全可以选择另一个市场。

尽管当前纽约国际金融中心的发展在很多方面为伦敦所超越，并在一些金融细分领域如 IPO 市场受到香港等新兴市场的挑战，然而，依托世界最大的经济实体，作为世界最大的资本市场和投资银行最集中的城市，纽约全球性国际金融中心的地位在相当长的时间内是不会动摇的。

东京曾经跃升为与伦敦、纽约并肩的世界三大全球国际金融中心。但伴随着日本经济的 10 年衰落，东京国际金融中心的总体地位不及 20 世纪 80 年代。不仅与伦敦、纽约这些顶级国际金融中心的差距在拉大，而且某些细分金融市场如财富管理市场等还被新加坡或香港所超越。在可以预见的未来，日本全球性金融中心的地位将面临日益严峻的挑战。

新加坡金融中心与香港金融中心竞争亚洲金融市场的领导地位已经经历了半个世纪之久。新加坡凭借其自身的政治稳定、居住舒适、经济稳定成长及政策优惠等多方面的优势长期保持在东南亚的金融服务领域中的领导者地位，并通过制度再造和业务创新积极向东亚、南亚、澳大利亚和新西兰等亚太地区拓展势力范围，在基金管理、外汇兑换、财富管理方面已经取得了很大的成就。根据目前发展态势，未来新加坡区域性国际金融中心地位应该可以维持。

五、国际金融中心展望及对中国的借鉴意义

（一）国际金融中心展望

科技的发展及应用使传统国际金融中心的优势逐渐暗淡，传统金融业务所需的条件目前已无须完全具备，在现今高科技支撑下的电子化网络完全可以以低成本、高质量、短周期来完成这些业务的操作。

未来国际金融中心的发展将不会拘泥于传统的框架和模式，高度发达的科学技术与现代金融的结合，最终将导致未来国际金融中心走向无形化、无中心化和知识化。所谓无形化是指金融市场和金融中心将分散于电子化网络的各个节点，不再以有形的固定场所作为集散地，不再具有具体的地理概念。无中心化是指大多数传统的金融业务如结算、清算、证券交易等都将移植到分散的电子网络上进行，操作空间无限扩大。而知识化是指国际金融产品、服务将以不断地学习和创新作为其生存与发展的首要条件。具体而言，未来国际金融中心将呈现出这样一种发展模式：以发达的金融服务网络为基础、以金融中心和个性化为核心、以智力资本为第一资源、以学习型的金融机构为主体，其业务会更加全面高效、规模不断扩大，从而更好吸收资本促进自身的发展，并且带动区域性的国际金融中心的发展。

（二）对中国的借鉴意义

目前，中国经济迅猛发展，中国国际经济地位逐年提高，但为了进一步加快我国经济发展和提升我国国际经济地位，必须建立起自己的国际金融中心。同时建立国际金融中心也能够推动我国金融业的进一步发展，带动区域经济发展。

通过以上对伦敦、纽约等主要国际金融中心的比较分析可以看出，国际金融中心的建设离不开良好的经济、制度环境和宽松的政策环境，同时国际金融中心的建设是一项巨大的系统工程，我们需要站在国家的高度对金融中心进行总体规划，制定发展战略，协调各金融中心城市的发展规划。

我国建立国际金融中心的优势在于我国综合国力的强大、在全球影响力的增强、良好的经济发展及我们有着能够作为建立金融中心的基础的经济中

心城市。国务院适时制定了建设上海国际金融中心的战略决策。但我国建立国际金融中心的路还很长，存在着许多的困难，主要有以下原因：

（1）出于经济安全考虑，我国的金融业没有完全开放，资本项目还受国家管制，而资本项目自由化是决定能否建成国际金融中心的基本前提；

（2）当前我国金融立法和监管工作和成熟的国际金融中心相比仍相当薄弱，金融风险的防范和化解能力很低；

（3）上海的经济与金融业发展很快，但金融机构数量、总资产、金融市场容量与发达国家金融中心相比相去甚远，金融基础仍然薄弱；

（4）金融业务单一、金融创新能力贫乏，缺乏完善的金融中介服务；

（5）我国金融中心的发展遭遇人才瓶颈。尽管我国已经云集了不少的国内金融精英，但缺少既懂国内金融又懂国际金融规范运作的银行家和金融家。

因此，我国金融发展今后要在以下几方面加快改革和完善的步伐：

（1）要积极引进更多的国外金融机构和人才；

（2）逐步开放金融市场，尽快实现人民币自由兑换，促进我国金融机构逐步走向跨国经营和全球化投资；

（3）加快与国际金融机构接轨，从技术装备、产品创新上加快发展速度；

（4）提高金融服务意识和管理能力，加大高级金融专业人才培养力度。

第七节 离岸金融中心

一、国际离岸金融中心简介

第二次世界大战结束后，美元开始逐渐发展成全球的贸易结算货币，大型的金融机构都逐渐把开展本国货币以外的存贷款作为主要的经营项目。一些国家和地区甚至设立有专门经营他国货币存贷款业务的金融市场。尤其是一些位于加勒比以及南太平洋地区的岛国，国土面积狭小，资源匮乏，工业基础薄弱，为了发展本国经济，政府会颁布一些税收减免政策以及相关法律制度，允许国际自然人或者法人在其国内从事各类离岸业务，从而聚集了大量以逃避本国税收为目的的国际资本，因此形成了一种特殊的金融中心——离岸金融中心。

国际离岸金融中心兴起于20世纪的50年代并一直发展至今。目前，开曼群岛、巴拿马、英属维尔京群岛、百慕大等国家和地区都是全球比较著名的国际离岸金融中心。我国目前也有尝试构建国际离岸金融中心的发展计划，1999年，我国澳门颁布《离岸法案》，我国政府还选取珠三角地区作为构建离岸金融中心的试点地区。

离岸金融中心按业务范围的不同可以分为三种类型，分别是避税港口型、内外分离型以及内外混合型。避税港口型离岸金融中心的一个最明显的特征就是拥有很多在这里注册的金融机构或公司。由于离岸金融中心极其诱人的税收减免政策，这些金融机构或公司聚集在该地区。它们被统称为国际商业公司或离岸公司，这些金融机构或公司都有一个共同特点，那就是它们都是在其本国内进行实际运营的。英属维尔京群岛、开曼群岛以及一些海峡群岛等都是比较具有代表性的避税港口型离岸金融中心。

资本流动高度自由化，国内或地区内金融业务与其离岸金融业务不分离的离岸金融中心，就属于内外混合型离岸金融中心，我国的香港也是属于这种类型的离岸金融中心。

而我们前文介绍过的新加坡金融中心以及东京金融中心都属于内外分离型离岸金融中心。内外分离型，顾名思义，就是指离岸金融业务与国内或地区内金融业务分离。当地政府会对非居民交易给予一定的税收优惠，离岸金融中心本土的税制、利率管制以及存款准备金制度不适用于国际资金，但当局者还规定非居民交易必须与离岸金融中心内的账户完全分离，禁止非居民经营在岸业务和国内或地区内业务。

二、英属维尔京群岛离岸金融中心简介

英属维尔京群岛是全世界范围内最大的离岸公司注册地。英属维尔京群岛在1984年后，其离岸金融中心发展历程进入高速期。我们可以用这样一组数据来说明其规模之强大：目前，全球有超过80万家的国际商业巨头的注册地是英属维尔京群岛。其中，英属维尔京群岛内仅2001年一年的新注册公司数就超过了5万家，当年该岛一半以上的GDP都是由金融以及商业服务创造的。换个角度，目前光是我国上海区域内，就有超过2000家外资企业注册地为英属维尔京群岛。

三、离岸金融中心对世界经济的影响

正如每个硬币都有两面，对于国际资本市场来说，离岸金融中心的发展是一把双刃剑。

离岸金融中心的发展有对国际资本市场有利的一面。可以说，离岸金融中心的出现，一定程度上加快了战后金融市场格局的形成，并且起到了降低自由资金在全球流通的成本、增强市场的竞争性因素的作用，同时在简化国际大型金融机构的市场运作流程和途径方面也发挥着重要的作用，许多国际金融政策的制定与产生也受到离岸金融中心的深刻影响。

当然离岸金融中心的出现也会有消极的影响。

实际上，许多国际热钱涌入离岸金融中心本身就是为了投机。当这些国际游资登陆到离岸金融中心之后，一旦发现其制度或政策上的可乘之机，往往会过度地投机套利，这非常不利于整个全球金融市场的稳定运行。尤其是前文所介绍的避税港口型离岸金融中心，很容易发展成为不法分子进行“洗钱”行为的避税天堂。实际上，一般这类资金进入到其他金融中心，都会受到当地市场监管者严格的管控。而国际游资在避税港口型离岸金融中心不仅能够逃避监管，甚至会暗中操纵资本流向。

这里以美国的共同基金为例，无论是注册、发行还是最后交易的各个环节，共同基金都必须经过严格的审查，必要时，监管者还会审查机构的管理层。而对冲基金则能够将其注册地设在离岸金融中心，那么对冲基金就可以逃避以上各项严格的审查。这种情况下，监管者就不能掌握资金的动向，即便对冲基金进行非法获利的活动也无从得知。一定程度上，这种离岸金融中心的出现，间接导致了20世纪90年代末所发生的几次重大的国际金融危机。

可以说，避税港口型离岸金融中心的出现为企业实现利润转移、逃税漏税、资本外逃以及犯罪组织的“洗钱”活动提供了渠道。

实际上，绝大部分的资本外逃都是发生在制度存在许多漏洞的国家，这类国家大多是发展中国家或者处于经济转轨期的国家，对这些国家的正常经济建设危害巨大。我国和苏联在20世纪90年代，也就是经济转轨期，都曾发生过严重的资本外逃问题，在全球金融市场上引起世界各国的重视。在俄罗斯的国家经济建设过程中，曾有一段时间出现大型石油公司不在俄罗斯国内进行法定注册，而是选择塞浦路斯、直布罗陀、英属维尔京群岛等避税港型离岸金融中心作为其注册地的现象。当时甚至有人评价说“俄罗斯唯一的资本形成发生在塞浦路斯的银行账户上”。

其次，国际社会逐渐对避税港型离岸金融中心为逃税漏税以及犯罪组织提供“洗钱”渠道而感到强烈不满。例如，2000 年 6 月 21 日，反洗钱国际组织“金融行动特别工作组”（Financial Action Task Force）宣布，将巴哈马、开曼群岛、巴拿马等离岸金融中心列入打击洗钱活动合作不力的国家和地区名单。

第三章　金融国际化对中国资本市场的影响

第一节　金融国际化及其正负效应分析

一、我国金融国际化的现状

当前国际金融环境下，各国或地区的金融市场活动打破全球贸易壁垒，由区域性传统型金融业务逐渐转变为国际创新型金融业务的发展趋势，就是金融国际化。

我国的金融国际化进程开始于20世纪80年代后的改革开放，经过40年的不懈努力，我国的金融国际化实现了举世瞩目的成就。目前，我国金融市场上外资金融机构的数量以及种类都在快速增长，随着我国金融市场的进一步开放，大型外资金融机构的在华业务拥有极大的增长潜力。当前环境下，我国对外贸易额连续多年保持增长，在此过程中，我国本土金融机构成功实现“走出去”的目标，在本土以外的金融机构数量也连续多年保持增长，且在全球各地的覆盖范围也更加广泛。

就当前的发展情况来看，我国的金融国际化具有以下几个明显特征：

（一）我国经济特区和沿海开放城市是外资金融机构主要聚集地

我国的经济特区以及沿海开放城市作为最先开放的地区，本身就聚集着大量的大型外资企业，具备政策或者基础设施等方面的优势，因此，我国经济特区和沿海开放城市是大部分外资金融机构进驻我国的首选之地。

（二）全球主要国际金融中心以及对外贸易伙伴国家和地区集中了我国海外金融机构

我国的香港和澳门、日本、美国以及新加坡等国家和地区是我国大部分海外金融机构的分布地。

（三）越来越多的本土金融机构走向国际化道路

由于我国在建国初期，原有的经济体系几乎崩溃，结合我国国情，政府实行完全计划经济体制。计划经济时期，我国经济在许多方面都经历了从无到有的过程，但也使当时的金融体制变得僵化，各类金融机构的作用只是被动地服务于计划经济，居附属地位。我国早期只有一家可从事国际金融业务的专业银行——中国银行。

改革开放以后，我国经济体制逐渐转变为中国特色社会主义市场经济体制，建立起了以中央银行为领导，商业银行为主体，多种金融机构并存、分工协作的具有中国特色的金融体系。我国本土越来越多的金融机构成功实现“走出去”，不断提升我国在国际金融市场的影响力和创新能力，国际化程度越来越高。

二、金融国际化的正负效应

（一）金融国际化的正效应

任何事物都具有两面性，对于我国经济和金融发展来说，金融国际化的影响兼具正负两种效应。金融国际化的正效应体现为：

1. 促进合理竞争，提升服务水平

在相当长的一段时间内，国内金融业的金融创新意识不强、服务理念不足、管理水平不高，现有金融发展水平与我国经济迅速增长的现状极不协调，究其原因就是我国金融市场业务一直被四大国有银行所高度垄断着。依靠其成熟的服务规范、金融创新能力以及市场竞争意识，国际金融机构进驻国内，必然会迅速侵吞本土金融机构市场份额，而本土金融机构只有不断提升自身的硬实力，增强竞争意识，提高服务水平等，才能够在激烈的市场竞争中生存下来。

2. 拉动投资，降低筹资成本

引进大型国际金融机构进驻到国内金融市场，能够使其与来华投资的外资企业相互促进，从而吸引更多的大型跨国金融机构来华投资。此外，我国本土金融市场可以利用外资金融机构的便利渠道，获得国际金融市场的低利率自由资金，帮助本土企业的降低筹资成本。

3. 提高金融市场的国际化程度，增强国际竞争力

积极引入外资金融机构，一定程度上提高了我国金融市场的国际化程度，进一步扩大了金融市场的开放程度，使我国更加全面地融入全球化浪潮，在更加激烈竞争的全球市场中，寻求促进国际贸易与国际经济技术发展的合作，增强我国本土金融机构的国际竞争力。

4. 提供可借鉴的宝贵经验，提高创新能力

大型跨国金融机构在运营管理、人才培训、金融产品等领域都有相对成熟的发展经验，吸引外资金融机构进驻国内金融市场，能起到很好的示范效应，国内金融机构与外资金融机构在今后的业务交流、人才流动等方面可以获得可贵的学习经验，属于互惠互利的结果。而且，国际型金融机构往往拥有特色鲜明、足够新颖的金融产品，国内金融机构可以在我国金融市场的需求基础之上进行借鉴学习，继而推出适应我国金融市场需求的产品，提高国内金融机构的创新能力。

5. 提高金融市场运行效率

金融国际化，能够为我国金融市场拓宽获取国际金融服务的渠道，大大提高了获取国际资本或服务的便利性，国内金融市场的一些需求可以直接从国际金融市场上获得。这提高了我国金融市场的运行效率。因此，金融市场的运行效率得到提高。

（二）金融国际化的负效应

金融国际化同时也为我国带来了一些负面效应，主要表现在：

1. 金融国际化步伐过快可能会引发大量本土金融机构倒闭

与外资商业银行相比，我国本土的商业银行在不良贷款率、资产盈利性、服务水平、创新能力以及经营管理等领域都存在较大差距，如果脱离我国当下金融市场发展的基本情况，金融国际化的速度太快，开放程度过高，就会导致众多外资银行短时间内涌入国内金融市场，我国本土的商业银行等金融机构势必会因为竞争力不足而失去大量市场份额，严重者可能会面临破产倒闭的风险。这反而不利于我国金融市场以及本土金融机构的健康发展。

2. 诱发金融市场风险

随着全球经济一体化的程度越来越高，一旦世界某处爆发金融危机，可

能会对本土金融市场造成一定的影响。如果大型外资金融机构总部或设在其他地区的分支机构从事违规经营的话，设在我国的分支机构可能会负有连带清偿责任，这在一定程度上会扰乱本地金融市场的正常运行秩序。此外，大型跨国金融机构在我国现有金融制度和政策下发生违规经营或经营失误的情况，可能会诱发金融市场风险。因此，金融国际化对我国处理风险能力、监管制度完善等方面提出了更高的要求。国际金融发展史上这样的例子有很多，1991 年国际商业信贷银行危机对我国香港的金融市场稳定造成破坏，1995 年巴林银行倒闭直接导致了新加坡股市暴跌，甚至影响了新加坡作为国际金融中心的良好声誉。

3. 可能会导致外资企业在华市场的垄断

实际上，大型外资金融机构在进入国内金融市场之前，就与国内这些大型的外资企业在海外保持着长期的业务合作关系。因此，当我国金融市场引进这些大型外资金融机构后，凭借多年的合作基础，它们与我国境内的外资企业进行商业合作时得心应手。所以外资企业的扩张步伐在外资金融机构进驻后将会加速，进一步巩固其竞争优势。致使本土企业的市场份额遭到更多侵占，加快大型外资企业垄断市场份额的速度。

4. 削弱政策的约束力

外资金融机构进驻国内金融市场后，依然能够在全球金融市场上筹集资本来应对央行政策的调控。如果央行为了降低通胀率，宣布实施紧缩的货币政策，大型跨国金融机构依然能够从全球金融市场上筹集资金，投入国内金融市场，大大降低了货币政策对其约束力。

5. 形成金融泡沫，风险提高

随着金融国际化的进程加快，资本流动也更加自由化，由于大量的国际资本涌入国内金融市场，本土银行可贷资本也随之增长。国内市场上现有风险评价体系以及信贷监管体系逐渐与膨胀的信贷市场脱轨，严重威胁到整个金融市场体系的稳定运行。如果监管者不能及时建立起契合当前市场的有效监管体系，对资金流向尤其是涉及外资的业务实行严格的监控，银行等金融中介机构就很可能会因为信贷资本的增加而放宽信贷审核的条件或者将信贷用于收益率较高的投机性业务。一旦银行将大量信贷业务流向房地产或者证券等投机市场，就会导致这些部门迅速产生金融泡沫，使这些市场的投资风险提高，进而诱发危机。

6. 人民币升值，对外出口受影响

资本流动逐渐自由化后，通常会引发资本净流入在短时间大幅上升。基于现有汇率制度，这种现象会引起人民币升值，国内通货膨胀率上升。人民币升值会进一步打击我国的对外出口，导致进口需求上升，国际贸易向逆差方向发展。资本流动对市场一些因素的变化高度敏感，一旦出现市场危机的信号，这些资本就会大量外逃，引发金融危机，对经济发展造巨大打击。

7. 削弱政策的调控能力

金融国际化下资本自由流动，如果对资本自由流动的限制不足，宏观经济政策之间就难以协调配合，从而一定程度上减弱了调控能力。具体来说，当资本不受限制自由流动时，在固定汇率制下，外资流入会降低货币政策的调控能力。另一方面，在浮动汇率制下，资本外流会降低财政政策的调控能力。可以说，资本自由化削弱了宏观政策的调控能力。

第二节　金融国际化对中国资本市场发展的影响分析

一、中国资本市场的制度改革

当前我国的全球贸易额不断增长，金融市场开放程度进一步扩大，我国本土金融业积极走向海外，努力实现金融国际化的目标。当前竞争愈加激烈的全球金融环境要求各国和地区金融市场的开放程度只能越来越大，封闭开放的大门只会与世界经济发展脱轨，逐渐失去国际竞争力，金融国际化是世界各国和地区金融发展大势所趋。但金融国际化对我国资本市场具有正负效应，一方面引进大量外资金融机构有利于我国资本市场的发展。另一方面，金融高度国际化所带来的资本完全自由化势必对国内资本市场造成一定程度的冲击，这对监管者应对冲击的能力提出了更高的要求。从发展现状来看，目前我国资本市场还不完全具备应对这种冲击的能力。为了发展中国资本市场，国务院、中国证监会推出了一系列旨在完善市场基本制度和加强市场功能的改革措施：

（一）股权分置改革

我国初期的资本市场对其功能和定位没有清晰的认识，并且在股份制领域也未能达成统一的共识。在当时，针对国有资产管理的体制改革尚处于起步阶段，市场也未树立起国有资本运营的观念。股权分置因历史局限而成为制度性缺陷，最直接的表现就是不同类型的股东其手中股权的价格不是由市场决定的，且一些基本权利也不相同，这就造成流通股、法人股以及国有股在价格和权益划分等方面出现了问题。可以说，我国资本市场的规范发展受到股权分置的负面影响，在一定程度上也阻碍着国有资产管理体制的改革进程。

股权分置改革的实质就是利益机制的改革，利用流通股与非流通股的股东之间利益平衡协商机制，逐渐将存在于A股市场股份转让中的制度性差异排除。在整个改革过程中，市场各方遵循了“统一组织、分散决策”的工作原则与“试点先行、协调推进、分步解决”的操作思路。股权分置改革，使得各类股票的价格由市场机制决定，证券市场能够真实反映出股票的供求关系，成功解决了以上三种股权在价格和权益划分等方面问题。

可以说，股权分置改革完成后，我国资本市场真正由市场来决定资源配置，使我国资本市场逐渐与国际资本市场接轨。股权分置改革完善了我国资本市场的制度建设，为证券市场的发展提供了健康有利的环境，保护了公众投资者的合法权益。

（二）提高上市公司质量

上市公司是我国资本市场发展的根本。我国上市公司经过几十年的快速增长，已成为促进资本市场发展的中流砥柱。但目前我国资本市场仍有不少上市公司存在经营不规范、监管体制不完善、竞争力不足以及质量不高等问题，这些问题不能得到彻底解决的话，将会打击投资者的信心，非常不利于资本市场的持续健康发展。为此，中国证监会陆续推出了一系列改革方案，在提高上市公司质量方面取得了一定的成就，保护了公众投资者的合法权益，为我国资本市场持续健康发展提供了良好的市场环境。

1. 完善监管体制

针对上市公司监管体制不完善的问题，2004 年推出上市公司辖区监管责任制，提出“属地监管、权责明确、责任到人、相互配合”的要求，充分利用派出机构的一线监管优势，提升了监管强度。

2. 落实信息披露

在原有信息披露规则和监管机制的基础上，《上市公司信息披露管理办法》的推出，以法规的形式进一步落实了信息披露政策，加强了对上市公司信息披露的监管。

3. 规范公司经营

针对公司经营不规范问题，中国证监会陆续颁布《上市公司章程指引》《上市公司治理准则》《上市公司股东大会规则》《关于在上市公司建立独立董事制度的指导意见法规》，基本确立了上市公司治理结构的框架和原则，规范了上市公司的经营。

4. 清欠违规占用上市公司资金

针对大股东或关联方侵占上市公司资金的问题，中国证监会推动《刑法》中增加“侵占上市公司资产罪”条款，从而为上市公司健康发展提供法律制度上的保证。

5. 引入股权激励机制

为进一步促进上市公司建立、健全激励与约束机制，2006 年推出的《上市公司股权激励管理办法（试行）》详细规定了包括具体程序实施在内的激励机制。例如，程序规定了只有公司员工才是股权激励计划的对象，使上市公司经营更加规范，管理模式更具创新性。

6. 推动市场化并购重组

对《上市公司收购管理办法》的修订，鼓励上市公司不断发展，做大做强，促进上市公司的控股股东吸收优质资产、优势项目，上市公司并购重组和企业整体上市的数量明显增多，市场化机制越来越突出。

（三）证券机构综合治理

作为资本市场内重要的金融中介机构，证券公司在我国资本市场的持续健康发展过程中一直扮演着重要的角色。但由于我国资本市场发展还不算成熟，受市场环境、机制等因素的影响，目前我国证券市场的发展也一直存在各种问题，一些证券机构违规经营的现象屡有发生。为营造一个适合证券机构健康稳定发展的市场环境，根据国务院总体部署，中国证监会在风险管理、运营监管以及促进行业发展三个领域开展证券机构综合治理，采取以防为主、标本兼治、防治结合的总体思路，取得令人满意的治理成果。

具体治理措施包括清理和查处一批高风险证券机构，对相关人员依法追究其责任；鼓励业绩良好且具备风险处置能力上市公司拓宽业务渠道；针对不同种类的证券机构，制定不同的评审标准；探索多样化的重组并购方案；进一步规范证券机构高管和股东的行为，加强对机构高管以及股东的监管。

（四）发行制度改革

如图 3.2.1 所示，我国资本市场在 20 世纪 90 年代的发展初期，审批制是股票发行的制度。此后，新股发行先后实行了核准制、推荐制、保荐制、询价制。我国目前资本市场内，新股发行程序得到简化，发行效率得到提高，市场约束得到强化，发行审核制度更加透明化，总体上实现了发行机制市场化的改革目标，逐渐增强了证券公司在市场化机制下的风险防范化解能力与核心竞争力。

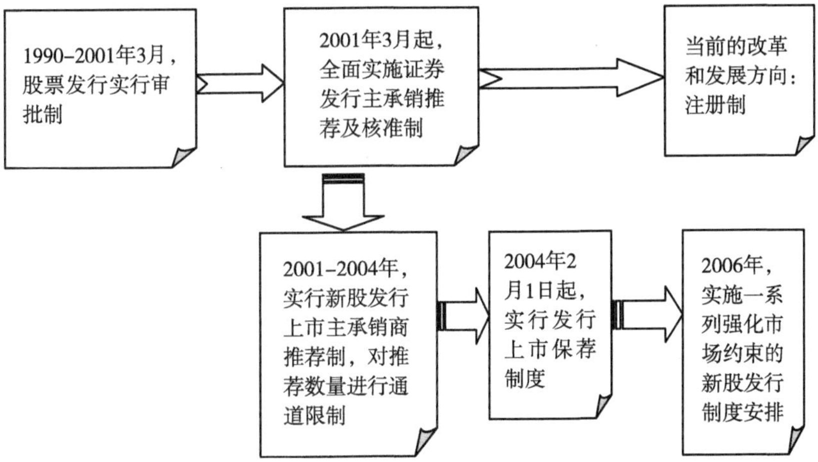

图 3.2.1　发行审核制度的演进

（五）资本市场法律体系逐步完善

资本市场持续健康稳定运行与发展，必须建立在成熟完善的法律制度的基础之上。作为一个“新兴加转轨”的市场，只有市场法制化、规范化，我国资本市场才能在国际资本市场上具备竞争力，这就要求市场监管者参考国际上发达资本市场的成熟制度和准则，在结合我国资本市场现状的基础上，不断完善我国资本市场的相关法律法规体系。

《公司法》与《证券法》是我国资本市场中配套法律制度的根基，两部法律为我国资本市场的健康发展保驾护航，还在维护社会经济秩序、促进社会主义市场经济发展等方面发挥了非常关键的作用。但这两部重要的法律分别颁布于1993年以及1998年，面对经济、金融体制改革，日新月异的市场创新，这两部法律已经不能很好地满足当前资本市场的需求，亟须修改。《公司法》和《证券法》最终于2005年完成修订工作，并于2006年开始正式实施。

在以上两部重要法律的修订基础上，一批规章和规范性文件也得到了梳理与调整，我国资本市场基本形成了较为完善的规章体系，市场运行机制得到健全。

二、金融国际化促进资本市场开放

（一）提高我国证券市场国际化程度

近些年，我国资本市场上的新兴企业不断选择在海外证券交易所上市，国内证券市场陷入被边缘化的处境。目前，我国大盘市场规模与国外国际性证券市场相比还有不小的差距，投资集聚效应不强；而企业更倾向于获得国际投资，发展海外市场等因素，都是影响国内新兴企业选择在国外证券交易所上市的主要原因。

而金融国际化推动大型跨国企业以并购的形式进入我国证券市场，有利于提高我国证券市场的国际化程度，增强我国证券市场的国际竞争力，防止证券市场被边缘化，促进我国资本市场持续稳定发展。

首先，跨国企业以并购的形式进入我国证券市场，能够起到优化本土企业经营框架的作用，并能够与本土企业形成互补，强强联合，增强企业的竞争力；其次，吸引国际资本进入国内资本市场投资，打破部分本土企业的市场垄断行为，进一步加强市场化调节机制；再次，外资以并购的形式进入我国证券市场，不仅为我国资本市场带来新的增量资金，还能够进一步提升我国证券市场的国际化程度，从而吸引更多的国际资金来华投资，优化市场资源配置。

此外，金融国际化刺激我国资本市场对外资并购政策的开放，拓宽国际资金进入我国资本市场的渠道，国内上市公司获得资金的难度降低，一定程度上缓解了企业的资金压力。

（二）推动企业国际化、加快产业重组进程

目前，我国许多行业都存在着严重的产能过剩问题，如果这一问题不能被彻底根除，我国的产业发展将会陷入低层次的过度竞争，不利于形成规模经济发展模式，而且还会导致严重的资源浪费。哈佛商学院著名教授迈克·简森（Michael Jenson）认为，企业退出机制是一个有效解决行业过剩问题的途径。但受到资金投入规模、资金的特殊性等因素的影响，企业在实际发展中很难实现主动退出一个“微利”行业。当前环境下，通过外部市场并购活动是大多数“企业退出”的实现路径，可以说，应对我国产能过剩问题以及资源配置结构问题的最理想的方法就是外资并购。但由于资本要素的严重稀缺，我国资本仅依靠国内资本市场难以实现以上方法，而大型外资企业基本都具备坚实的经济实力，通过吸引外资企业进驻国内资本市场，我国的产业重组过程所需的巨额资金需求就可以得到满足，从而凭借外资并购活动，利用国外资本加快国内产业重组的进程，一定程度上提高了产业的密集度，有助于形成规模效应，从而逐步缓解行业内供大于求的矛盾。对于我国上市公司来说，通过与外资企业并购重组，原本优质的企业可以进一步做大做强，获得外资，拓展海外市场，提升企业综合竞争力。

从以往的外资企业改组国有企业的成功经验来看，通过外资控股并购，外资企业不仅可以带来技术创新、资本的流入，国内企业也可以借鉴外商的经营、管理、营销等理念，这有利于提升企业的经营管理能力等软实力，促进国内企业建立和健全国际化制度。

金融国际化可以帮助我国资本市场以并购的方式吸引外资企业投资，我国企业可以借助跨国公司内企业与产业的分工体系以及发达的全球网络布局，凭借低劳动成本等诸多比较优势在激烈竞争的国际市场中取得优势。其次，

国际投资能够促进国内配套产业或相关产业的发展。一方面，外商投资规模的不断扩张与国内衍生配套产业的发展，将起到促进国内产业集群形成的作用，使我国市场迅速融入全球分工体系。另一方面，外资企业并购，带来资金、技术上的进步并能促进相关产业的发展，其结果就是加速我国资本市场由劳动密集型向资本密集型和技术密集型转变，进一步积累新的比较优势，巩固国际市场的竞争优势，真正获得经济全球化的成果。

（三）金融国际化推动人民币国际化，进而推动 A 股市场发展

货币国际化是金融国际化的重要组成部分。货币作为资本市场的基本要素和重要载体，货币的国际化能够直接加速资本在国际间的流动，进一步提升我国资本市场的国际化程度，推动我国资本市场向国际性资本市场发展。

首先，货币国际化进程有利于货币资本进行跨境流通，因此股票市场的资金运作效率就能够得到提高，进一步刺进股票市场的活跃程度和繁荣程度；其次，得益于货币国际化，国际流动资本在各经济体之间的市场壁垒被打破消除，所以资本市场将会更加剧烈地震荡。但总的来说，货币国际化对我国金融市场的影响是有促进作用的。

1. 人民币国际化推动 A 股发展

我国股市发展国际化进程涉及五个领域：一是证券公司国际化。我国优质证券公司通过“走出去”的发展战略，开始逐步走向国际金融竞争市场；二是市场投资者国际化。中国居民获得在国际金融市场进行投资的许可；三是市场管理制度国际化。遵循既定目标稳步推进股市发展，陆续提升股市规则的国际化程度，逐步实现股市管理制度国际化，在制度上为中国股市融入全球股市提供保障；四是股市经营体系国际化。在资本账户充分开放的前提件下，逐步实现境内外股市交易的接轨；五是市场监管国际化。股市监管严格参照国际规范和准则展开，加强国际监管之间的协调性。

正如前面所说的，货币国际化对我国股票市场规模和国际化程度具有积极的影响，总体上起促进作用。所以，人民币国际化进程能够推动我国股票市场的持续、健康、稳定发展。

国际资本进入中国资本市场的门槛伴随着人民币国际化的进程被降低，人民币国际化拓宽了外资直接参与中国经济发展的渠道，共享中国经济快速

发展的红利。此外，人民币国际化带动相关金融衍生产品的开发，使得国外居民投资中国资本市场后能获得有效的外汇避险工具。

可以说，人民币国际化进程是我国资本市场发展的强劲推动力。所以我国资本市场应该不断扩充规模、提高证券市场体系的运行效率，这也能为我国的人民币国际化进程提供良好的外部发展环境。

2. 人民币国际化对我国资本市场具有重要意义

第一，鼓励国内企业回归到 A 股市场而不是在海外上市。因为人民币国际化可以削弱对资本自由流动的限制，因而国外资金将会相对更容易地进入中国资本市场寻找投资机会。我国市场上相当多的优质上市公司，受限于我国资本市场上的资源，最终选择在我国香港或美国纽约等地上市融资。

相信随着人民币国际化进程的加快，国外资本将会越来越多地被国内资本市场所吸引，虽然海外上市的公司可以在国际资本市场中找到外资投资者，但是，在我国香港以及美国纽约资本市场严格监管下，其上市成本也相对较高，因此，未来国内企业选择在国内上市融资将成为一种趋势。在人民币国际化带来的上市公司资源充足的前提下，国内资本市场对国际资本的需求得到满足，促进需求与供给相匹配，最终使国内资本市场成为我国优质企业的最优选择。可以说，我国资本市场发展新战略是到 2020 年要发展成国际性程度很高、规模很大、投资活跃的全球重要金融市场，而优质企业从海外上市转变为回归 A 股市场，可以说是这个发展战略的重要前提。

第二，国际资金流入国内资本市场，有利于企业并购重组。国内资本市场一直是企业并购最为频繁的场所，作为资源配置的重要手段之一，企业并购重组可以实现资源的优化配置，增强企业竞争力，为资本市场发展注入创新手段。近年来，我国资本市场已积累了大量外资企业参与并购的成功经验，进一步吸引国际资本与国内资本进行融合，能为我国优质企业的发展注入新的活力。人民币国际化使外资进入国内资本市场的渠道保持畅通，在带来大量资金促进国内资本市场开展并购活动的同时，还间接改善了我国资本市场资源的配置，推动我国上市公司的优化整合，提升发展水平。

第三，增大国际市场上人民币计价债券份额。人民币在国际货币市场中的地位以及使用频率必然会随着人民币国际化进程的不断推进而大幅提高，因而扩大以人民币计价债券的份额。人民币国际化的程度以及人民币汇率的稳定性，从根本上影响着人民币计价国际债券的发展。

在人民币国际化及多种其他因素的促进下，人民币债券又会反过来加速其国际化进程，未来国际市场上的投资品种必然会保留国际人民币计价债券的一席之地。人民币国际债券可充分利用国际成功经验和发行制度来提高债券的安全性，还可以规避因人民币汇率变动而产生的汇率风险。因此，我国国内金融机构的海外分支机构能够通过这种新型的低成本投资品种，更好地拓宽其国际投资业务渠道。

第四，人民币国际化进程，既推动着我国资本市场发展成为发达的、与世界经济接轨的成熟资本市场，也对我国资本市场发展提出了更高的要求。由于非居民对人民币持有量的增加，客观上要求我国提供一个更加开放、更加发达的金融市场，我国资本市场应该为非居民手中持有的人民币资金，提供一个保值储蓄、投资增值的安全场所；而我国不断完善与对外开放金融市场，也将进一步增强非居民对人民币的持有意愿。因此，人民币国际化，进而促进完善的我国金融市场，而我国金融市场不断完善和开放，又反过来推动人民币国际化，二者相辅相成。

3. 金融国际化推进人民币利率、汇率进行市场化改革

金融国际化的基石是金融自由化，而放松利率管制则是金融自由化最重要的内容，对于合理汇率水平的形成来说，一个能够真实反映期限、风险以及资本成本的市场化利率体系起着至关重要的作用。

分别爆发于 1994 年和 1997 年的墨西哥金融危机与亚洲金融危机说明，发展中国家资本市场对外开放，吸引国际资本在短时间内大量涌入本土资本市场，在钉住汇率体制下是难以维持官方汇率的，这也给国际游资造成可乘之机，使得国民经济损失惨重。我国在当时的亚洲金融危机中未受到较大冲击，一个关键因素是当时人民币在资本项目下尚未实现自由兑换。但货币资本项目下可自由兑换是促进金融国际化进程的一个重要手段和内容，也是金融国际化发展的必然趋势，因此加快人民币汇率形成市场机制建设，是推进人民币汇率市场化改革非常重要的一部分。

第三节　当前我国资本市场发展存在的问题及建议

一、当前我国资本市场存在的问题

（一）资本市场的整体规模有待扩大、结构有待完善

我国资本市场的直接融资占比不高，股票市场与债券市场发展不协调。近几年，我国资本市场资产总额中金融总资产所占比例增速较快，但与欧美等发达资本市场相比，仍有不小差距，资本市场整体规模依然较小。

近年来，我国股票市场规模虽然快速增长，但全部股份中实际流通那部分占比不高，特别是大市值公司的股票，与其体量相比，实际流通比例过低。此外，多层次资本市场尚处于起步阶段，还不能与多元化投融资需求匹配。而且，沪深两市主板市场规模与欧美等发达证券市场相比，规模偏小。

证券交易所竞争力不足。主要体现在交易品种以及交易数量较少，缺乏一些必要的交易机制，且证券交易所收入模式单一，主要为手续费。

目前，我国债券市场规模还需要发展，而且公司债券市场发展落后于欧美发达市场，债券品种结构不平衡，真正意义上的公司债券只有少量的短期融资券、可分离交易公司债、可转换公司债以及上市公司债，且市场份额占比极小。

我国商品期货和金融期货市场还需要时间成长。具体表现在市场总体规模较小，品种结构简单，创新力不足，机构投资者数量太少且占比不高，金融中介机构抗风险能力不足，金融衍生品市场还处于萌芽阶段等。

（二）境内大型优质上市企业资源相对缺乏

近些年，我国大型国有企业海外上市的现象屡见不鲜，还有不少的大型民营企业因不满足境外主板上市的条件而正在寻求间接上市的途径。与之形成反差的是，境内上市大型优质企业数量非常有限，正如我们在本章第二节所提到的，我国境内证券市场甚至面临被边缘化的危险。此外，虽然优质国有企业选在境外上市一定程度上能使其国际化程度得到提高，但面临更加激烈的国际竞争环境，海外上市的企业如何适应国际资本市场监管机制才是最

大的挑战。但即使受国外资本市场的发展环境、监管体制等因素的影响，相当一部分的优质企业仍然选择去海外上市发行。很大一部分原因就是境内优质上市企业的资源相对匮乏，无法形成产业或行业上的优势，再加上企业自身也要寻求国际化出路，而目前我国境内证券市场与国际上的发达市场相比差距依然不小，这就造成了恶性循环。因此，要从根本上解决这个问题，就应该建立健全境内证券市场制度，完善市场调节机制，为境内上市公司营造一个健康、稳定的发展环境，自然就留得住企业了，优质企业资源也就得到了积累。

（三）上市公司整体实力不强，内部治理和外部约束机制尚不完善

上市公司整体实力较弱。上市公司一定程度上可以看作是资本市场和证券市场发展的一个微观基础。但目前我国许多大型国有企业在境外上市，一些成功做强做大的民营企业也选择在海外上市。这就导致境内上市公司不能全面反映国民经济发展的水平和特点。

公司治理水平虽然进步明显，但仍有待提高。受市场体制、监管机制等多方面的影响，我国资本市场目前依然存在不利于上市公司健康发展的若干突出问题。

首先，目前我国资本市场的退市机制尚不完善。现有退市制度和标准过于单一，没有适合不同市场的一系列退市标准，限制了多层次资本市场的发展。而且由于过于强调企业的业绩，一定程度上使得退市标准变得僵化，缺乏足够的灵活性。受限于不完善的退市机制，市场不能充分发挥其优胜劣汰机制。

市场化收购兼并机制同样需要进一步完善。在顺利完成股权分置改革后，我国境内上市公司基本形成了股份全流通的格局，但市场化的收购兼并机制还需进一步优化。致使一些国有控股的上市公司在并购重组活动中动用行政干预，因此交易的定价过程在一定程度上也受行政因素影响。市场化定价机制遭到破坏，不利于形成健康、稳定的发展环境，削弱了资本市场资源配置的职能（见图 3.3.1）。

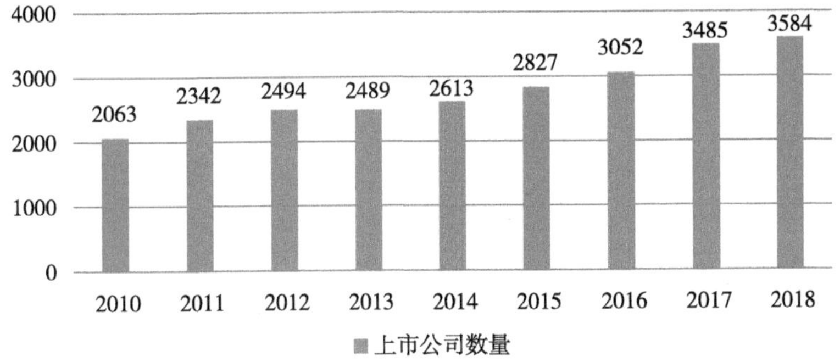

图 3.3.1　2010—2018 年上市公司数量

数据来源：Wind 数据库。

（四）股市供求关系不协调

股市诞生时，投资者对市场上仅有的几只股票需求很高，股市曾一度出现供不应求的现象，这段时间内股价持续大幅度上升。当前的股市正好相反，虽然陆续出现利好政策，但投资者依然情绪不高，不涨反跌的情况时有发生。一方面，当前外部环境不理想，投资者逐渐变得成熟，另一方面，主要是因为当前股票市场一味地扩张，造成供大于求。

当前股市扩张过快主要由三个因素造成：第一，当前股市扩张主要依靠新股发行，而新股上市的速度不可谓不快。但当新上市公司的数量在大幅度增长的同时，却未能从正常的渠道来增加股市资金；第二，股市大幅度扩张也是由许多公司送股配股造成的；第三，上市公司将职工内部股上市流通。基于以上三点，股市的供给数量越来越多，对股票的有效需求却相对降低了，由此造成了股市严重的供求关系不协调。

（五）投资者结构不平衡，机构投资者规模偏小，发展不平衡

近年来，随着机构投资者的迅速成长，股市投资者结构有了一定的改善。但总的来说，我国资本市场依然存在个人投资者的比例远大于机构投资者，以及创新能力不足等劣势。

个人投资者比例偏高，且中小个人投资者占绝大部分。并且根据深交所、上交所的统计数据，我国股票市场主要以短线投资为主，长期投资者数量不多。在平均换手率方面，高于国外成熟股票市场。此外，中小个人投资者更

倾向持有和交易小盘股、低价股、绩差股和高市盈率股，具有持股时间短、交易频繁的特点。

而机构投资者方面，整体规模略小。并且相较于国外发达证券市场，我国机构投资者大都短期持股、频繁进行交易，具有显著的短期投资特征。同时，国内机构投资者之间显示出较大雷同性的投资理念、投资标的等，不利于股票市场的长期稳定运行。

此外，保险公司、社保基金、企业年金等其他种类机构投资者参与度不高。首先，我国养老金制度的发展滞后于成熟市场。其次，资本市场中保险资金实际投资的资金规模不高，在整个保险资金的占比很小。因此，以上机构投资者存在的劣势以及对资本市场的参与度不高均导致资本市场缺乏长期的机构投资者（见图 3.3.2）。

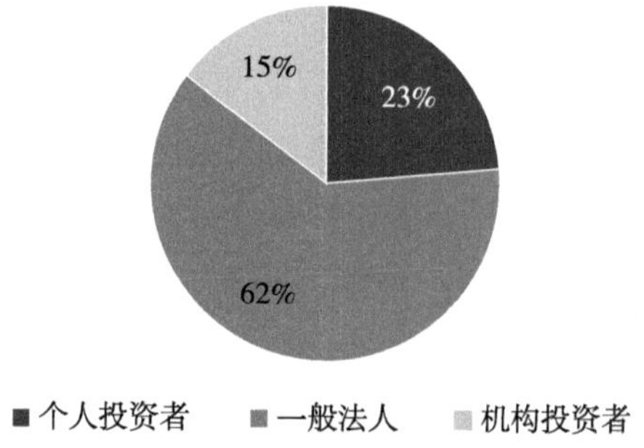

图 3.3.2　2018 年股票市场投资者市场份额

（六）证券公司综合竞争力较弱

凭借数 10 年的发展以及近些年的综合整治，我国证券市场开始步入高速发展时期。随着资本市场各项改革的顺利完成，一些历史遗留问题得以根除。在这些问题得到解决之前，我国证券行业已连续四年出现亏损。此后，证券行业一直保持着高速的扩张。但与全球大型金融服务机构相比，我国证券市场的规模还有不小的差距，在核心竞争力方面也基本处于劣势的地位。

国内证券市场无论是产品还是利润结构，都比较单一，盈利模式日趋同质化，收益主要来自经纪业务，因此，证券公司之间往往会因为有限利润份额的争夺而掀起恶性竞争。此外，与欧美等发达证券市场相比，我国证券市场还存在行业集中度不高、经营管理结构不够完善、调控机制不够健全以及创新能力不足等方面的差距。

（七）法律制度不够完善，监管有效性与执法效率较低

前文提到，我国资本市场目前仍处于“新兴加转轨”的发展转型阶段，市场依然存在部分体制性问题，需要借助法律法规的进一步完善加以解决。而且，资本市场自身在不断迅速发展，内部与外部环境也随之不断发展变化，因此，市场监管者应该不断调整、补充以及完善现有的法律制度体系。

从监管体制的角度来看，当前资本市场发展对行政监管提出了更高的要求。而且，监管队伍缺乏应有的灵活性，其整体素质以及监管业务的效率不能完全满足市场发展的需求。无论是在监管协调机制上，还是在执法有效性上，都很大的提升空间。此外，当前自律组织功能尚不健全，自律监管能力过弱。

二、对中国资本市场发展的建议

（一）放缓上市速度

放缓上市速度能够对优质上市公司再次择优。前文提到，股市迅速扩张往往会导致股票市场形成供大于求的局面，且不能保证上市公司的质量。由于当前市场监管机制还不完善，一小部分公司为了成功上市不择手段，弄虚造假的例子屡见不鲜。因此放缓企业上市的速度，有助于严格把控上市公司的质量，对金融市场营造持续、健康、稳定的发展环境至关重要。

目前我国资本市场，越来越多的企业选择用并购重组的方式来提升企业的综合竞争力。企业可以通过资本市场上的重组活动，进一步调整、优化产业结构，增强企业的盈利能力。不可否认，新股上市与资产重组有利于资本市场增添活力，促进资本市场规模的不断壮大。但如果新股上市与资产重组的过程中过于强调速度的话，就会导致上市公司中诞生许多垃圾股，就会打击投资者情绪，造成股市疲软。这不仅对证券市场的健康发展起不到任何帮助，甚至还会破坏现有市场的稳定，引发更大的危机。可以说，资本市场对信心的需求一定程度上要更强于对资金的需求。公司上市速度过快是表象，其本质是由此可能造成证券市场上市公司数量良莠不齐、滥竽充数等问题。因此，放缓企业上市的速度，落实审核监管机制，就能把控上市公司的质量，从而剔除影响资本市场健康稳定发展的不利因素。

（二）建立健全法律制度，完善政府监管机制

建立健全资本市场法律制度，打造一个公正、高效、透明的金融交易市场。简化行政审批流程，完善市场化定价与发行机制；不断完善政府监管机制，加大执法力度，保证其有效性；加强风险监管队伍建设，提升监管效率；落实监管协调处置，防范、化解重大金融风险。

（三）增加股市的有效需求

前文提到，当前股市扩张主要依赖三种途径，即新股上市、送配股、职工股陆续上市，由于这三种形式的存在，股票市场往往供大于求。但股票市场上的有效需求扩张主要依靠是投资者的投资情绪。虽然中小个人投资者在资本市场的数量非常多，但他们普遍持股时间较短，交易较为频繁，且总的体量也不大。仅依靠中小个人投资者尚不能对股票市场产生多大的需求，因此还需要增加机构投资者的数量。一个发达完善的证券市场，一定是从以散户投资为主发展为机构投资为主的。结合我国资本市场的现状来看，目前保险基金、信托基金以及福利基金基本上都还未完全进入股市，且当前股票市场内投资基金的数量还有待进一步地增长，因此，投资基金可以作为今后大力发展的对象，从而有利于增加股票市场的机构投资者、理性投资者以及长期投资者。大量的投资基金进入股市一方面能够扩张股市的有效需求，另一方面还能够促进股市完善投资者结构。为了进一步提高股市的有效需求，以上提到的保险基金等也应该被鼓励入市。其中，股票市场适度地引入保险基金，不仅能够拓宽保险基金的投资领域、促进保险基金的收益增长，一定程度还能起到分散其风险的作用，从而最终使我国资本市场持续、健康、稳定发展。

（四）进一步推进债券市场的市场化改革，

完善债券市场监管机制，顺利改革债券发行制度；不断完善信用责任机制；构建起以统一互联为基础的债券交易结算机制；鼓励创新，使债券种类多样化，优化债券投资者结构。

（五）对公司的管理人员进行上市后的辅导

由于上市公司的管理人员水平参差不齐，为了帮助企业更好地适应上市

后应该遵循的制度准则，避免发生违规经营，可对公司的管理人员进行上市后的辅导，辅导对象主要包括上市公司的主管决策人及高级管理人员，帮助其对公司上市后的一些关键管理制度准则等进行规范化改造，包括财务报表等内容。这能在一定程度上起到提高上市公司质量的作用。

（六）解决 B 股市场存在的问题

B 股市场成立于 1992 年，是政府在我国资本市场尚未完全开放、人民币不可自由兑换的情况下，为实现国内企业改革、改善外汇短缺状况而开设的一个特别窗口。B 股市场为解决国内外汇资金短缺做出了一定贡献，但受种种因素制约，其发展令人失望。我国 B 股市场以 1992 年的 44.09 亿元筹资额起步，占同期股票市场筹资额的 46.86%，与 A 股市场的筹资额仅有 4.91 亿元的差距。经过稳定的发展期后，到 1997 年经历了一个筹资高峰，筹资额达到 107.9 亿元。但自此以后，B 股市场的融资表现越来越差。截至 2015 年，国内总共有 104 家 B 股上市公司，其总数只占全中国上市公司的冰山一角。后来新兴的 H 股出现，一时间风头盛劲。到 2016 年，中国企业 H 股公司共有 208 家，相较于 H 股的蓬勃发展，沪深 B 股市场竟有将近十年没有新鲜血液注入。目前，我国 B 股市场存在政策定位与发展目标不清晰、筹资的功能逐渐丧失、市场规模小且流动不顺畅等问题。B 股市场到底该何去何从，我们认为管理者应重新定位 B 股的市场功能，可以进行 B 股转 H 股、B 股转 A 股、直接合并 A 股和 B 股，甚至是 B 股整体退市，最终目的都是使我做资本市场健康稳定的发展。

（七）要逐步向外资开放 A 股市场

正如前文所述，虽然当下我国 A 股市场的国际化程度还有待提高，但不能完全关闭 A 股市场对外敞开的大门。可以通过部分开放的形式，采用相对容易监管的方式，有限制条件地开放我国 A 股市场。例如可通过中外合作投资基金的形式，在满足一定前提条件下，对海外投资者开放 A 股市场。20 世纪末期，导致东南亚金融危机爆发的一个最重要原因就是本地资本市场还未具备一定条件的情况下，过早地放开对外国资本的限制。因此，东南亚爆发金融危机不仅不会阻碍我国资本市场对外开放的进程，反而为我国在金融国际化的过程中提供了宝贵的经验教训。只要我国资本市场在日益开放的过程中，具备完善的监管机制，稳扎稳打，就能够有效避免因外资进入而导致的金融风险问题。

（八）建立良好的竞争格局，提高证券期货业的国际竞争力

逐渐解除限制，创建鼓励创新与公平竞争的良好氛围；优化证券公司的治理结构；建立健全风险处置办法，开拓业务领域，增强证券期货业核心竞争力；促进机构投资者的发展；建立金融专业人才培养体系。

第四章　我国发展人民币离岸业务的构想

第一节　我国离岸金融市场的构建回顾

一、离岸金融市场

离岸金融市场（Offshore Finance Market），有时也被称为境外金融市场，一种以非居民为交易主体的国际金融市场。交易者在这里能够享受到包括保险、证券交易以及买卖外汇黄金等金融服务。更重要的是，非居民在这里可以进行境外货币借贷或投资、贸易结算等业务而不受到一国相关税法与法律制度的限制。

离岸金融市场诞生于20世纪60年代，从此全球金融市场业务有了新的发展方向和机遇。1996年人民币实现经常项目的自由兑换，作为我国首次尝试开放离岸金融业务的标志。当前国际环境下，随着我国综合国力的提升，人民币国际化的趋势日益显著，离岸人民币市场规模得到了扩张，我国对离岸人民币业务的推进工作以及境外金融市场的建立均面临更高层次的挑战，人民币的国际化之路正发生深刻的变化。

二、我国离岸人民币业务以及市场的发展

1996年的最后一个月份，我国对外宣布实现人民币经常项目可兑换。香港于1997年回归祖国之后的几年里，政府一直禁止香港地区从事与人民币相关的存贷款业务。但到了2002年，根据当时的统计数据，超过700家人民币兑换点是在香港注册的，这还没有涉及以人民币转账为主营业务的“地下兑换网路”。某种程度上，当时香港的部分银行等金融机构直接违反法规规定，私自开展人民币业务。考虑到香港地区对人民币业务的巨大需求，2003年年底，我国政府宣布从2004年1月1日起，允许在香港地区登记的持牌银行公开办理个人人民币业务。随后，中国银联取得发行人民币“银联”卡的权利，

并且在香港地区也可以使用，也就说，今后大陆居民不仅能在香港地区直接刷卡消费，还能兑换港币现钞。而这一政策的出台，是以满足市场需求为目的的，标志着人民币国际化的旧观念在制度上被打破，是人民币离岸金融市场推行构建的标志性的一步。同样是2004年，我国澳门地区也可以使用人民币银联卡刷卡消费以及适度地兑换提现。由于在我国香港、澳门的试点工作取得不错成就，我国逐步放宽人民币在国际市场范围内的政策限制，尤其是大幅放宽个人出入境携带人民币限额的管制。

在此之后，香港地区的人民币业务迅速扩张。《境内金融机构赴香港特别行政区发行人民币债券管理暂行办法》的出台，使中国国家开发银行获得在香港发行人民币债券的资格，财政部随即宣布中央政府将在香港发行60亿元人民币的国库债券。以人民币计价的主权级债券，首次在内地区域外的领域发行，极大地促进香港离岸金融市场的人民币业务发展。而与此同时，我国政府在大陆地区也开始积极地推行离岸金融市场的试点工作。到2010年的夏天，我国大陆地区的跨境贸易人民币结算试点已从由上海、广东等四个“先行先试”城市，发展到全国范围内的20个市区地。所谓“先行先试”，主要尝试了服务贸易、跨境货物贸易和其他经常项目人民币结算业务。目前这些“先行先试”的整体发展处在稳步推进阶段，在经验交流基础上，试点与试点之间努力寻求合作的可能及出发点。央行于2011年1月份颁布的《境外直接投资人民币结算试点管理办法》中，直接规定“凡获准开展境外直接投资的境内企业均可以人民币进行境外直接投资”。此外，为方便在大陆地区进行投资，香港银行在大陆地区还设有分支机构以及代理点，它们都可以直接向被投资企业发放人民币贷款。

三、离岸金融市场构建中的困难

关于离岸金融市场的构建问题，不仅需要自身具备一定的发展条件基础以及政策导向，更需要很多其他客观条件之间的相互配合。目前，我国的离岸金融业务已经发生很大的变化，人民币的国际地位日益提高，如何推动我国离岸金融市场的建设还存在以下几类困难需要我们去思考并解决。

（一）当前国际大环境已不适宜离岸金融中心的发展

离岸金融中心自20世纪60年代诞生后，在20世纪80年代又经历了一个快速增长期。然而30年之后的今天，凭借发达的科学技术水平和经济全球化趋势，各个经济体之间的联系变得更加紧密，受经济贸易一体化进程的负面影响，全球离岸金融中心的作用越来越小，甚至逐渐开始走向衰落。根据近些年的数据可以发现，那些老牌全球离岸金融市场的增长率已连续多年降低，甚至有超过半数的离岸金融中心的经济增长都呈现负增长的趋势。对于近几年新兴的离岸金融中心，如塞浦路斯、都柏林、纳闽岛等，更是面临严峻的发展困境。如此的国际大趋势下，我国构建离岸金融中心的进程道阻且长。

（二）亚洲区域内的竞争更加激烈

在20世纪60年代后，处于快速发展阶段的离岸金融中心确实为其所属的经济体积累了不少财富，而且当时全球离岸金融中心的建设普遍是避税港口型离岸金融中心，只需要提供政策和法律制度上的支持，不太需要耗费巨额的资金来打造基础设施。受巨大利益场地驱动，当时许多一穷二白的东南亚地区纷纷开始建立起离岸金融中心。在全球离岸金融中心的分布版图上，我国正处在离岸金融中心相对密集的区域内，且该区域中比较发达完善的离岸金融中心有新加坡、日本东京和我国的香港，新兴的离岸金融中心则有塞浦路斯、纳闽岛、曼谷以及台湾地区台北市。可以说，东南亚地区聚集着众多离岸金融中心，势必会为了争夺有限的市场资源而进行激烈的竞争。在当前国际大环境不适宜离岸金融中心发展的前提下，我国还处在一个离岸金融中心非常密集的区域，我国构建离岸金融中心并做大做强的难度可想而知。

（三）我国资本市场自身不具备发展离岸金融中心的优势

首先，我国构建离岸金融中心需要最先考虑两个问题，即选择怎样的市场模式与选择哪里作为离岸金融中心的核心。针对前一个问题，可以对三种不同类型的离岸金融中心进行比较分析，不难达成统一的结论，但对于后一个问题，目前在国内学术界仍然争论不断，身处不同区域的学者很难形成让所有人都信服的结论，因此选择哪个区域作为将来离岸金融中心的核心地带仍不能确定。其次，虽然我国早在1996年就已实现人民币在经常项目下自由兑换，但政府对资本项目的限制依然较多。目前我国资本市场对金融和外汇依然存在较为严格的管制，大陆银行对市场的针对能力不强，货币金融调节机制尚不成熟，这些影响因素不利于我国离岸金融中心的长期健康稳定发展。最后，相关法律制度不完善也是非常不利的因素，目前我国法律体系尚没有专门针对离岸金融中心而修订的法规，这就使得我国构建离岸金融中心得不到法律制度的保障，这无疑会增大我国的金融市场的风险，添加影响经济增长的不稳定因素。

总的来说，我国对离岸金融业务及其市场在大陆范围内的可行性探索已经取得一些成果和经验，这为以后我国建设离岸金融市场的整体规划发展提供了宝贵资料。推动离岸金融市场的发展，可以使我们更加积极地参与到世界经济一体化的进程中，学习国际市场上的先进理念。当然，金融国际化是把双刃剑，在金融国际化的进程中，必然会遇到棘手的难题或挑战，这就要求我国资本市场要提前做好各项准备，采取积极有效的措施。随着我国综合国力的不断上升，人民币国际地位的日益提高，人民币境外流通已经具备一定高度的市场需求。在这些金融发展的大趋势下，人民币离岸金融市场的发展也一定会以市场为导向，而作为人民币的本币国，我国资本市场就应该顺应市场的未来发展导向，积极引导人民币的境外发展，并且尝试构建以人民币为结算体系的贸易制度，循序渐进地推动人民币离岸金融市场的稳步发展。

第二节 我国离岸金融市场建设的构想

一、我国建设离岸金融中心的理由

离岸金融中心从 20 世纪的 60 年代开始兴起，期间又经历了 80 年代的快速增长期，到如今已经在全球金融市场取得了令人瞩目的成就和影响力。当前全球各大国际级别的金融中心，例如伦敦、纽约、东京还有我国的香港等，都具有相对发达成熟的离岸以及在岸的金融市场。简而言之，很难想象一个国际级别的金融中心却没有开展离岸金融业务。因此，从这个角度看，建设中国大陆的离岸金融中心是非常有必要的。

虽然我国在离岸金融市场的构建进程中已经迈出了实质性的脚步，但从目前的发展现状看，中国大陆地区的离岸金融中心的建设还有很长的一段路要走。假如我们一味地逃避这一段必须要走的路，那么我们就不能完成从“世界工厂”向“世界强国”角色的转变，将长期处于一种向世界提供廉价劳动力和资源，却换来他国对我国发起反倾销起诉的尴尬局面；那么我们也就不能从二战之后确立的布雷顿协议下不公平的世界游戏规则中解放出来，还是只能将美国的低回报债券当成宝贝一样购买，从而在成为“世界外汇储备量第一”的地位之后，却只为美国经济的衰退承担风险与损失；那么我们还将在今后一段很长的时间内处于世界产业链的底层，不断地将我国国民通过辛苦劳动争取来的财富向世界产业链的最高层输送，最终再一次沦为西方资本强国的“殖民地”。所以我们要正视这一不可逃避的现实，积极地参与国际金融中心的构建和改革。在我国的综合国力提高后，通过构建国际级的金融中心，不断地提高我国在国际金融市场中的影响力。在这整个过程中，离岸金融市场及其业务的开展是不可忽视的重要组成部分。

二、适合于我国的离岸金融中心的策略选择

我国建立离岸金融中心的策略更倾向于在实现人民币的基本自由兑换这一基础之上，进行“先试先行”的试验点推行，并在此过程中积累宝贵经验，最后在合适的时机建立中国大陆的离岸金融市场。而这些策略的选择应该包括市场模式选择、业务发展、外汇管理制度以及相关法律法规的建设四个方面。

（一）市场模式选择方面

市场模式选择分为运作体系和区域选择。从我国目前学术界的讨论看，各个区域的学者都对选择本区域作为离岸金融中心进行了比较充分的论述，为了使本书更客观和合理，我们暂不讨论关于离岸金融中心区域的选择问题。

关于离岸金融中心的运作体系，大致可以分为内外业务分离型、内外业务混合型和虚拟业务型。目前世界范围内的主流是内外业务分离型。

内外业务分离型这种模式在离岸金融中心建设之初，是需要国家的相关

政策扶持的。比较著名的国际金融中心如美国纽约、新加坡以及日本东京，他们的离岸金融业务的开展前期就采用了这种模式。当然，以伦敦和中国香港为代表的长期以来金融比较开放的传统国家或是地区，是不需要也不能采用这种由政府为导向的内外业务分离型的模式的。现实中，我国的离岸金融市场的建设就是依靠政府政策的引导而取得了一些成就，但若我们满足于现在所取得的成绩，仅仅依靠通过金融管制，提供更多的避税手段来增强自身的竞争力和实力，那无异于掩耳盗铃。当然，内外业务分离型的市场运作体系可以通过隔离在岸与离岸账户的联系，尽可能地减少因为内外业务交融而产生的渗透带来的风险，可以在该制度的建立下保护一国金融市场的稳定局面。结合目前我国对外汇监管方面的严格规定可以知道，我国大陆推进离岸金融中心建设的最佳选择就是在前期采用这种模式。

对于内外业务分离的市场运作模式，我们还不能全部地照搬。很多离岸金融中心虽然采取这一运作模式，但同时又允许在岸和离岸的账户之间存在某种可控的相互渗透，因为各个离岸金融中心的实际情况不同，如果严格的照学照搬就会使"新兴"的离岸金融中心市场的意义大打折扣。对此，我们构建内外业务分离型的市场运作体系时，也要考虑其中在岸和离岸账户之间的相互渗透。根据以往其他离岸金融中心的构建案例资料，在离岸金融中心的建立之初，要绝对地杜绝在岸和离岸账户的相互渗透现象。原因很简单，前期的离岸金融中心构建的主要问题就在于离岸业务的推行和发展成型。如果在一开始就纵容渗透业务无节制蔓延，则后患无穷并且将导致无法彻底消除，甚至在一段时间之后，扰乱原有金融市场的稳定秩序。只有经历过前期的秩序趋于稳定，离岸业务的自主顺利进行，相关法律法规的完善到位之后，才可以考虑允许一定程度的在岸和离岸账户的渗透，来达到扩展业务的目的。

针对允许一定程度的在岸和离岸账户渗透的规划，应分为四个步骤。第一，不能双向账户都开放，而只应开放离岸账户向国内资金的渗透，不开放在岸账户向国外的渗透。原因在于这样可以有效防止因为国内的流动性过剩引发的离岸金融市场的泡沫；第二，从开始放宽对金融市场的在岸和离岸账户的渗透时，就应该在相关的法律法规方面颁布新的制度，从而及时有效地降低开放在岸和离岸账户渗透带来的风险；第三，随着政策的开放，在岸和离岸账户的渗透规模只会越来越大，但并不是规模越来越大带来的效果就会越来越好，对于这个规模的最高限额应该是多少，要根据当时的世界经济发展的具体情况，以及国内经济的运行态势而定。可以要求其规模满足国内的经济增长对资金的需求，同时还不引发因资金过剩而引起的通货膨胀，将其控制在货币政策调控的范围内；第四，应该有一套完整的预警和处理危机的快速反应机制。平时可以有效地监控在岸和离岸账户间的资金流向和数额，在危机突发时能有效地管理渗透的资金额，将其危害性降到最低。

（二）外汇管理

一个国家为了达到维持国际收支平衡、保持汇率平稳、维护物价水平和金融稳定以及提升本国竞争力等目标，通常会借助条例、法令以及法律等形式对外汇资金的汇入和汇出、收入和支出、本币与外币的兑换方式及总兑换比价等项目采取一定程度的管理限制。外汇管理一般涉及非居民存款账户、贸易与非贸易外汇、资本输入与输出、黄金输入与输出以及汇率的波动等。

当前国际上通用的外汇管理类型可以划分为三类：第一类，严格的外汇管理。顾名思义，即政府对本国所有的外汇收支活动都实行严格的管制措施，受到诸如南美洲的古巴、朝鲜半岛的朝鲜等大多数发展中国家以及社会主义国家的青睐。第二类，有限制性的外汇管理。此类管理类型会对除外汇收支的经常性项目以外的部分即资本项目进行一定管理限制，而允许外汇的汇入汇出的双向开放和经常项目自由兑换。第三类，应该是名义上不采取外汇管制的管理制度。其特点就在于对居民和非居民包括经常和资本项目在内的外汇支出均不进行管理限制，某种程度上实现全面允许货币的自由兑换。只有少数发达国家采取这种管理类型。但当处于特殊情况或是危机期间，政府仍有可能通过间接的方式或是出台相应新的政策导向之后加以措施管理干预。

目前，全球各国所采用的外汇管理方法可大致分为两大类：直接外汇管理方法以及间接外汇管理方法。外汇管理机构明确限制了外汇的汇率、数量以及买卖方式，并直接有效地对外汇的各种实务进行调控管制的方法被称为直接外汇管理方法。而政府颁布许可证制度、进口配额制度、互惠信贷协定等规章制度，以间接的形式调整外汇业务的方法则被称为间接外汇管理方法。事实上，外汇管理方法包括但不局限于以上分类，目前有学者还以不同的标准将其分为从外汇价格管制出发的汇价管理、从控制监管外汇交易数量出发的数额管理以及将二者有机结合的外汇综合管理方法。

参照全球现有离岸金融中心的成功发展经验，就会发现《国际货币基金协定》是绝大多数的离岸金融中心进行外汇管理事务的主要参考准则。简单而言，该协定的推动方国际货币基金组织（IMF），只对各成员国实现经常项目下的自由兑换作要求，而不将解除或放宽对资本项目的管制纳入各成员国的义务范围之内，甚至会在特殊情况下要求成员国进一步加强对资本项目的管理措施。结合我国所实行的外汇管理制度以及整体外汇现状，我国显然符合《国际货币基金协定》的要求。但是，我国金融市场存在一个不容忽视的问题，那就是如果直接在我国现有金融秩序的基础上推行离岸金融业务或是构建离岸金融中心，仅仅依靠国际组织的低监管力度是远远不够的。因此，若不能彻底解决掉外汇管理中存在的问题，我国就无法顺利构建一个真正意义上的离岸金融市场。

当前，人民币的资本项目兑换问题依然是我国外汇管理的分歧点。资本项目，是指一国因为资本输出和输入而导致的国际收支中资本负债增减的项目，涉及贷款、证券买卖、直接投资等。我国是在 1996 年才开始试行人民币经常性项目下的可自由兑换制度的，而资本项目下的自由兑换仍处在推进阶段。据有关部门统计，在 IMF 所划分的 43 个资本项目中，我国境内有超过 40% 的资本项目交易不受限制或是受到较少的限制，也有 40% 以上的资本项目受到较多限制，还有剩下的 10% 的资本性项目是受到严格监管的。

其实，对我国而言，实现人民币资本项目下的可完全兑换是一个长期的策略，这是构建我国大陆地区离岸金融中心的重要一环。离岸金融中心所要求的对国际间资金流动的充分性，从客观条件上要求所交易的货币拥有可自由兑换的属性。可以说，如果一个离岸金融中心连其所在地的本国货币都没有自由兑换的资格，那么该离岸金融中心也就失去了其存在的意义，更不用说在世界范围内与其他成功发展的离岸金融中心进行有效的竞争。

可以说，实现人民币资本项目下的可自由兑换是我国当前金融环境下一个无奈的长期策略。实际上，我国政府可以根据实际情况对金融市场做出一些短期内的灵活的调整性措施，在循序渐进中推动我国大陆地区离岸金融中心的发展。根据现有的研究成果，有两种可行性较高的策略选择。第一种是在短期的政策选择上，即我国政府在坚持人民币的资本项目不可完全自由兑换的原则下，将人民币划分在规定的可交易的币种之外，只用能够自由兑换的货币作为离岸金融交易的币种。第二种策略则是换了一个思路，就是规定离岸金融市场的交易币种只能是人民币，进而把可交易的范围限定在大陆区域内的金融机构与机构之间，或者可以说离岸的以人民币的交易只对居民开放，暂时不对非居民开放。

通过对比，这两种不同的短期政策都有一定的优势，但也都有一定的缺陷。如果考虑到我国金融市场的实际现状，第一种短期政策的调整措施是一个更优选择。主要有两个因素，首先，研究已有的发展中国家离岸金融中心的建设进程可以看出，大部分离岸金融中心所在国都是采用第一种策略，即交易币种不涉及尚不能自由兑换的本币。但值得一提的是，此种措施的调整正如其所在的范畴一样，只能适用于短期，而非长期。那些依靠这种短期的政策迅速建立起的离岸金融中心，在与老牌的离岸金融中心的竞争中，其薄弱的基础和有限的实力就一一显露出来。纵观目前离岸金融中心业务的发展，本币化已经势不可当。老牌的离岸金融市场——伦敦也正在逐步放开以本币为交易币种的业务。这样的例子还有很多，总结为一点就是，这一政策只能当作特定时期内的过渡性的调整措施。在一国的离岸金融业务已经初具规模的时候，就应当放开以本币为币种的自由兑换业务。

其次，相对于第一种短期调整的政策来看，第二种短期调整政策可以保证在本国机构空间的前提下，实现本币业务的全流通，又绕开了关于资本项目不能全部兑换的制度上的限制。但是作为 WTO 成员方，会违背 GATS 要求赋予外资金融机构等同的国民待遇的规定，以及中国入世时所做出的要积极履行成员国义务的承诺。事实上，从事离岸金融业务的大多还是非居民，如果还是坚持原来的解决方案很显然不能很好地解决问题。但第二种短期调整的政策也有其不能忽视的优势所在，所以我们可以先在一些“先行先试”的试点大胆尝试，从中总结经验，重新评估之后再行定夺。

对于这两种短期行之有效的政策，应该要大胆地在“先行先试”的试点尝试，总结经验，不断改正完善，为我国人民币资本项目下的长期可自由兑换之路奠定坚实的基础。

（三）业务发展方面

为了解决离岸金融业务发展后期的市场品种选择题，业务发展方面的策略就显得尤为关键。简单而言，我国大陆地区的离岸金融业务将会发展成以人民币为主的传统的离岸金融业务，还是可以加入其他业务，如离岸证券以及其他衍生品的离岸业务。结合现有离岸金融中心的发展进程，可以很清楚地看出离岸金融业务范围锁定在存贷款业务上的国家仅占很小的一部分，更多的国家或地区而是选择多方向业务并存的发展之路。其中，日本就属于前者，为了使日元可以回流至本国，当时的日本政府不得不选择这种业务发展策略。如果只从构建离岸金融中心的作用角度去解读，那么将业务的范围仅仅局限在存贷款业务上是不恰当的，因为这阻碍了离岸金融中心其本身的筹融资功能。而我国构建的离岸金融中心并不是为了回流人民币而恰恰相反是为了使人民币可以更好地走出去，并且积极地引进来外币。所以，对于我国来说，将金融业务的范围限定在存贷款业务内显然是不可取的。

目前，我国开展“先行先试”的地区确认了部分离岸金融业务的发展方向，但并不是对所有的银行开放。然而这并不违背我国建设离岸金融中心的初衷，因为我国离岸金融中心业务采取的是逐步放开的步伐，经过一段时间我们就会推出一套实践而得来的体系制度。客观地评价，中国金融改革的进程在逐渐加快，其中不少的措施其实已经涉及离岸金融业务中较高级的证券业务领域。QDII 和 QFII 机制就是其中的典型，前者是居民对外投资海外的证券市场，而后者则是非居民投资中国的证券市场，虽然我国目前的 QDII 和 QFII 尚不能称得上是真正的离岸金融，但它们有一个共同特性：具有很高程度的国际性。在大陆的离岸金融中心市场开始之初，这样的发展机制有利于政府金融机构将两类不同的业务聚集到离岸金融这一个市场上。作为两种不同的对外投资证券金融工具，我国实施 QDII 和 QFII 制度，很清楚地向国际表明我国的金融改革之路已经启动，且未来并不约束在货币业务上。所以，我们可以说当下的离岸金融业务的试点工作虽然限制在银行间的存贷款业务，且较少涉及其他的离岸金融业务，但这并不意味着我国未来发展的离岸金融业务也会局限于此，我们有理由相信今后我国的离岸金融会有更宽的业务渠道。

但是，这里又会遇到一个新的问题，我们可以开放离岸金融证券业务，也可开放其他的离岸金融业务方向。那么除去传统意义上的货币和证券业务，我们怎样准确有效地界定离岸金融的业务范围就显得尤为重要。因为只有准确的地界定好范围，我们才能更清晰地把握对其他衍生类金融产品的监管态度以及方法。我们仍可以从其他离岸金融中心的发展历史中找寻答案，从全球范围来看，部分离岸金融市场对待其他的金融衍生品的态度就是严格监管或是拒之门外，只允许市场作为主体来进行离岸股票、债券甚至是票据业务的开展。但是也有一些国家或地区的离岸金融市场对待五花八门的金融衍生品的态度则是积极引导，市场高度开放。结合我国的基本国情，我国对待种类繁多的金融衍生产品应该持第一种态度，可以把离岸的货币存贷款业务、证券投资、债券以及票据业务列为允许开展的一类，而对于其他的金融衍生产品则应该列入不被允许的一类。原因主要包括三点：第一，这与前面我们提到的市场运作模式有关，经过前面的表述，我国选择的是内外业务分离型的市场运作体系。通常情况下，虚拟的以及内外业务混合型的离岸金融市场更适用于一个较宽泛的范围，而选择了内外业务分离型的离岸金融中心的业务范围既不用太大，也不能太小。所以对于选择了内外业务分离型市场运作体系的我国来讲，适中型的业务范围更能满足其发展，也是符合之前的选择的；第二，随着金融衍生品的种类创新，未来金融监管机制将会越来越繁复，市场也面临着较高的风险。并且，这一类的离岸金融衍生品其占整个离岸金融业务的份额比重不大，即使把这一部分去除也不会对离岸金融业务的完整性造成多大破坏。这样考虑，符合我们的受益和风险应该成正比的合理要求；第三，对于目前我国的金融中心相关法律法规的建设进程以及整体市场运行的平稳性来讲，现在就引入众多的金融衍生品不切实际。

（四）法制建设方面

从理论角度出发，与离岸金融中心配套的法律法规应该涵盖三个方面的内容，涉及离岸金融的基本法、交易行为规定和监管行为准则部分。任何离岸金融中心在处理本区域内的违规行为时，都应该以这套完整的相对应于离岸金融业务的法律法规为标准。按照这条发展模式进行下去，接下来就应该是《离岸金融法》的推出，从而有效解决市场行为与监管二者之间的关系。其他一些关于市场行为的具体问题或是经常性问题就可以由行政法规、司法解释或是当地的法律法规来解决。但现实和理想之间还存在很大距离，要达到与这样的法律法规相匹配的程度，不能一蹴而就。首先，市场的构建和推进，相关的政策也是逐步的颁布和推出。例如离岸金融业务的方向也只能是从存贷款业务开始逐步向股票、债券等发展，不能急于求成。其次，我国在离岸金融市场的开始之初，会对外资机构设立一些事务性的规章制度，某种程度上，我国要构建的《离岸金融法》的前身就是这些早期的规章制度。具体到实践的过程中，要对这些规章制度逐步修改完善，直到可以无差别适用于内外资，再进一步推出《离岸金融法》。虽然离这样一部完整权威的法规出台，还有很长的路要走，但是在这个过程中，根据实际问题而不断修正完善的《离岸金融法》，才能在之后离岸金融中心更高层次的发展中经得起时间的考验。

实际上，除了以上介绍的理论方法，还有其他的策略选择。例如不出台单一的只针对离岸金融中心的法律，而是将其法律法规分布在其他已经相对成熟的法律条文中，可以是《公司法》《银行法》《税法》《合同法》等等。然后再逐步完善这些相对成熟的法律法规，来达到为离岸金融中心建设提供依据的目的。或是可以将对离岸金融中心的法律法规分为两个独立的部分，即监管法规和交易法规。这两者可以根据不同的实际情况制定相应的法规制定。但是相较其他方式，这种操作可能会导致立法资源浪费，甚至会出现与“离岸金融法”的基本原则不统一的情况。而后两种方法存在一个共同的缺陷就是：它们可能会导致“离岸金融法”的性质无法明确，原则上会有冲突情况产生的可能。面对像离岸金融中心这样的新生事物所具有的变化快、难以统一稳定的特性，在没有一个具有全局性的、普遍规律性的法律原则下，法院就不能作出公平的裁决，也不能从根本上解决问题。

为此，我们可以从国际上一些成功案例中找寻一些值得学习的经验。有些成功的案例，如伦敦、纽约都没有出台相对独立的《离岸金融法》，一方面是因为其金融市场经过相当时间的发展，相应的金融体系已经比较完善；另一方面是因为这些地区大多实行的是司法能动主义的普通法体系。在特殊情况下，法官可以不依据法律而仅凭自己的判断，或是借助司法解释来填补相关法律法规制订的漏洞，甚至是修改法律以便做出判决。我国的基本国情是不允许出现这些情况的。

在我国推进离岸金融中心的法制建设方面，我们还是应该倾向于第一种方式，制定一套完整的法律法规——《离岸金融法》。因为中国大陆的离岸金融中心的构建之路是漫长的，《离岸金融法》的建设可以伴随着离岸金融中心的推进过程而不断完善。对于《离岸金融法》，我们不需要其成型的速度有多快，只需要其能在我国大陆的离岸金融中心构建的不同阶段提供有力的支持，自身也不断地完善，从而为我国大陆离岸金融中心的发展长远服务。

通过本节的简单阐述，我国大陆构建离岸金融中心所要考虑的几个方面可以总结为：在人民币的经常项目下的自由兑换和资本项目下的逐步兑换的基础上开展市场业务；更深层次地推进“先行先试”工作；不断总结经验和教训，在相关法律法规逐渐完善后，最终顺利建成我国大陆自己的离岸金融中心。

第三节　我国香港人民币离岸市场发展的现状及对内地金融市场的影响

经过漫长的协商谈判，中国人民银行与香港金融管理当局于 2010 年 7 月共同签署通过了《香港银行人民币业务的清算协议》，这份协议的推出大大提高了人民币在兑换、转账以及跨境结算方面的便捷性，为香港的人民币离岸市场赢得了新的发展空间和更高速度，进一步巩固了香港作为离岸金融中心的国际地位。本节讨论的重点在于未来香港人民币离岸市场的发展对我国大陆地区金融市场将会产生怎样的影响以及风险主要集中于哪些领域。此外，新加坡在地理空间上与我国香港和大陆地区较近，因此本节还利用新加坡的亚洲离岸美元市场进行对比分析，进一步探究一个成熟离岸金融中心对维持本国金融秩序的影响，并在最后提出了自己的建议。

一、目前香港人民币离岸金融市场的发展现状

2009 年可以说是我国开展人民币境外贸易结算试点工作的元年，自此，大量的人民币以跨境贸易结算的方式涌入香港的金融市场，从而促使香港的人民币市场规模迅速壮大。我们可以以这样一组数据来简单说明：2010 年的 8 月、9 月和 10 月，即在通过《香港银行人民币业务的清算协议》后不久，香港地区的人民币存款余额环比分别上涨了 25.78%、14.50% 和 45.4%，而在该协议颁布之前，平均增长速度在 3% 上下波动。根据最新的统计数据，目前在香港境内，拥有经营人民币认证许可的机构已超过 100 家，同人民币跨境贸易结算试点开展前相比，增加了60余家，占认证许可机构数的一半以上；人民币存款余额超过2000亿人民币，同人民币跨境贸易结算试点开展前相比，上涨了 1600 多亿元，占香港认证许可机构全部外币存款余额的 8.1%，人民币存款账户也超过了 200 万户；在香港已发行超过 460 亿元人民币的人民币债券总额。同时，香港地区以人民币为币种的银行贷款业务发展也得到了极大的发展。

在我国现有的金融政策背景下，虽然我国香港的人民币离岸市场仍处于起步阶段，但我们应该清楚地认识到，香港地区的人民币离岸市场未来将会有更加广阔的发展领域。这个广阔的发展领域可以从横向和纵向两个角度来

解释。首先是关于横向发展方面，目前香港地区的人民币离岸金融产品的创新力不足，导致金融产品种类较少，这对于香港境外的人民币投资者来说情况更加严重。

但伴随着人民币境外贸易结算试点工作的逐步推进，未来将会有大量的人民币和市场参与者融入香港离岸金融市场，从而推动当地金融业务创新，这一问题也就迎刃而解了。比较分析国际上发达离岸金融市场，我国对香港地区的人民币离岸市场业务的监管政策相对更加严格。譬如，只以人民币计价的房产信托基金，其实质就是定息产品，通常情况下，这类定息产品一个重要特征就是受二级市场的影响程度较低。第一批试点的人民币合格境外机构投资者（RQFII），投资规模为200亿元人民币的可控风险，其中的80%投向风险较低的固定收益类，剩下的20%转投A股市场。纵向的发展领域方面，香港地区的人民币无论是供给量还是存量，都不是很大，而且国际金融市场的波动能够很容易地影响到香港地区的金融市场发展增速。根据2016年的数据，香港地区以人民币为币种的远期和近期的每日交易量只有100亿美元的规模，而在二级市场上，以人民币为币种发行的债券的交易量同样不容乐观。因此，我们可以得出结论：市场参与者，如金融机构和投资者追求金融创新的动力对人民币产品的市场流动性和规模提出了很高的要求。目前比较著名的金融研究机构如德意志银行、汇丰投资等一致认为当这个纵向的发展在超过1万亿元人民币时，才可以说香港地区的市场初具规模。

未来香港离岸金融市场的发展之路大致走向可以概括为打造联通离岸金融中心和在岸金融中心的渠道。而从目前的建设成果来看，人民币“回流”和“外圈循环”的渠道尚未完全建立。我们认为，前海跨境双向贷款业务试点的推出，促使前海成为香港地区人民币资本进出大陆地区的“咽喉要道”，是未来在港人民币存款的一个重要发展方向。而这样的发展刚好可以满足一批港资企业向大陆地区发展的需求，这样的发展思路是境内外人民币融通市场双向流动的必然要求。基于大陆和香港地区的利息差额的客观现实，可以进行人民币在香港地区的贷款业务。事实上，香港人民币贷款的最优利率大约为5%，而大陆地区1年期贷款基准利率为6.31%，高于前者。并且在现实贷款操作中，大陆地区的企业贷款利率通常上浮到7% ~ 10%，其结果就是实际的利差往往很高。这是关于“回流”部分的探讨，而对于引导“外圈循环”机制的确立也同样重要。因为我国在不断推进人民币国际化的进程中，中必须依托“回流”机制以及与之相对应的“外圈循环”的二者配合，才可以维护香港地区的人民币结算、交易和定价地位不被其他新兴离岸金融市场所超越。在此基础上，为加强与大陆地区的合作与交流、寻求更多的发展机会和道路，可以由香港境内的金融监管当局或是大陆政府机构共同推动我国人民币的境外发展。再者，就是要和国际市场接轨，吸引更多的国际大牌的金融机构入驻，积极促使以人民币为币种的资产或是金融衍生品形成市场的规模和核心竞争力，最终实现自身的可持续发展。

对于未来的香港地区的发展前景，我们可以从国际一些著名的预测机构那里得到一些参考，例如英国的“国际事务皇家研究院”以贸易持续增长为前提，预测到 2020 年，我国香港地区的人民币银行存款业务将达到 6 万亿元人民币，贸易结算部分的需求额也将接近 7 万亿元人民币；如果再考虑未来大陆地区对香港离岸人民币业务的支持，人民币银行存款业务将会达到 12 万亿元，离岸人民币中债券市场的规模将会是 7 万亿元人民币。而这将会直接改变香港债券市场在全球金融中的影响力。这些数据的预测是建立在 2010 年之前的发展黄金期之上，实际上，香港近几年的发展速度的确在放缓，截至 2018 年底，我国 GDP 年均增速从 10.7%（2001—2011 年间）降低了 4% 左右，但是我们依然可以对这一预测的数据保持乐观的态度。

二、比较成熟的离岸金融中心对其国内的金融市场的稳定性影响——新加坡

结合已有的研究结果，新加坡亚洲美元市场的建设进程可以概括为三个阶段。（1）从 1968 年到 1984 年为初级阶段。早在 1968 年的 10 月，美国银行最先获得新加坡当局的批准可以设置一个亚洲货币单位，面向非居民吸收以外币为币种的存款、为非居民提供外汇交易等服务是其最主要的业务。随后在 1970 年，16 家外资银行相继获得在新加坡经营境外货币业务的许可，开启了新加坡的亚洲美元市场的发展的大门。（2）1985 年到 1998 年可以说是新加坡亚洲美元市场发展的繁荣阶段。在 20 世纪末期，新加坡的亚洲美元市场依然维持着较高的增长速度。1990 年之后，新加坡的亚洲美元市场增速开始逐渐放缓，但整个规模却依然是正向扩大的态势。（3）接下来的阶段是从 1999 年到现在，属于成熟阶段。20 世纪末爆发的亚洲金融危机，反而为新加

坡的亚洲美元市场走向成熟奠定了基础。经过此次危机的洗礼，其市场总规模更是达到了接近 5000 亿美元的历史最高点，在资产的增长率方面也同样的创下了历史新高。

有学者总结认为，在推进离岸金融市场发展的不同阶段中，其对本国的金融市场所产生的风险冲击也是不同的。针对不同的市场阶段，通过离岸金融中心对本国金融市场的稳定性的影响系数大小进行大致划分。当离岸金融市场处于起步发展阶段，通常情况下离岸金融市场的规模都不是很大，其对本国的金融市场稳定性的影响能力也就很小。当离岸金融市场进入繁荣发展的阶段时，离岸金融中心经过高速增长，市场规模逐渐壮大，其对本国的金融市场稳定性的影响系数也在不断地增大，而这一时期也应该是相关监管部门对其影响系数的可控范围的关键阶段，能否形成一套有效地监管和控制机制，来控制离岸金融市场对本国金融市场稳定性的影响系数的大小是关键的一步。在之后，离岸金融市场从繁荣阶段进入了成熟阶段，同时进入成熟阶段的还有相关的监督管理措施和政策制度，那么只要按部就班地执行并及时根据市场的变动而进行必要的调整，离岸金融市场对本国的金融市场稳定性的影响系数就可以控制在理想的范围内。

根据以上观点推论，我国可以大胆推进香港地区的人民币离岸市场的构建。目前来看，市场本身已经具备构建的基础和良好的条件，即将迈入初步发展的阶段，与此同时还应该不断完善监督管理体系和政策引导机制。

三、离岸金融中心对本国金融市场发展的影响的思考

以上两个方面，目前已经有较多的学者都提出了自己的看法或是意见。其中不乏好的提议，但是存在着很多的重复，如果依旧从这两个方面来提供意见，难免有些累赘。因此，我们应该在完善上述两个方面的同时也积极地解放人的思想。这里的解放思想主要包含两个方面，其一是解放市场主要参与者的思想，在这之前由于我国对离岸人民币金融市场业务的开展有着诸多的限制和考虑，直接导致了市场的参与者——无论是个人还是大型投资机构的投资活动受到限制，市场活力明显不足。另一个需要解放思想的是市场的监管者，或者可以说是政府本身。在目前的金融市场国际化道路上，如果缺少本土的人民币离岸金融市场的存在，那么就意味着，对于我国在国际上的

金融影响力以及我国要构建的国际金融中心的实现都会有很大的冲击。政府作为政策的制定者，同时也是市场行为的监管者、制度的执行者，要积极地解放思想，向世界一流的国际金融中心以及离岸金融中心学习借鉴经验和教训，根据自身的实际情况加以修正，更好地服务于我国本土的人民币离岸金融中心，以及加快我国构建国际金融中心的建设步伐，提升我国在国际金融市场上的地位。

第四节　人民币离岸金融中心发展路径辨析

一、人民币国际化（离岸金融中心）演进轨迹

某一国货币离岸金融中心的形成，标志着该国货币已经开始走向全面国际化。人民币离岸金融中心是指在中国境外从事人民币存贷款业务的金融中心市场。

在人民币国际化之前，跨境贸易所使用的人民币是不能完全兑换的，通过国际贸易流通到中国境外的人民币基本不能再回到境内。随着境内企业国际贸易规模与自由度的扩大，境外人民币越来越多，人民币升值亦加剧了境外人民币规模的增长趋势。境外人民币的流通和交易问题，成为市场必须面对的，人民币境外交易市场可以使境外金融机构与企业，在需要的时候融出、融入人民币，并获得相应收益。同时，在人民币没有完全可兑换之前，需要存在一个流出境外的人民币的交易、兑换市场，从而有效地保证人民币贸易结算。

中国贸易的脚步早已遍布全球，虽然出口数量庞大，但是出口所换取的外汇的价值风险很难对冲及管理。当外汇贬值时，人民币国际化就能够使境内外企业降低货币风险管理的交易成本，从而保护财富不致因汇率变动而蒸发。事实上，人民币境外交易市场已经呼之欲出。2011 年，新加坡国务资政大臣吴作栋访华后，新加坡正式加入了人民币离岸市场的竞争。2012 年 11 月 30 日，法国央行行长诺亚在香港的一个论坛上表示，希望巴黎能成为人民币离岸金融中心。

中国人民币离岸业务从 1989 年就已经开始了，到 1997 年的 8 年里，基本处于自由无监管状态。

1997 年 10 月 23 日，《离岸业务管理办法》颁布并实施。此时正值东南亚金融危机期间，中国人民币离岸交易市场也陷入了困境。不良贷款迅猛上升，经营离岸业务的银行经常出现重大头寸缺口，贷款额大大超过存款额。中资银行中，有资质办理人民币离岸业务的交易均亏损严重，亏损额占离岸存款比例超过 5%。

1999 年政府暂停人民币离岸业务。同时，由于鼓励在岸账户与离岸账户可互相渗透，不仅没有增强金融企业人民币离岸交易的抗风险能力，反而扩大了离岸业务的风险。

2004 年 2 月，我国香港首次试办个人人民币金融业务，包括存款、汇款、兑换以及信用卡业务，这是人民币国际化走出的第一步。2013 年，允许每天每人自由兑换不超过等值 2 万元的人民币，到 2013 年 7 月底，香港地区人民币存量达到 6,950 亿元，我国香港已经逐渐形成了中国第一个人民币离岸金融市场。2015 年第三季度，人民币汇率中间价逐渐得到完善。到了 2015 年 11 月份，外汇交易中心正式发布三大人民币汇率指数。我国始终坚持已经确立的思路，稳扎稳打，逐步实现人民币汇率市场化。

二、人民币离岸中心建设的直接诱因

（一）中国经济 GDP 与财政收入增长

表 4.4.1　中国 2008—2017 年财政收入增长情况

	2008	2009	2010	2011	2012	2013	2014	2015	2016	2017
公共财政收入（亿美元）	61,330	68,518	83,102	103,874	117,210	129,143	140350	152217	159552	172567
公共财政收入增长率（%）	19.5	11.7	21.3	25	12.8	10.1	8.6	8.4	4.5	7.7

数据来源：国家统计局。

上表可以看出，我国公共财政收入的增长率 2013 年之前都超过 10%，近年来虽然增速放缓但仍处于增长趋势，国家财富的积累速度远远超过发达国家。

（二）外汇储备及其增长率

表 4.4.2　中国 2008—2017 年外汇储备增长情况

	2008	2009	2010	2011	2012	2013	2014	2015	2016	2017
外汇储备（亿美元）	19460	23992	28473	31811	33116	38200	38426	33300	30105	31428
外汇储备增长率（%）	27.3	23.3	18.7	11.7	4.1	15	0.6	−13	−10	4.4

数据来源：国家统计局。

由以上可以看出 2008—2014 年我国外汇储备一直呈增长趋势，虽然 2015 年、2016 年两年出现负增长，但总的来说我国外汇储备量还是巨大的。

三、人民币离岸中心风险对冲机制呼之欲出

（一）外汇储备的风险

人民币对美元存在着两难处境，受制于斯又依赖于斯。

从图 4.4.1 可以简单看出，作为贸易大国的中国用美元作为国际结算货币，无法为巨额外汇储备提供减压通道，反而会进一步加剧外汇储备风险。

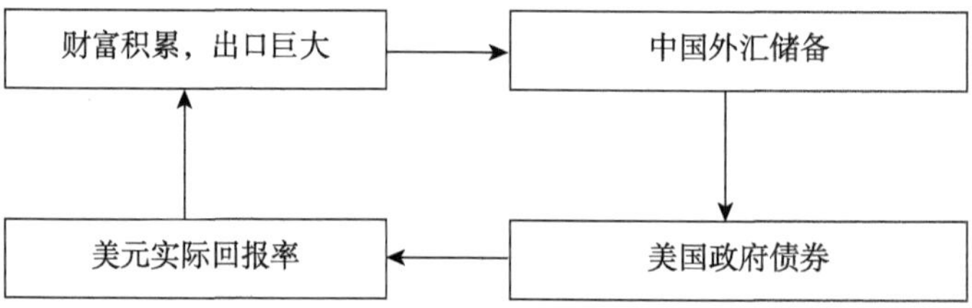

图 4.4.1　中国经济对美元依赖性

随着经济长期快速增长，中国对一些国家的贸易顺差越来越大，尤其是对美国。从表 4.4.2 不难看出，中国持有的外汇储备在 2014 年又达到了一次高峰。缺乏境外人民币交易市场，更加剧了外汇储备风险，无法对冲释放。

随着国家与国民财富的积累，中国公共财政收入的增加不断考验着中国对于闲置资金的运用能力，现如今有很多人都认为“国富民不富”的原因就在于中国对美元依赖的增加，美元、美债券的贬值都会使工商企业与国家财富蒙受损失。

（二）抵御境外金融风险威胁

2008 年以后，美国发生的金融危机并未对自己的实体经济根基造成强烈撼动，却波及了以美元结算贸易的国家。如同历次国际金融危机一样，中国作为外汇储备大国也无例外地受到了冲击。

综上两点，长期看来，美元及美国债券贬值抑或升值也许是全球经济的随机调整。为了提高中国经济自主能力，保护中国民族企业，发展人民币离岸金融交易已经成为一项重要任务。

（三）提升中国企业竞争力

首先人民币国际化能提升一国综合影响力，带来更多经济服务。世界范围内人民币融资和投资给中国带来的不仅仅是国际影响力的提升，实际上更是中国在国际上消费、对外投资和提供以人民币融资的能力。其次，能有效帮助中国出口企业走出现在的窘境，使其他国家能用人民币购买中国商品和服务，即中国金融市场扩张带动中国商品服务出口的能力。人民币国际化后，能够广泛提升中国出口企业的出口数量，带动经济快速发展。同时减少中国出口企业的汇兑成本，加强中国出口企业的国际话语权。随着人民币国际化脚步的临近，中国出口产品的类型、数量和质量都有进一步的提高。虽然近年来中国汇率变动频繁，一些发达国家限制中国的出口，但是人民币的国际化却在很大程度上改变了原来中国出口商的经营模式，并且很多出口商逐步地把经营重心转向具有推动人民币国际化倾向的城市。

人民币国际化可以实现更有效的配置资源。人民币国际化后中国的宏观调控空间从本国扩大到其他国家，可以短期增强全球范围内财富再分配的能力，当货币发行国出现通胀或紧缩时，财富可以在国家与货币持有者、债权人与债务人之间重新分配。最后，建立人民币离岸金融市场还能拓展本币金融市场的广度、深度，使中国金融机构可以从离岸金融市场获得更多优势。

（四）规范人民币业务的市场行为

虚假贸易的管控是现如今的当务之急。国外市场的热钱，通过虚假贸易的途径流入中国建立的离岸金融中心市场，增加了中国离岸金融市场风险。同时，政府办事机构的效率低下、地方省市保证贸易额增长以及贪污腐败等都是中国建立离岸金融市场的隐患。例如，地方政府支付运费，鼓励海关特殊监管区内的企业将仓储的商品运去香港，隔日再从香港运回监管区的仓库，一个货柜车按 400 万美元的贸易额计算，一进一出就完成了 800 万美元的贸易额。

四、建设人民币离岸中心的挑战

（一）离岸业务量

离岸业务在深度、广度上还有不足之处。资产方面也经常发生贷款逾期的情况。

（二）评估机构

中国如今在离岸业务方面还欠缺专业的信用评级机构来对人民币离岸金融中心做出风险评估。

（三）对冲工具

缺乏利率汇率避险工具也是现在人民币离岸业务发展的短板，这些短板究其根源乃经济与法律制度的制约所致。

五、建立人民币离岸中心的代价辨析

以发展的观点来看，人民币国际化是必然趋势。但它给中国经济带来效益的同时，也会产生相应的成本。建立人民币离岸金融市场对中国不利的方面最主要有以下三点：

（一）对现存宏观调控制度的冲击

建立人民币离岸金融中心以后，大部分游资热钱都会瞄准离岸金融中心市场，主要是因为离岸金融中心市场自由度较高，因而使国际市场上人民币存量大幅增高。这就必然会削弱中国央行对人民币的控制能力，进而影响到国内财政政策以及货币政策的实施效果。例如，当中国面临通货紧缩的困扰时，货币政策就会适当调整成扩张性的货币政策，降低利率，加大投资的力度。但这也会使市场上流通的人民币大量流出，投机者、热钱持有人、普通境外投资者都会将手中的人民币投向其他市场。这样，就会导致货币政策相对失效或是削弱货币政策的实施效应。

（二）适度监管的难度

随着人民币离岸金融市场的建立，中国中央银行对海外流通人民币的需求和流通速度的监测难度增大，对人民币流量的监管十分困难。人民币离岸金融中心的建立同样给非法活动带来了可乘之机，赌博、贩毒、洗钱等一系列活动都会通过跨境货币流动来完成。随着一些非法活动的出现，人民币离岸金融市场也会出现不正常的流动现象，汇率波动越来越频繁、幅度也越来越大。这不仅影响中国离岸金融中心的正常运行，也会给货币市场的监管带来很多工作上的困难。所以，要建立安全、健康、良性的离岸市场就要从监管做起，并且要认真解决反假币、反洗钱和打击非法势力等问题。从表 4.4.3 我们可以明显看出，2005 年以后随着中国汇率政策逐步向国际开放方向靠拢，汇率的变动幅度逐步增加，实际上是进一步加大了中国现金、外汇的管理监测难度。

表 4.4.3 2000—2017 年人民币汇率 （年平均价，单位：元）

年份	100 美元	100 日元	100 港元	100 欧元
2000	827.84	7.6864	106.18	——
2001	827.7	6.8075	106.08	——
2002	827.7	6.6237	106.07	800.58
2003	827.7	7.1466	106.24	936.13
2004	827.68	7.6552	106.23	1029
2005	819.17	7.4484	105.3	1019.53
2006	797.18	6.857	102.62	1001.9
2007	760.4	6.4632	97.46	1041.75
2008	694.51	6.7427	89.19	1022.27
2009	683.1	7.2986	88.12	952.7

续表

年份	100 美元	100 日元	100 港元	100 欧元
2010	676.95	7.7279	87.13	897.25
2011	645.88	8.105	82.97	900.11
2012	628.55	7.3049	81.085	831.76
2013	619.23	6.3323	79.845	822.19
2014	614.28	5.82	79.22	816.51
2015	622.84	5.33	80.01	753.57
2016	664.23	6.56	85.99	7.50
2017	650.63	5.78	83.28	7.81

数据来源：国家外汇管理局。

（三）套利机制双刃剑

人民币离岸金融市场的建立将使中国经济与世界经济更加紧密相连。国际金融市场的任何波动都会对中国宏观经济产生影响，国外的机构投资者能更快捷地通过离岸金融中心影响中国经济。例如 1997 年的亚洲金融危机给中国带来的影响远没有邻国大，主要原因就是中国人民币当时还未与国际接轨，在内地相对闭塞的金融环境中监管体系还算完善，所以金融危机的连锁反应未能波及中国太深。人民币建立离岸金融中心以后，中国国内金融市场将逐步与国际接轨。那时，国内、国外投资者（包括热钱）如果看到人民币当期利率、汇率与远期利率、汇率存在可套利区间的话，必将进行套利活动，使离岸金融市场人民币的流动性增加。

尽管中国当前尚未完全放开建立人民币离岸金融中心，但已放开的贸易可以按人民币或其他不同货币结算。所以，存在人民币与外汇之间的投资资金的套利，一段时间跨境资金利用人民币与外汇之间存在的差价进行套利。中国人民银行网站数据显示，从 2012 年 11 月起，中国香港离岸市场美元兑人民币汇率 CNH 持续高于内地市场美元兑人民币汇率 CNY，这就可以明显地看出内地市场美元价格更高，它们之间就存在着必不可少的套利区间。具体做法就是内地通过出口香港将美元汇入内地换得更多的人民币，通过从香港进口，支付人民币，再将人民币汇入香港。由于内地的货币发行机制实质就是汇率机制，货币发行机制和汇率机制事实上是统一的，只要两地的人民币与外汇之间的套利区间持续存在，则外汇的投机行为就会创造出大量的货币流动性。

虽然人民币在岸与离岸市场的定价机制基本相同，但其价格之间却存在比较明显的差异。两者之间存在差异就会导致投机与套利的产生，导致这种现象发生的根本原因是：首先，人民币汇率制度缺乏弹性，相信未来汇率波动的区间仍将扩大；其次，随着人民币离岸金融中心落实工作的逐步推进，在岸或是存在于国际市场的人民币逐步流入中国香港市场，另外虚假贸易的增大和外汇占款的流入也是导致价格差异的原因。

套利区间的存在将刺激短期投机性资本的流动，从而影响宏观经济的稳定。金融监管体系将迎来前所未有的考验。

总的来说，建立一个健康的离岸金融中心需要在宏观政策上与监管力度相适应，加大对于投机资金的监控，以保证中国离岸金融中心市场的稳定。在稳定的前提下，给中国经济带来实际的效益。

六、其他货币离岸中心的经验借鉴

正如全球其他离岸国际金融中心一样，人民币离岸中心的建立也会触及国家制度建设以及离岸国经济、金融监管等诸多方面。

从日元发展历史可以看出，监管漏洞是发展离岸金融中心的重要隐患。自从 20 世纪 80 年代以来，由于政策不当和管理不严都会导致许多发展本国货币离岸的国家发生或大或小的风险，这也使 20 世纪 80 年代德国、日本一些经济学家不赞成或者很低调地处理本国货币国际化的问题。从历史经验我们不难看出，纵然货币的国际化很诱人，但是如果缺少监管还是会影响本国经济，最终导致负面的效果。

（一）充分利用国际监管规则，发挥利用离岸中心所在地政府监管职能

巴塞尔协定是国际银行业风险管理的理论指导、行动指南和实践总结。坚持巴塞尔协定，应该做到以下三点：首先，要实现以风险管理为核心的质量监管模式；其次，就是要将信用、市场、操作等风险全部纳入资本充足率的计算，使资本状况与总体风险相匹配，这也就进一步提高了监管层面的敏感度和全面性；最后，加大信息披露的力度，披露相关资本充足率、银行资

本风险状况等敏感信息，确保所披露的信息是未来市场监管发展的方向。除了遵守巴塞尔协定，发挥离岸中心所在地政府监管职能也是很好的管控方式。例如，就香港建立的人民币离岸金融中心而言，香港特区人民政府作为监管体系的第一线也有加强风险监控的作用。作为人民币离岸金融中心的试点地区，政府部门的监管有必要做到以下三点：第一，在发展初期放宽人民币交易的准入制度，防止金融投机、金融热钱的疯狂炒作或是无风险套取利差。同时，在有条件的情况下放开准入制度，让市场决定自己的发展。良性的离岸市场应当允许投机套利的发生。良好的套利，有分析的投资都会加大人民币的交易量，同时能够使人民币利率、汇率在合理范围内随着市场良性波动；第二，加强监管所在地银行在人民币离岸中心的相关人民币交易；第三，建立人民币离岸金融中心，势必会加快离岸中心所在地的金融发展。加快城市发展要与加强监管相结合，不能因为发展问题就对金融监管放松。

（二）与离岸地建立完整的相关协定

由于货币离岸业务的发展就是依托能有效规避在岸国的一些金融管制措施，而且市场所在国考虑到金融中心国际竞争因素，也不愿意就离岸金融市场进行过多的监管，这种游离于货币监管体制外的市场很容易给那些疏于监管的国家带来较大的金融风波，而对于市场监管比较成熟的国家影响就小多了。就拿中国目前来看，金融尚在改革之中，银行、证券、保险等金融市场相对于金融发达国家来说还很脆弱，监管还有很多不到位的地方，仅依靠巴塞尔协定来约束人民币离岸金融市场远远不够，很难保证中国在岸市场和离岸市场和谐相处。所以，在巴塞尔协定的框架之下，签订比较有约束力的离岸金融协定还是比较稳妥的办法。例如规定离岸政府当局要实行有关强硬政策，保证人民币离岸业务合理有序地开展，并且不能做出有损中国金融改革和稳定的措施，要配合中国相关的货币政策实施，等等。

（三）离岸金融中心需要具体强硬监管政策

在监管市场主体方面，规范和加强市场准入。

离岸地要做好人民币离岸业务审批制度。对于申请开办人民币离岸业务的机构和个人都要先将调查做到位，根据其资信状况、资本实力分别颁发离岸牌照和有限牌照，区分开不同种类牌照可以参与的人民币业务，实施分类监管。

（四）加强与离岸地政府的监管合作

在岸国与离岸地政府在监管方面通力合作。例如可以设定较高的货币存款准备金比率，以此来维护在岸国货币市场、汇率市场的基本稳定，同时也就保证了离岸国所承办的离岸业务的稳定。

七、人民币离岸中心的未来发展路径分析

（一）严格区分人民币在岸业务与离岸业务的监管

离岸账户应该与在岸账户严格区分，离岸账户与在岸账户分设。离岸业务的存款及其业务活动开展对在岸业务在时间、空间上会产生相应影响。例如，离岸市场上的税收较为优惠，如果监管不严的话，就有可能会出现大量资金从在岸账户进入离岸账户的逃税现象。

中国人民币离岸金融中心的建立已经迈出了一小步，在香港开展了人民币离岸的相关业务，且业务规模也与日俱增。将香港建设成为人民币离岸金融中心有着独特的优势。第一，中国经济体制改革正在进行，经济管理还有待改善。如果现在在国外开设人民币离岸中心可能会对中国金融市场乃至进出口市场有较大的冲击，甚至可能带来前所未有的金融危机。第二，香港拥有独特的政治资质——“一国两制”方针，符合离岸金融市场所需要的政治条件，还有助于大陆中央政府的辅助监管，可谓是天时地利。所以在香港开设人民币离岸金融中心是人民币国际化迈出的关键一步，在带来机遇的同时，依然需要加强对风险的监管，防止游离的资本对中国大陆金融市场造成冲击。

（二）人民币国际化路径预测分析

首先，要使人民币在亚洲站稳脚跟。现如今，中国与很多东亚、南亚国家的贸易已经处于逆差状况，很大程度上满足了人民币国际化的条件。我们要做的就是在这些国家大力推行用人民币交易，增加人民币对居民的吸引力，增加人民币在上述地区的使用规模和使用量。其次，还要通过加大对国外的

投资来增加人民币的使用规模和流动性。但是，单纯依靠本国输出是行不通的。例如日本在20世纪80、90年代，努力推行的日元国际化道路。根据日本的经验，仅依赖政府推动本国货币国际化并不是万能的，主要还得从交易结算以及资本项下的交易入手，提高本国货币的吸引力的同时，加大本国货币的使用率和流通速率。但前提是一定要保持本币汇率的稳定性，早期日元国际化失败的主要原因就是日元浮动太过迅速，海外流通的日元一般都是以套利、投机的使用方式流通，很难做到国际化。所以要避免日元国际化失败的例子，就要在提升人民币交易结算以及资本项下人民币交易的同时，稳定人民币的汇率，使之成为稳定的货币。必要的时候也可以加大对外贷款等政策，从而在短期内增加人民币的海外流通数量。

如上所说，短期来看，首先，人民币国际化主要先从东南亚开展，原因主要是上述地区国家依赖与中国的贸易往来。由于地理条件的考虑，合理地在东南亚地区建立人民币离岸金融中心，能更好地推进人民币国际化。其次，对于人民币离岸金融中心何时登陆欧美国家，还需要中国离岸金融监管体系健全之后才能进一步考虑。可以看到，2008年的金融危机，2013年才开始在中国逐步显现，从楼市到股市，从地方政府发烂债到银行理财产品的泛滥，都充斥着金融产品、衍生品的过度使用和监管不利的影子。因此，人民币离岸金融中心市场的建立势在必行，但是要登陆欧美发达国家，还为时尚早。不健全的金融监管体系很容易让国际金融巨鳄找到可乘之机，轻而易举通过离岸金融市场干扰中国内地的经济发展。而对于中国香港乃至于东南亚地区，无论是从地理因素还是经济因素考虑，都是建立人民币离岸金融中心的合适位置。

以长远的眼光来看，国际金融市场一体化的必然趋势，使人民币拥有与实体经济相匹配的国际货币市场应有的地位，就必须首先在亚洲成为主导货币甚至是国际货币，就必须逐步在海外市场建立人民币离岸金融中心。香港的离岸金融中心已经逐步地落实了，现如今监管体制的改革成了下一步工作的重点，在加强监管的同时，也要切记，在合理的时间，让市场来决定发展才是正确的选择。一味地保护，一味地偏袒只能让我们离正道渐行渐远，我们希望人民币离岸金融中心能给我们国家、人民带来机遇而不是货币风险的发生，愿我们的离岸金融中心能够健康顺利地发展，以迎接人民币国际化的大浪潮。

第五章　中国的金融中心建设

第一节　中国建设金融中心的战略意义

中国要想确立在国际金融市场的大国地位以及争取国际定价权，积极参与金融业的社会分工，支持国内企业和金融机构“走出去”，都不能缺少国际金融中心的支持和竞争战略高地的支撑。因此，建设国际金融中心是中国积极参与经济全球化的战略需要。

一、确立中国在经济全球化中战略地位的需要

一位著名的法国学者让·科洛特·德罗奈曾认为，目前全球资本主义已步入到“金融垄断资本主义时代”。正常贸易和投资领域汇聚着九成的全球外汇交易，发生在投机领域的外汇交易仅占到一成左右，只不过这是布雷顿森林体系瓦解之前的数据；到了 20 世纪最后的 10 年，全球外汇交易有 90% 转向投机领域扩展，只剩下 10% 仍在贸易和实体经济领域流动。全球范围内平均每天有超过 2 万亿美元的虚拟资本在进行交易，而全球日均贸易量只有前者的 5%。这足以说明目前金融活动在全球经济活动中的分量，因此在某种程度上，只要掌控住一座金融中心城市，那么就有可能掌握住一国的经济增长主导权。

我国在改革开放以来的 40 年里，经济实力得到了迅猛发展。在一些品种的商品贸易上，我国已经拥有了定价权。例如，在以石油煤炭等为代表的能源领域，当我国的进口总额上升时，国际上价格就会相对应的升高；而当出口增加时，国际范围内的通货膨胀水平则会随之减小。虽然整体上我国的经济发展在国际上占据着举足轻重的地位，但我国的金融市场在国际上发挥的作用和影响力远不能与我国的经济实力相匹配。我国自加入世界贸易组织（WTO）以来，我国已经顺利地完成了由“贸易开放”向“金融开放”的转变，但我国金融市场面临的将是一个前所未有的更加激烈的全球竞争环境。对于我国来说，当前金融业实现“走出去”战略目标的困难之处在于国内鲜有具备超强实力规模和国际影响力的大型金融企业。所以，当下的首要任务是要培育我国的金融业，引导国内金融企业走出去，逐渐发展为成熟的金融

企业和金融市场，从而在激烈的全球金融竞争中劈波斩浪。

我国金融业要想实现快速发展，就一定要在新世纪的开端，布置好未来步伐的发展设想。我国政府在一定条件下可以对金融业给予政策上的扶持，选取优质的区域金融中心，不断增大其辐射的范围和影响力，这样才能促进各金融要素的融合，最终建成我国自己的全球金融中心，进一步提高我国金融市场抵抗风险的能力。

二、掌握中国在国际市场主动权的需要

虽然我国的经济一直保持着强劲的增长势头，经济总量位居世界第二位，仅次于美国，但能源、原材料供应等方面对我国经济发展的制约却越来越严重。比较有意思的是，经济的高速增长进一步扩大了我国全球原材料商品的需求缺口，以至于我国出现了在全球市场上“高价位买入”，在国内市场却“低效率使用”的现象，一旦国际投机力量冲击我国的全球能源市场，我国经济将蒙受巨额的损失。

我国拥有广阔的国土面积，地大物博，但是在这些国际原材料市场上的交易，无论是作为买方还是卖方，都是以不利于自身的价格来进行交易的。造成如此结果的最根本原因就在于国内尚未有任何一家机构或组织可以在国际市场上完全地掌握有定价权，继而不能组织市场交易，在国际市场上的话语权也比较小。正如我国的期货市场，虽然一直在不断地完善发展，在国内交易市场较好地发挥了其对价格的预测功能，但由于国内的期货市场还未能与国际期货市场完全接轨，所以我国期货市场在某些领域，还没有形成有效的市场机制。因此，在不断发展我国期货市场的过程中，重要的是与全球期货市场接轨，激发创新能力，提高国际竞争力，完善市场运行机制，使其最终发展成为一个有足够深度和规模的期货市场，形成价格调整的公开平台，也可以快速对市场价格波动作出应对，以便尽早开展套期保值，达到规避风险的目的。

比如，20 世纪 70 年代的美国曾发生过石油危机，石油价格的剧烈波动对国民经济造成了严重破坏，此后美国政府有意将纽约建设成国际石油期货中心。2017 年以前，美国的石油进口量一直稳居全球第一，但自石油危机之后，数次的全球石油价格上涨都未给美国的制造业和普通民众带来巨大的经济负

担，归根结底就是纽约全球石油期货中心的功劳。当前的全球贸易市场中，大宗商品的定价权仍旧由几个少数发达国家掌握着，主要是因为这几个少数发达国家都拥有全球影响力的期货市场。对于我国而言，目前尚未完全掌握某一品种的定价权，主要原因在于我国期货市场自身实力薄弱，国际话语权和定价权自然就小了。

如何从根本上解决这一问题？我们认为政府一定要能发挥关键的引领作用，因为金融中心的构建不是一个小工程，需要依托一定的经济基础，站在国家战略的高度，才能更清楚地认识发展金融市场、建设国际金融中心的重要性。在构建国际金融中心的进程中，我国可以集中本土优势所在，积极地与国际金融资本展开对抗，扭转自身的不利局面。依据自身固有的优势和资源，合理地制定市场的公允价格；实现从不利价格的接受者向合理价格的制定者的身份转变，提升我国在国际金融市场中的地位，更好地进行国际贸易和金融交易，进而达到维护国家利益和促进全球经济发展的双重目的。

三、为了我国维护金融自主权的需要

目前，全球贸易的定价权竞争不再局限于商品领域，已经随着我国沪深300、上证50等股指期货的诞生以及上海金融交易所的形成并完善，我国的金融衍生品市场也更加繁荣且完善。

但是境外机构抢注中国金融期货的现象屡屡发生，将会严重威胁我国金融市场的繁荣与稳定。主要表现在以下几个方面：第一，抢注行为的发生一定程度上分裂了中国股市的股指期货市场和现货市场，不利于我国资本一市一场的结构完整，将直接削弱中国交易所的国际竞争力，使我国丧失金融资源的主动权，大量交易税费流失境外；第二，境外机构抢注我国金融期货，不利于我国股市充分发挥本土的资产定价权。例如，新加坡就曾经抢先推出过台湾摩根期指，其无论是在价格发现、信息反应速度还是在流动性、交易活跃程度等方面，曾一度显著地领先于台湾自己推出的台湾期指期货，在资产定价权方面占有明显优势；第三，境外金融机构抢先推出中国金融期货势必会分流本应进入我国内地资本市场的增量资金，并且吸引国内股市部分存量资金；第四，破坏我国A股市场公平竞争的投资环境，诱发境内外金融市场的投机套利甚至违法行为的发生。一方面，QFII机构能自由进出境外市场与国内A股市场，并且活跃的民间资金同样能够借助各种渠道对境外市场投资。但A股市场投资者却无法投资境外金融市场，不同投资者之间将出现不公平竞争。此外，国际投机基金可能趁机利用境外抢注的中国金融期货，达到恶意操纵国内A股市场、进行投机套利获取利润的目的，不利于国内股市的平稳。未来我国内地A股市场的开放程度一定是不断提高的，这种潜在的风险将会越来越大，一旦爆发经济危机，其破坏性将更为突出。

四、让国民分享世界经济增长成果的需要

我国作为全球经济增长的最核心推动力，在过去很长一段时间内一直保持着全球最快的经济增长速度。中国经济这十几年的高速增长，对世界经济增长做出了不可磨灭的贡献：前文我们已经总结过，由于我国在一些大宗商品贸易上缺乏有效的议价能力，我国在国际市场上长时间处于“高价位买入”的不利局势之中。但不得不说，正是我国给出的“高价位”为一些依赖能源出口的国家如阿根廷、巴西、俄罗斯等带来了丰厚的利润。另一方面，世界平均通货膨胀率的持续降低离不开我国出口的强劲增长，这对于维护世界范围内的经济增长和区域与区域之间的经济稳定起了至关重要的作用。我国在全球经济发展中勇于承担了大国责任，但我国境内仍然缺乏一个成熟强大的金融市场和一个具备国际话语权的全球金融中心，多年经济发展积累的国际资本却大量投资美国的长期国债，国民不能充分地分享我国经济发展的成果。

此外，国内大量资金也正是因为金融市场的不发达，而未能被充分地利用，国内一些优质企业为寻求其他投资不得不引入大量的境外资本。一个非常具有说服力的例子：早些年因为我国资本市场的承载力不足，曾经一度出现国内优质企业扎堆选择境外上市。到2005年结束时，在境外上市的中国企业已经有300余家，总规模更是超过了3700亿美元，而当时的国内主板总流通市值尚不及其一半，并且这里面带有资源垄断性质的大型国有型企业占到了八成。这一现象直接使得垄断行业在国内发展多年的巨额获利流失境外。

所以说，积极规划、中国本土的全球金融中心是毋庸置疑的。并且，推动金融中心建设的进程，也是一个拓展我国市场纵深，完善金融秩序的过程。一旦我国本土建成全球金融中心，将提供一个公平融资的平台，不仅帮助国内优质企业通过自身的信息优势进行更加充分的融资，甚至还能吸引境外优质企业来华上市融资，使国民充分分享中国乃至全球经济增长的成果。

五、巩固改革开放成果、维护金融安全的需要

随着经济全球化、金融国际化进程的不断推进，我国对外开放的大门也会越开越大，但我国金融市场面临的风险和危机也日益增加。当前的国际金融环境注定了全球金融危机一旦爆发，将不会有任何一个经济体能够幸免于难，轻则减缓一国的经济增长，重则使一国经济倒退，社会动荡。20 世纪 90 年代末爆发的东南亚金融危机，就是国际游资冲击一国金融市场，破坏金融秩序的典型案例。

而国际性金融中心的存在，可以帮助其所在国快速截获不利信息，并利用其完善的信息传导机制迅速告知市场内的参与者，使市场监管者和参与者拥有充足的时间来积极应对危机。一个成熟的国际金融中心，其内部各类金融机构的良性竞争促成一个安全互助的机制。另一方面，国际金融中心本身具有集聚效应，其内部的金融机构众多，可以共同承担风险，达到分散风险的目的。此外，一个发达的国际金融中心一定具备完善的法律法规和有效的监管机制，一定程度上从源头端就降低了爆发金融危机的可能性，可以说是一国金融稳定的核心保障。例如，在东南亚金融危机中，新加坡就是危机破坏程度最小的国家之一，并能在危机过后迅速恢复经济，最重要的原因就会新加坡拥有一个成熟的国际金融中心。

六、实施“走出去”战略的重要一步

我国实施“引进来”战略以来，国内资本市场发展更加完善，但我国在“引进来”的同时还要“走出去”，只有这样，我国才能在激烈的国际竞争中抓住机遇，争得更高的利益，掌握更高的话语权。目前，资源瓶颈、贸易出口受限、缺少世界级跨国公司等因素在一定程度上限制了我国在全球贸易舞台中的主动权，这就更要求我们放宽视野，在全球范围内开拓市场，充分利用海外市场，实现“双赢”。否则我国在世界资本市场中始终处于被动地位，只能是“世界制造工厂”而不是“全球金融强国”。纵观历史，当今世界的经济强国都曾依托于“走出去”战略而实现了扩张，经济迅速积累。所以说，国内企业在境外投资离不开国际金融中心的支持与保障。

一方面，本土企业投资境外需要国际金融中心提供融资服务。前文说到

国际金融中心作为国际游资的集散地，拥有发达的资本市场与信贷市场，资金量充足，再加上竞争激烈的金融机构，因而能为国内企业提供诸多优惠的融资条件，一定程度上降低了融资难度。在这个特殊的金融市场内，资金供给者能够借助种类繁多的金融工具来进行投资，而资金需求者在考虑资金需求的性质和数量以及自身经营和财务状况的前提下，也能选取合适的金融工具来充分融资。所以，这一市场内巨额资金的流量以及流向通过供求关系与价格机制形成自我调节，经过聚集并重新分配，高增长、高收益的企业能够迅速取得资金支持，而境外投资所面临的融资瓶颈问题也得到了解决，国内企业从事境外投资获得了融资服务。

另一方面，本土企业的境外投资需要国际金融中心提供化解风险的保障。还是在金融中心所拥有的发达金融市场内，投资者可以利用包括期货、期权、货币互换以及利率互换等在内的各类衍生金融工具，有利于形成定价、风险识别和分散转移机制。企业结合自身需求，通过不同的金融工具，最终实现分散投资风险，提高投资安全性的目的。与此同时，国际金融中心通常也是金融交易的聚集地，其日均交易额始终维持在一个很高的水平，实际上为企业金融资产的流动性提供了保障。而且，国际金融中心往往具备高素质的监管人才和合理的金融监管制度，凭借多元化的现场和非现场监管方式，有力地保障了金融市场良好的交易秩序，保护了提高交易的安全性，因此为本土企业实施“走出去”战略提供了风险保障。

第二节　我国建立国际金融中心的条件分析

一、宏观经济背景：中国已经具备建设国际金融中心的基础和实力

（一）持续增长的经济奠定了扎实的基础

国际金融行为的发生依赖实体经济的发展。通过研究全球经济和金融的发展进程可以看出：历史上经济最具活力的地区一般最有可能诞生具有国际影响力的金融中心，国际金融中心通常会随着全球经济中心的迁移而迁移，而国际金融中心的位移又会在一定程度上影响着一个国家或地区的经济发展轨迹，毫不夸张地说，国际金融中心的兴衰史就是一部全球经济的发展历史。

我们以中国2018年的各项经济指标为例，根据国家统计局的初步测算，2018年国内生产总值约为90万亿元人民币，同比增长6.6%。其中，第一产业增加值接近6.5万亿元人民币，较上年增长了约3.5%；第二产业增加值超过36万亿元人民币，同比增长约5.8%；第三产业增加值接近47万亿元人民币，同比增长约7.6%。这三类产业增加值在国内生产总值中的占比分别达到了7.2%、40.7%和52.2%。国内生产总值增长方面，最终消费支出的贡献率最高，达到了76.2%，而资本形成总额的年贡献率约为32.4%。2018年我国人均GDP接近6.5万元人民币，增幅为6.1%。当年的国民总收入约为90万亿元人民币，比上年增长6.5%。

我国经济在2014年时保持7.3%的高速增长，虽然2018年我国整体经济承受下行压力，但仍能维持一个合理适度的增速，但必须承认近些年我国经济增速呈降缓趋势并最终会稳定在一个中高速的增长。因此，必须重视当前我国经济发展中存在的稳定出口难等一系列重点问题和矛盾，尤其是当前市场环境下，小微企业经营面临物价上涨压力、所处行业的经济效益下滑等难题，需要得到更多的关注。我国金融监管当局要坚决贯彻落实习近平新时代中国特色社会主义思想，强调稳中求进，要在保持经济平稳较快发展的前提下，坚持调整经济结构，管理好通胀预期，努力实现国民经济健康发展与社会和谐稳定。

只考虑年度GDP指标的话，从图5.2.1和图5.2.2我们可以看到，我国近年来经济增长以稳为主，国民生产总值逐步上升，虽然不及21世纪初超过10%的增长，但是由于在防风险、优化配置上做了大量的努力，加之当前我国经济总量基数大，这样的增长速度依然在世界上实属罕见。

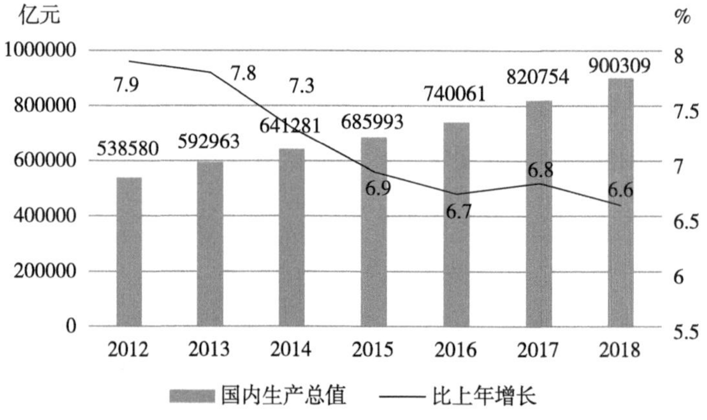

图5.2.1　2012—2018年国内生产总值及其增长速度

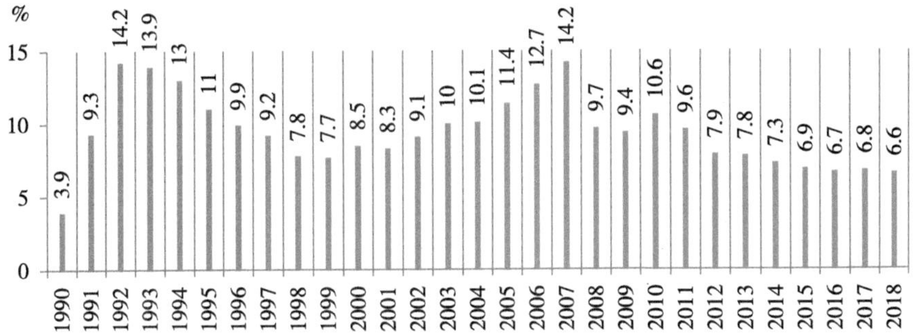

图 5.2.2　1990—2018 年中国 GDP 年度增长速度

数据来源：国家统计局。

（二）稳定和谐的政治局势提供了良好的发展环境

一个国际金融中心的发展，依托于稳健的宏观经济政策，更离不开一个稳定的社会政治环境。反之，动荡的政治环境与反复无常的经济政策等都极大地削弱国际资本的流动性，非常不利于国际金融中心的发展。例如，黎巴嫩的首都贝鲁特，就是一个典型的因政治环境动荡而衰落的金融中心。贝鲁特凭借其便利的交通枢纽、巨额的石油美元储蓄以及成熟的基础设施等因素，在过去很长的一段时间内一直是中东地区最有影响力的国际金融中心之一。然而，20 世纪末期，连年的黎巴嫩内战和政治动乱使得贝鲁特遭到严重破坏，其金融地位也一落千丈。同样地，位于欧洲的佛罗伦萨，其衰落的历史进程也在一定程度上说明了政策变动给一个金融中心造成的危害。作为 13 世纪重要的国际金融中心，佛罗伦萨曾经凭借意大利强大的商业力量，成为当时国际资本的主要集散地，佛罗伦萨一度将这些大量资金集中投资于英国发行债券，但由于13世纪后期英国拒绝向佛罗伦萨偿付其在对法战争中的巨额借款，佛罗伦萨随之陷入危机，再加上“黑死病”爆发等因素影响，佛罗伦萨的金融中心地位遭受严重破坏。

我国在经济发展的同时，必须坚持中国共产党的领导，不仅要努力维护国内和谐稳定，还要为营造国际和谐的政治环境贡献中国方案。目前，我国正处于百年未有的和平发展时期，如此千载难逢的良好发展环境，首先得益于各届中央领导集体一直将稳定作为社会经济发展的头等大事。无论是以邓小平为核心的第二代领导集体，还是以江泽民、胡锦涛、习近平为总书记为核心的党中央领导集体，都始终强调维护党的团结和社会稳定。事实证明，中国共产党成功处理改革、发展和稳定三者的关系，使我国经济能够连续多年保持稳步增长，我国综合国力也随之不断提升。尤其是军事实力的发展，得益于经济实力的发展，我国在国防科技领域不断突破，是维护国家金融安全与社会稳定的坚实后盾。建设社会主义和谐社会伟大战略构想，“一带一路”合作共赢、扩大对外开放战略为我国构筑长治久安的社会政治环境奠定了更加坚实的根基，同时也为国际金融中心的建设提供了稳定的环境。

（三）经济体制改革提供了制度保证

前文提到过国际金融中心的发展演进路径主要有两种发展模式：一种是以伦敦、纽约、法兰克福等为代表的得益于经济发展和国际贸易增长的自然渐进模式。另一种则是以东京、新加坡等为代表的政府引导模式。需要强调的是，这两类国际金融中心形成的内在因素都是成熟的市场经济制度，无论是老牌的全球金融中心，还是新兴的国际金融市场，无一不是建立在市场经济制度之上的政治、经济、金融复合体。虽然政府主导能够在一定程度上对一个国际金融中心的形成起到促进作用，但其作用的结果是为国际金融中心的发展提供优良的市场制度环境，而非干预甚至打击金融市场的发展。我国大陆地区的经济体制经过市场经济的改革，逐渐由传统的计划经济模式转变为具有中国特色的社会主义市场经济模式。这一经济体制改革从根本上改变了我国大陆地区的经济发展模式，更加有利于经济的发展与做强，最重要的是为我国构建国际金融中心提供良好的制度保障，有助于我国建设国际金融中心的目标早日实现。

如果仅从目前各类经济体的市场规模等基本状况来看，企业已基本确立了市场主体地位。在“产权清晰，政企分开，权责明确，科学管理”的四大要求下，我国广泛推行现代企业制度，使得两权分离，自主经营，自负盈亏的经营管理模式得到有效推广。这一结果使过去政府干预企业生产经营的缺点从根本上得到了解决，极大地提高了企业内部的活力，助推企业成为市场竞争的主体。我国在金融机构领域也进行了深层次的改革，其中最典型的是针对国有商业银行的改革，涉及银行的经营机制和确立以市场为导向的经营理念等重大调整。近年来，打破刚性兑付制度的出台，银行保险制度的落地与完善，银监会与保监会合并，金融稳定委员会形成，央行多次降准与习总书记提出的诸多经济改革更是为我国经济发展注入了新的活力。

当前我国政府的经济运行管理工作，已实现从过去简单直接式管理向间接调控的模式转变，注重通过经济手段和法律手段来调控经济运行，特定情况时可以实施一定的行政干预。在法律和宏观经济、货币政策等手段调控下，国有企业更加健康、稳步地发展。市场配置资源起决定性作用，无论是产品市场、要素市场还是劳动力市场，国内和国际资源都能够通过市场机制自由流动。针对市场机制的改革成功发挥了其高效率的资源配置作用，这使得我国金融市场内部资源流动更加充分与合理，同时与国际金融市场进一步接轨。

（四）成熟发达的金融产业是必要条件

纵观全球发达金融中心的成长历程，国际金融中心与金融产业二者之间是相互促进的关系。在经济高水平发展的优势区域，不断壮大的规模经济能够进一步激发市场的创新动机和能力，也在一定程度上提高了金融资源的配置效率。而且金融产业发达的城市逐渐衍生出虹吸效应，即形成对金融资源的集聚作用，进一步导致不同区域之间金融产业发展程度的梯度差。而梯度差的存在又会反过来使金融业的相关配套产业之间进一步协调与融合。因此，金融产业的发展会强化金融资源的集聚效应，并且这种集聚效应会进一步扩大成规模经济和范围经济的优势。其他相关产业也会因为金融资源的集聚而在特定地区集聚，从而更便利地为金融产业的扩张提供技术、信息和市场支持，改善金融产业的发展环境，进而有利于推动当地国际金融中心的建设。

经过 40 多年的改革开放，我国金融产业逐渐发展成熟，金融生态环境进一步优化，这些成果为我国推进国际金融中心建设提供了良好的支撑条件。我国大陆地区积极顺应经济全球化和市场化两大时代潮流，在总体上建立了满足我国社会主义市场经济建设需求的金融体系，金融行业实力显著增强，金融企业经过改革焕发活力，金融发展成果举世瞩目，奠定了我国构建国际金融中心扎实的根基。

第一，金融产业规模不断增大。近年来，我国金融市场的规模不断扩大，资产总量显著上升，这里可以用一组我国金融市场的统计数据直接表明。例如截至 2017 年底，我国银行业总资产规模超过 250 万亿元人民币，同比上升

8.7%；2017 年我国商业银行不良贷款占全部贷款的比例与 2016 年相比基本持平，为 1.74%；资本充足率约为 13.7%。截至 2018 年 2 月末，我国证券基金市场总规模超过 12 万亿元人民币，基金公司管理资产在 2016 年便超过了 10 万亿元。我国的风险保障水平也大幅提高，2017 年底，保险业总资产规模达到 16.75 万亿元人民币，全国保费收入达到了 3.66 万亿元人民币，同比增长了 18%。截至 2018 年 3 月底，国家外汇储备总量达到 31428 亿美元。这些数据表明国内金融产业整体实力和抗风险能力大为增强，金融业发展上了一个新台阶。

第二，金融市场的体系日益完善为国际金融中心的建设打下了扎实根基。根据央行发布的《2017 年金融市场运行情况》报告，2017 年我国债券市场发行规模总体上成扩张趋势，虽然交易量有所降低，但债券收益率曲线上移，市场投资者结构更加丰富，为以后的繁荣发展奠定了基础；在货币市场方面，利率小幅上升，交易量有所降低；互换利率小幅上升；股指震荡走升，成交量同比下降。债券发行情况，2017 年，银行间债券市场累计发行债券 36.8 万亿元，同比增长 14.2%。截至 2017 年底，我国债券市场托管余额总量达到 74 万亿元，其中有 65.4 万亿元为银行间债券市场托管余额。2017 年，国债发行总量为 3.9 万亿元，地方政府债券总规模为 4.4 万亿元，金融债券发行规模为 5 万亿元，政府支持机构债券发行 2860 亿元，资产支持证券发行 1.5 万亿元，同业存单发行 20.2 万亿元，公司信用类债券发行 5.5 万亿元。

下图较为清晰地为我们描述了近年来债券市场主要品种发行量的情况：

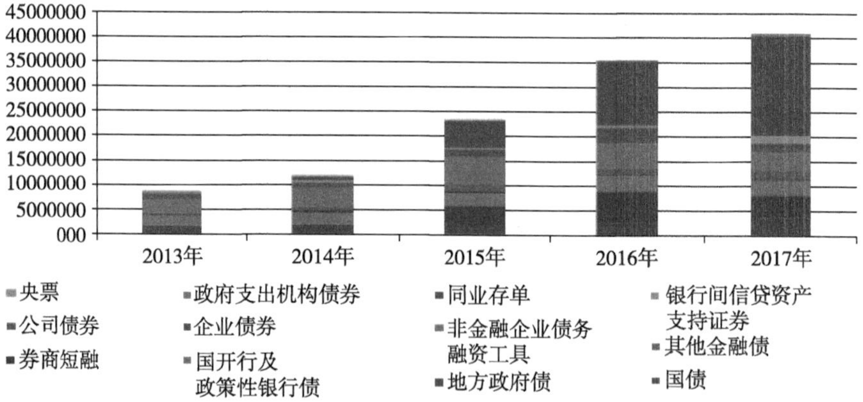

图 5.2.3　近年来债券市场主要债券品种发行量变化情况（单位：亿元）

数据来源：中央结算公司、上海清算所、上交所、深交所。

第三，金融领域的对外开放程度不断提高。我国积极地兑现加入 WTO 时的承诺，进一步放宽对金融业的管制，积极引进国际金融机构，逐渐开辟更宽阔的资金来源渠道，提高本土金融机构的管理经验和技术。根据银保监会公布的数据，2017 年底，我国境内外资银行在华营业性机构总数以 13% 的年均增速上升为 15 年前的 5 倍，这一数字为 1013 家。在加入 WTO 初期，我国外资银行总资产规模仅为 3000 多亿元，到了 2017 年末已增长到 3.24 万亿元，增长了 9 倍。2017 年，我国境内外资银行累计实现净利润相当于 2002 年的 10 倍。2017 年末，外资银行注册资本比 2002 年末增长了 6 倍多。2017 年 6 月末，外资银行资产份额比上年上升 7.56 个百分点。金融领域对外开放的程度不断加深不仅吸引了资金，更重要的是引进了国外先进的金融管理经验和技术，促进了金融业改革发展。

第四，改革的不断深入，国际化程度越来越高。国内四大银行相继完成股份制改革，并成功在海外上市。股份制改革的完成，推动四大银行的治理结构更加规范化，满足我国金融市场更高的银行资产充足率以及资金流动性要求，增强了我国金融风险控制能力，也在一定成熟提高了资产质量和盈利水平。我国证券、基金、保险市场的发展也取得很大的进步，市场信息获取渠道进一步拓宽，市场规模进一步扩大，保险业改革也取得显著成效，开始逐步走向正轨。我国外汇市场实行以市场调节为主的总体调控方针，例如用“一篮子货币”进行调节，采用浮动汇率的制度等，促使汇率弹性逐步增强。这样的金融改革，确保平稳发展的同时，又提供了强大动力。

第五，在协调中发展金融各项功能，积极地整合资源。金融业的整合，服务经济社会的能力提升；坚持在宏观调控中不乱用、不滥用政府的行政调节，只根据市场利率的变化，合理调整存贷款利率、存款准备金以及公开的市场业务。与此同时，提升监管者的正面形象和工作效率；以及相对应的法律法规的完善也是重要的方面。引导资源合理配置，为经济发展创造和谐稳定的社会环境，达到在协调中发挥金融各项功能的最大优势。金融各项功能的发挥在支持经济平稳较快增长和社会全面发展的同时，也给予国际金融中心建设强有力的推动力。

（五）金融开放与加入世贸组织为国际金融中心建设提供了新的机遇

2001 年 11 月 10 日，我国正式成为世界贸易组织（WTO）的成员。经过近 20 年的发展，可以说加入 WTO 不仅为中国经济的发展提供了良好的外部条件，也为我国境内金融业的发展和国际金融中心的建设赢得机遇。作为我国一项重要战略决策，成功加入世界贸易组织使我国对外开放事业向更深层次发展。一方面，中国加入世界贸易组织实现了本土与国际经济资源优势的互补，为我国参与世界竞争创造有利条件。另一方面，中国加入世界贸易组织，有利于改善外资企业来华投资环境，为国内金融市场注入外资动力，提高本土企业的管理水平、技术水平及自身的活力。此外，我国可以通过世界贸易组织的仲裁机构，公正合理地解决国际贸易中产生的不利纠纷，为我国在国际贸易市场争取一个公平的竞争环境。毋庸置疑，国内金融机构将在金融全面开放后面临前所未有的竞争压力，但只有金融全面开放，国内金融市场才能更充分地借鉴跨国金融机构的先进经营理念与种类繁多的金融工具，更有效地构建一个与国际接轨的金融体系，才能加快我国发展全球金融中心的进程。

第一，构建合理的金融运作体系，为国际金融中心的发展奠定坚实的一步。根据以往的经验，发达的金融业对市场开放提出了更高的要求，大型跨国金融机构的进驻将推动本土金融市场打破垄断，变得更加高效并最终形成一个相对更加公平竞争的环境。短期内，竞争的加剧势必会给我国的金融业带来新的挑战，甚至会威胁到小型金融机构的生存。原因很简单，国内金融市场起步晚，与国际上大型金融机构相比，部分金融机构在运行效率和金融工具上存在先天不足，自然会在市场竞争中处于不利地位。但我们对此也不必过于担心，外资金融机构虽然在产品、服务等方面具有先天优势，但国内金融机构尤其是国家控股的大型商业银行，不仅拥有遍布全国的营业网点和长期经营所营造的本土优势，而且还有强大的政府信用作支撑，国内金融机构必定会在激烈的商业竞争中谋求变革和发展。借助我国资本市场对外开放的发展趋势，中外金融机构将在更高层次上开展竞争与合作，从而不断提升金融服务的质量和水平，契合当下合作共赢的发展理念。对于本土金融机构来说，他们可以立于新的市场浪潮，注重市场，深化改革，不断学习外来金融机构的先进经验，切实提高经营能力和竞争能力；至于来华投资的外资金融机构，则可以与国内金融机构以合作的形式，利用后者经营多年的市场优势，迅速融入中国市场。另外，金融开放使我国金融市场的信息获取渠道更具公开性、真实性，加速形成更为有效的市场定价机制，从而为国际金融中心的建设奠定基础。需要注意的是，金融开放有利于提高商品间、银行间的资金流动性，使得资源配置更为有效。此外，在金融监管博弈方面，国际金融机构具有丰富的经验，随着金融开放，外资金融机构必将进驻国内金融市场，我国金融监管当局只有提高监管能力，创新监管方法，才能掌握外资金融机构的真实风险状况，进而从宏观上保障我国金融市场稳定。随着金融环境的进一步改善，金融机构将大大降低其运行成本，金融产业链的供给能力进一步提高，逐渐形成有利于国际金融中心发展的外部因素。

第二，提高我国金融市场对外资的吸引力，充分发挥其对金融资源的集聚效应。对于吸引外资来说，一个“公开、公平、公正”的竞争环境就显得尤为关键。一旦金融市场具备了高效的金融运作体系、公平合理的法律制度保障以及充分竞争的市场经营环境，其对外资金融机构吸引力将大大提高。需要注意的是，应该杜绝地方政府为了短期政绩只考虑外资金融机构的数量而忽视质量的现象发生。而且，更应该意识到外资金融机构进驻国内金融市场是一个双向选择问题，即面对外资金融机构强烈的来华投资意愿，国内金融市场不能放松管制、来者不拒。相反，市场监管部门应该对外资金融机构进驻市场进行严格的资格审核，可以涉及综合实力考量、信誉度以及经营制度是否违反本地法律法规等方面。此外，参照其他发达金融中心发展的模式，我们认为中外合资是目前引进外资的最佳方案。一方面，中外合资的形式往往能在整体框架下得到平衡。如，有关沟通及业务操作等领域，外资企业可以减少因中外文化差异而造成的工作失误或损失。在决策权方面，中外合资帮助其领会国内政策导向，便于我国央行施行宏观调控。另一方面，国内企业，尤其是金融机构可以参照外资金融机构进行自我革新，增强自身实力。而且，中外合资的形式在防止资金外逃、利润转移以及偷税漏税等方面有一定的帮助。当然，针对国际上部分外资银行要求以独资形式进驻的情况，国内金融市场应坚持对等原则。

第三，增强国内金融机构的核心竞争力。我国长期坚持对外开放的基本国策，得益于数十年的对外开放，中国的经济增长被称为“世界奇迹”。首先，金融开放使本土金融企业获得更多的发展机遇。一方面，金融开放背景下，金融企业相比之前更容易获得大量金融资本，快速发展；另一方面，政府逐渐放宽金融管制，有利于金融企业尤其是商业银行进一步开拓发展渠道。其次，随着金融市场的全面开放，本土金融机构将会遭遇诸如渣打、花旗等老牌财团的激烈竞争，同后者相比，国内金融机构具有规经营模小、业务范围窄、抵御风险能力低等不利条件，金融开放刺激国内金融机构进行兼并重组活动，促进规模经济的形成。最后，金融进一步开放将使我国金融机构提高自身技术水平。前面提到的渣打、花旗等跨国金融机构在经营过程中能较充分地利用高新技术，主要涉及通信、产品设计以及信息储存三个领域，而国内金融机构与其相对比还难以望其项背。在金融业全面开放背景下，国内金融机构将获得学习的机会，增强自身的综合实力，使其在国际金融市场中与外资金融机构展开竞争而不落下风。

二、中国的金融热悄然兴起

改革开放后，得益于实体经济数十年的高速发展，我国金融业迅速成长。在学术领域里有关金融与经济的研究和讨论从来都是热点话题，在城市建设规划中，许多发达城市都积极推动当地的金融业建设，这也从侧面反映出金融业对经济发展的关键作用。以上海、北京、深圳、天津等为代表城市近些年均在金融建设中走在全国前列。北京市早在 2008 年就颁布《关于促进首都金融业发展的意见》，首次以文件的形式将发展“具有国际影响力的金融中心城市”纳入其发展规划；而上海市在其城市发展规划中提出要构建国际金融中心，目前上海已基本完成国际金融中心的主体架构；2008 年 3 月，《天津滨海新区综合配套改革试验总体方案》获得国务院批复，该方案允许天津市滨海新区在金融发展规划中可以开展“先行先试”。同时深圳声称要在国内范围打造区域性金融中心。

诸多城市纷纷设立发展金融中心的规划目标，主要是考虑到了以下三个发展机遇：

第一，一旦建立金融中心，就能获得更高的区域乃至国际知名度和影响力。尤其是在经济全球化与金融自由化的发展趋势下，一个国家或城市，要想在全球金融市场中掌握一定的话语权，关键在于其金融市场的发达程度，能否成为被国际社会广泛接受的金融中心。例如新加坡和我国香港地区，两座城市虽然整体上经济规模不大，但都是著名的国际金融中心，在全球金融市场中发挥重要作用。上海具备国内众多金融机构和金融交易市场，是国内的金融中心，同样具有很高的国际知名度和影响力。

第二，金融中心能为所在地赢得更多的发展资本。一般情况下，一座城市是否能成为金融中心取决于其自身的经济实力；但发展金融中心还需其他更高的条件，例如完备的基础设施、合理有效的法律法规体系、一定规模的商业活动等。金融中心建成的直接表现就是带来更多的资金，以供城市发展的需要。

第三，金融中心不仅为城市发展带来大量资金，还吸引金融人才及其他资源的流入，即经济效益与非经济效益。非经济效益的集聚在一定程度上增强城市的凝聚力和团结精神，有助于构建和谐的城市。

实际上，关于上海作为我国开放最早的城市已形成统一认识，上海对外开放的历史最早可追溯到新中国成立之前，具有一定的历史积淀。目前，上海市拥有证券市场、债券市场、期货市场、黄金市场以及银行间拆借市场等，具备较完善的业务指标体系。仅从外资金融机构数量来看，上海在全国范围内处于领先地位。而且“上海国际金融中心”的建设规划实现了实质性的进展，并基本确立发展框架。综合来看，在一些领域仍与其他发达国家的金融中心之间存在不小的差距，还需要实现新的突破。

考虑当下以及未来国际金融市场的激烈竞争，不仅香港作为国际金融中心的地位需要进一步巩固，我国政府更应该加快上海国际金融中心的建设步伐。这样做主要是为了协调我国香港国际金融中心，有利于形成一种内外相持的局面，共同刺激全国经济增长。一旦上海成为像伦敦、纽约这样的国际性金融中心，通过与我国的香港地区展开合作，中国将在国际金融市场上对金融产品的走向、价格变动等拥有更高的话语权，使我国向经济强国奋斗的同时成为金融强国。

第三节 我国金融中心建设的行动战略框架

实际上，目前全球范围内越来越多的国家和地区都推出了发展国际金融中心的战略规划，我国上海的国际金融中心发展之路正面临着来自周边国家和地区的挑战。而我国要想在与周边国家和地区未来的发展竞争中处于领先地位，必须全面考量当下我国政治环境、经济环境以及市场环境，举全国之力建成上海国际金融中心。如果国内众多城市选择各自发展国际金融中心，既会造成国内有限资源的浪费又会在一定程度上出现重复建设的可能，而且还会分散上海与周边地区竞争国际金融中心的集中优势。

所谓“集中”，正是未来金融产业发展的方向，金融中心的发展过程本身就是一个不断集聚周围各种资源的过程，因此金融中心本身具有排他的特点。全球范围内几乎没有哪两个国际型金融中心是来自同一个国家的，纵然像英、美、法这样的老牌资本主义国家，也仅有单一的国际金融中心。正如前文所述，我国在向经济强国、金融强国发展的同时仍然与传统发达国家之间存在着差距，尤其是在金融领域，表现出金融市场规模小、金融机构种类少以及金融体系不完善等弊端，金融市场发展落后于国际发达金融市场。

现实情况是，我国上海要想建设国际金融中心不能仅靠当地金融市场的自然发展，政府必须发挥一定的作用。研究近些年国际金融中心的发展进程可以看出，一大批由政府主导的新兴国际金融中心迅速崛起，而初期各国发展金融中心所采取的“自由放纵”模式在当下激烈的国际金融竞争中早已失去优势。

之所以这么说，是因为我国当前市场经济尚不成熟，尤其是民间金融资本力量相对薄弱，并且由于监管尚不成熟已经出现了很多跑路事件，因此，由政府提供的相应政策扶持与有效监管就显得尤为重要。我国上海在打造国际金融中心的过程中，需要参考现有国际金融中心的成功经验并且高效地利用资源优势，因此，我国政府组织相关部门成立专门性的研究机构是十分必要的，这将有利于科学合理地构建具有中国特色的国际金融中心，进行广泛深入的研究，以此为政府有关部门科学规划和制定正确的发展战略出谋划策。

我国构建国际金融中心应以满足国家战略要求为总体指导原则，依靠政策协调明确金融中心的功能定位，并最终达到沪港联动的效果，形成整体优势，进而发挥整体功能。

一、坚持以国家战略为统领

基于前文对国际金融中心发展的演进路径分析，在政府主导模式中，政府起到关键作用；即使是自然渐进模式，政府的推动作用依然不可或缺。并且随着国际金融中心竞争的日趋激烈，早期基于经济实力、地理区位等因素的先发优势逐渐被弱化，而政府主导的一系列政策支持助力一批新兴的国际金融中心诞生，这其中政府的引领作用愈发重要。

结合我国的基本国情，上海要想在当下激烈的国际金融中心竞赛中争得领先地位，必须坚持以国家战略为统领。当前，我国正经历百年未有之大变局，随着我国金融改革的不断深化，香港与大陆地区的联动性不断增强，过去阻碍我国国际金融中心发展进程的体制性、制度性、政策性障碍逐渐被突破。可以说，我国全面实施国际金融中心建设战略，既是难得的历史机遇，又将是严峻的国际挑战。

在新的形势下，我们需要从维护国家利益的战略高度来加快国际金融中心建设，可以通过成立国家层面的国际金融中心战略，实施领导组织的方式，加强对国际金融中心建设的统一指导。该组织负责协调、指导国际金融中心建设的有关事宜，统一受理香港、上海以及其他城市关于国际和国内金融中心建设的政策申请，协调有关部委，并对政策进行归口管理。同时，从国家整体利益出发，制定颁布国家层面关于国际金融中心建设的战略规划，对战略布局和推进步骤做出详细规划，以形成合力，真正建起国家、部委、地办联动的国际金融中心建设推进机制。

二、明确我国金融中心的功能定位

我国未来的国际性金融中心必须要在世界范围内发挥金融资源配置的功能。当今的国际金融中心已发展为一个多层次的复杂体系，既有纽约、伦敦、东京这些公认的综合性国际金融中心，也有以维京群岛等为代表的离岸金融中心，它们各自发挥着不同的功能定位。在我国的国际金融中心建设过程中，只有恰当地进行功能定位，才能在现有的国际金融体系中谋得自己的一席之地，并最终成长为重量级的国际金融中心。另一方面，只有功能上的定位明确之后，才能有的放矢，为国际金融建设创造有利的条件进行有效的制度设计，从而促进其功能的实现。根据我国现有的条件和具备的潜力，并考察中国及其周围乃至国际上的政治经济环境，我国国际金融中心的功能定位应该坚持以下的原则，即“服务全国，融入亚太，面向世界”。

（一）服务全国

与世界上已有的国际金融中心相比，我国未来国际金融中心最大的优势在于处于中国内地这个经济体之中。40 多年的发展，中国经济保持了 20 多年惊人的高速增长。这 20 多年中，中国社会的财富不断增加，产生了大量的投资需求；工业规模的扩张和产业结构的调整，又需要大规模资金的支持。随着行政指令的资金调拨方式被终止，金融的市场化程度逐步加深，金融机构的商业行为和金融市场上各主体的分散决策在资源配置的过程中起到了越来越大的作用，金融的功能也得到了更有效率的发挥。

在国内金融市场的成熟度和金融产品的丰富程度与现有国际金融中心都还有很大差距的情况下，国际投资者来到中国，参与中国的金融市场，最大的吸引力来自国内经济飞速发展所带来的盈利机会。我国的国际金融中心处于中国这个世界上最活跃的经济体中，与国内经济最为密切地结合在一起。“在一起”，这是世界上其他国际金融中心所不具备的，是我国独一无二的优势。只有充分发挥“在一起”的优势，才能将更多的国际资金吸引到我国的金融中心，开展各种金融活动。另外，随着人民币可兑换进程的加快，中国国内的剩余资本也将越来越多地投资于国际资产，上海等城市无疑在这个过程中具有天然的优势，利用好这个优势，将为我国国际金融中心的建设创造新的机遇。因而，在我国建设国际金融中心的过程中，必须始终坚持“服务全国”的基本功能定位，构建金融中心，从而立足服务全国，改革金融机构，完善金融市场，发挥好汇集国内资金和将资金配置到国内产业的功能，为参与国际金融活动、成长为国际金融中心创造条件。

（二）融入亚太、面向世界

建设国际金融中心的过程，充满了与现有国际金融中心的激烈竞争，我们必须充分发挥自身所具有的优势，才能事半功倍。从现实出发，中国的国际金融中心应该立足于服务全国，从蓬勃发展的国内经济汲取养料，在世界经济与中国经济之间构筑高效的金融之桥。在此基础之上，积极地融入亚太经济，为亚太国家间资本的跨国界流通提供中介和市场，争取成为本地区的金融枢纽。

我们建设国际金融中心应该循序渐进，且必须志存高远。在服务全国和融入亚太的过程中，我们要面向世界，以宽广的视野和胸怀发展金融产业。具体而言，我们必须着力加快金融机构的改革，增强其国际竞争力，并吸引国际金融机构入驻上海开展金融活动；还必须完善金融市场结构，丰富金融产品，在条件具备的情况下实现金融市场对非居民的开放；必须改革人才培养机制，使人才真正能够适应市场的需要，并具备与国际市场接轨的知识和能力；必须合理地进行金融监管，在尽量不对金融机构、金融市场的正常活动加以干扰的前提下，保证金融安全。所有这些，一方面有助于我国的国际金融中心能更好地服务全国、融入亚太；另一方面，也能使未来的金融中心能够更早地获得全球影响力。

目前，上海和香港都以国际金融中心为发展目标。无论是对于已成为亚太地区重要区域性国际金融中心的香港，还是大步向国际金融中心目标迈进的上海，中央都已经给予了高度的关注和支持。只有上海和香港两个国际金融中心的建设在“互助、互补和互动”中共同发展，才能实现互利、共赢的目标，也才符合国家的最高利益。在建设上海国际金融中心的同时，保持香港的稳定，从来都是我们国家政策的基本取向。中央政府一直高度关注和支持香港国际金融中心的发展。《基本法》也明确规定：“香港特别行政区政府提供适当的经济和法律环境，以保持香港的国际金融中心地位。”香港自回归以来，不仅与内地建立了更加密切的经贸关系，还开拓了其他海外市场，其国际金融中心地位得到加强。在 2007 年初召开的全国金融工作会议上，时任总理温家宝提出要“进一步发展内地与香港两个金融体系的互助、互补和互动关系，巩固并发挥香港国际金融中心的地位和作用”，此后内地也不断给予香港很多的优惠政策，香港在世界金融中心的地位也在大陆的支持下不断发展壮大。

香港和上海作为承载中国国际金融中心战略的两大支点，缺一不可。在国际金融中心建设中，沪港只有发挥各自优势，在“互补、互助、互动”中共同发展，才能达到双赢格局，最终实现我国国际金融中心跨入世界领先行列的战略目标。

国际金融中心竞争的实质是金融自由化和监管制度设计的竞争，各个国际金融中心既希望通过金融自由化吸引金融资源前来聚集，又不得不通过监管制度来规范金融市场，维护金融安全。而建设上海和香港的两个金融中心则能够巧妙发挥“一国两制”的制度优势。在“一国两制”下，我国一方面可以凭借香港高度自由化的制度优势，在金融制度安排上做出更大胆的设计，在制度环境上超越其他国际金融中心城市；另一方面，又可通过“一国两制”将金融风险隔离于主体金融体系之外，防范风险向内地蔓延。

在当前形势下，建设沪港两个金融中心，还可利用香港促进内地外汇资金跨境流动。目前，国际收支持续失衡，正成为我国宏观调控面对的最严峻挑战。由于国际收支涉及经济结构等深层次问题，在短期内还很难克服。为此，我国正逐步放宽对跨境资本交易活动的限制，有序拓宽对外投资渠道。在这个过程中，香港可以充分发挥资金桥梁的作用，协助内地引导资金跨境流动，以缓解国际收支失衡压力。如通过扩大 QDII 范围，鼓励更多内地机构参与香港外汇市场交易，有效引导内地外汇储蓄流向香港境外市场。

第四节　关于中国区域金融中心发展问题的研究

通过总结历史上成熟的金融中心的发展经验可以看到，我国的区域金融中心建设要结合我国特色，不宜简单模仿世界典型性区域金融中心的发展模式，而更应该着眼于自身现有的各种条件、资源和机遇，借鉴国内外经验，解决好如何确立区域金融中心的标准，如何完善和维护区域金融中心的各项功能，如何使其真正带动我国区域经济乃至全国经济发展等重要问题。这些问题是我国区域金融中心研究的主要方向。

区域金融的研究对象是区位和金融（见图 5.4.1），它是对区域经济学和金融发展理论研究的深化。因此，研究区域金融中心具有一定的理论意义与可塑性。

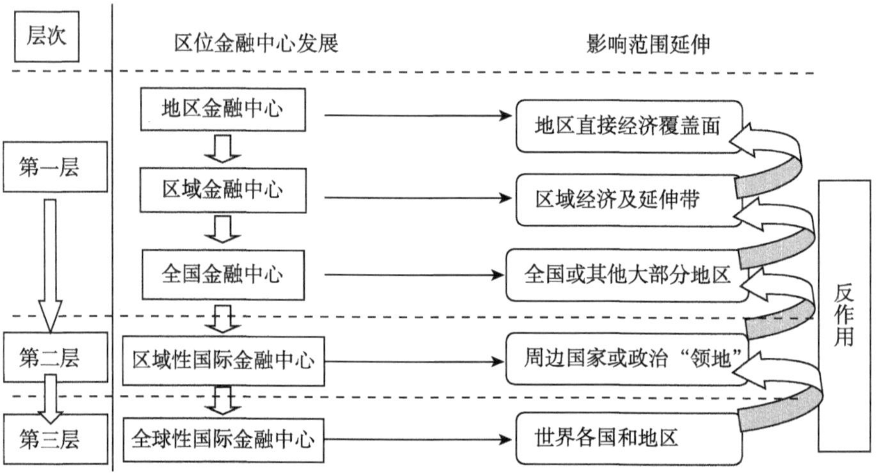

图 5.4.1　金融中心与区域经济示意图

区域金融中心实际上是各类金融机构以资金借贷和融通为目的而汇聚在特定区域所形成的一个金融交易平台，这一平台为各金融主体提供金融交易、金融结算等全方位的金融服务，其发展可以促进资本集聚、加速金融深化与创新、提升国家经济实力、维护国家经济金融安全等等。因此，构建区域金融中心对促进我国经济结构优化，完善金融系统都具有重要的战略意义。

一、中国发展区域金融中心的必要性

区域经济是各国和世界经济发展的重要支撑力量。经过长期的发展，我国以大城市为中心、通过发展水平相近地区的经济联系和合作，逐渐形成了各具特色的经济区域。而中国又是在亚太经济区最具影响力的国家，在亚太经济区仅有中国香港、东京、新加坡金融中心不能满足现在日益膨胀的金融需求，这已成为不争的事实。因此，我国发展区域性金融中心是十分有必要的。从我国区域金融中心的发展看，先后有多座城市提出建设区域金融中心的目标（见表 5.4.1）。除了上海是因为其自身高水平经济、地理优势以及国家战略的因素，被国家定位为建设国际金融中心，我国还有相当一批城市期望发展成为区域金融中心作为自己城市的建设目标。

表 5.4.1　中国金融中心城市整体布局的大版图（主要城市）

优势 / 地位	简介
上海	
远东龙头 引领国际金融	1992 年，中国政府提出了建设上海国际金融中心的战略任务。计划在 2010 年基本建立上海国际金融中心的框架，2020 年将建成区域性国际金融中心。
北京	
经济发展速度快 产业基础雄厚	作为中国的政治中心与决策中心，明确提出要建设成为具有国际影响力的金融中心城市。
大连	
金融新贵 地位日益突出 辐射东北亚	作为目前东北地区唯一对外资银行开放的城市，大连在这一区域的金融中心地位日趋显著。由此，大连也明确提出了建立“东北亚国际金融中心”的战略目标。
天津	

续表

优势 / 地位	简介
携手北京 推动环渤海地区经济发展	作为与北京相邻的沿海直辖市，天津与其他城市相比有着更多的发展机遇。在“加快开发开放天津滨海新区”被纳入国家战略后，天津已明确提出建设区域金融中心。
深圳	
借力香港 领军珠三角地区经济发展	作为中国第一个改革试验区，深圳明确提出了与香港共建“深港全球性国际金融中心”，到 2025 年把深圳建成现代化、国际化、创新型城市。
重庆	
坐镇西南 扼守长江上游地区	重庆是中国西部唯一的直辖市，也是唯一拥有长江黄金水道、能江海联运的西部城市，在中国具有承东启西、左右传递的区位优势。目前重庆最现实、最有潜力的是产权交易中心和票据中心，该市期望将其做成西部地区乃至全国都有名气的中心。
西安	
西北翘楚 贯通亚欧大陆桥区域经济	作为欧亚经济论坛的永久会址，在亚欧大陆桥上，西安是最大的金融中心城市，其金融资源基础在西北地区各城市中也是最好的，并且借由“一带一路”的契机，西安期待着更大的发展。
杭州	
盘踞长三角南翼 服务民营经济	杭州建设区域金融中心的目标，将重点发展境内外各类金融法人机构、各类大型金融机构省级分支机构、地区总部、上市公司总部、各类投资机构（基金）总部、区域产权交易中心以及会计师事务所等高端中介服务机构总部，主要发展批发类金融服务业务。

我国建设区域金融中心的必然性呈现于多个方面：

第一，区域金融中心扮演着国际金融业和国内金融业对接的桥梁的角色。通过打造区域金融中心能够吸引更多国际、国内金融机构云集该地区。目前，国际经济竞争的核心是对国际金融领导权的掌握，是对全球资本控制权、支配权的争夺。如果中国有一个乃至多个高度发达的区域金融中心，就能提供更有效的金融服务平台，更好地满足中国经济走向世界的需要，并大大提高中国对国际商品和金融产品的话语权、定价权，有助于中国从金融大国向金融强国的转变。

第二，适时和恰当地利用区域金融中心的发展促进整个国家和地区的经济发展是一条可借鉴的发展战略。建设区域金融中心可以促进一个城市的经济发展。一个城市能否成为金融中心不仅取决于经济实力，政府的推动作用也是非常重要的。两股力量是相互作用，相互推动的。金融中心的形成往往产生于经济发达、交通利、通信便捷以及金融人才相对集中的城市。无论是老牌国际金融中心纽约、伦敦，还是新兴国际金融中心新加坡，其发展都离不开这两股力量。而我国上海建设国际金融中心，对于推进产业结构升级、转变经济发展方式、维护国家经济金融安全、提升国家整体竞争力这些方面都起到了积极的作用。

第三，发展区域金融中心能够带来诸多现实和潜在的利益。一般情况下，城市在面对区域金融中心的选择上会有发展和不发展两种策略，不发展的收益为 0，发展的收益一般大于 0。出于理性考虑，对于自身占优势的策略都是“发展”。这就是目前我国多个城市竞相发展区域金融中心的原因所在。

第四，世界经济发展的重心正由大西洋地区转向太平洋地区，由发达国家逐渐转向发展中国家。而在发展中国家中，又属中国发展最快。从区域金融中心布局的角度看，伦敦和纽约仅仅覆盖了欧美 16 个时区，因此一个能够覆盖并领导其他 8 个时区的第三大金融中心——亚太时区的全球性金融市场正呼之欲出。所以，中国建设一个或多个区域金融中心具有天时、地利、人和的条件。

第五，建设区域金融中心是提升城市核心功能和竞争能力以及加快发展服务业的需要。城市建设需要核心功能的提升，有效调度、整合、配置资金、信息、人才、技术等资源要素，是城市核心功能的集中体现，也是城市的竞争力所在。

第六，我国经济发展存在着不平衡，经济发展的不平衡必然带来不平衡的资金分布，这就需要有组织地融通。中国不平衡的经济发展客观上形成了金融中心的分层次性。从战略上，就需要先保持和发展我国香港的国际金融中心地位，同时，加快把上海建设成为全国性的金融中心，继而在几个经济大区建立若干区域性金融中心。区域金融中心的发展可以起到催化剂的作用，可以使相距较远的地区和城市生产集中化，可以缩小沿海城市和其他城市的差距，最终有利于该地区的经济发展。

金融中心在区域经济发展中的作用不仅表现在区域资本形成中金融所特有的动员、配置储蓄的功能，还在于金融具有显著的经济结构调整功能，并通过这种调整产生经济结构重组的动力。因此，研究建设区域金融中心对国民经济和地区经济发展的影响，探讨地区金融差异产生的原因和演变的内在规律，预测其未来走向和演变轨迹，进而为我国区域政策的制定和调整提供合理的建议，对我国区域经济的协调发展及整体国民经济的健康运行具有非常重大的意义。

二、以大连为例分析我国区域金融中心发展

在辽宁沿海经济带中，大连是唯一濒临黄、渤两海的城市，也是唯一拥有长兴岛和花园口两个节点的城市。而大连金融业经过十几年的发展，已经具备良好的使其成为区域性金融中心的基础。

大连发展区域金融中心，存在的主要优势如下：

（一）具有独特的区位优势

大连处于东北地区最南端，是京津的门户，东与韩国、日本隔海相望，南与山东半岛隔海呼应，面向广大东北内地，辐射广阔华北腹地，地处东北亚经济圈的中心，是东北亚地区经济的枢纽。

（二）拥有运输货物的港口与口岸

大连拥有著名的天然良港，是我国北方重要的对外贸易港和东北地区最大的货物转运枢纽。同时，大连作为东北亚重要的国际航运中心的战略定位，必将有效地带动资金流汇集和资金中心的形成，进而带动金融业的跨越式发展。

（三）具有对外开放的优势

大连是东北地区对外开放的窗口城市，又是中国金融业率先对外开放的城市之一，亚欧经济部长会议等重大活动使大连对外交往日益频繁，为大连金融业的发展带来新契机。

（四）具有良好的金融基础与环境

经过近几年的发展，大连已经逐步形成各业并举、中外资机构并存、功能完备、运行稳健的金融体系，金融环境安全稳定、规范有序，是东北地区金融业最为发达、金融环境最好的城市。

（五）具有良好的机遇

中央实施振兴东北老工业基地的战略举措，将使大连金融业面临前所未有的历史机遇。近年，随着欧美日经济发展速度的放缓，国际资本呈现向中国等发展中国家战略转移态势，将有更多的国际资本流入大连，寻找商机。

（六）政府的推动与支持

按照大连市金融业规划发展的总体目标，2015 年，大连已初步建成东北地区的金融中心；多层次资本市场基本形成，主体多元、充满活力的金融服务体系基本建立；金融生态环境进一步优化。

早在 2011 年的"十二五"开局之年，大连市委、市政府就确定了"三个六"目标，为科学发展跨越提供有力的金融支持和资金保证。大连市一直以来将加快"三个中心、一个聚集区"建设，尤其以金融业发展作为血脉和中枢，放在重中之重的位置。此外，为贯彻辽宁沿海经济带发展规划，大连市委、市政府已制定出台了《大连区域性金融中心建设规划》实施方案以及一系列政策措施，全力推进金融中心建设。

大连市委、市政府召开的 2011 年全市金融工作会议上做了《以区域性金融中心建设为目标，推动全市金融业实现又好又快发展》的工作报告，把区域性金融中心建设摆上了重要位置，采取了一系列有效措施，加强领导，完善机制，金融中心建设全面推进。

除大连外，在其他省市和地区的区域金融中心的建设，也呈现一片繁荣之景。例如，天津作为中国四大直辖市之一，一直高度重视金融业发展，相继出台了一系列促进金融业发展的具有地方特色的政策制度，加快推进区域金融中心建设。再如，2011 年 2 月，金融后台及金融服务外包企业市场对接会在成都高新区举行。会上，成都抛出大胆设想：打造西部金融中心，成都不要单兵作战，而是以一个城市群的形态全面出击，瞄准未来的天府新区。成都高新区将加速金融载体建设，并结合成都高新区已有的软件及服务外包产业基础，整合金融服务外包产业优势，让其成为成都打造西部金融中心的"个性"优势。

三、中国区域金融中心发展存在的主要问题分析

（一）缺乏统一规划

目前，国内已有天津、宁波、杭州等30多个地方明确提出要建设区域性金融中心，各省市都要建区域金融中心，暴露出来许多问题，其中缺乏统一国家规划的问题尤为值得引起重视，它会导致全国在建设区域金融中心时，没有协调一致的步伐和方向。在某些局部地区，相邻城市之间的竞争和资源争夺已相当激烈，如广州与深圳、大连与沈阳、成都与重庆等。这会让区域性金融中心过于烦冗，不能实现统一目标，会出现排他的可能。

（二）区域性金融中心发展不协调

由于各区域不同的自然、历史、社会、政治、文化和人们自身的思想意识形态等因素的综合作用，区域经济不协调发展趋势愈演愈烈。这就可能出现过多的区域性金融中心，使得区域中心之间形成不良竞争，阻碍正常的金融发展，导致区域发展不协调，阻碍宏观经济顺畅运行和区域经济的可持续发展。

（三）各地方政府为吸引资本盲目竞争

以政府推进模式形成和发展的金融中心是国家或地区有意而为的结果。从上海开始，全国凡是有志于建立区域金融中心的城市，都出台了一系列的优惠政策来吸引国内外大型的金融机构。很多城市间并没有发挥互补的作用，反而相互掣肘，造成了资源不必要的损失和浪费。

（四）盲目的金融中心热

很多城市提出建设区域金融中心并不符合自身发展的真实需求，而仅是盲目追求金融中心的收益。事实上，一个城市能够成为区域金融中心不仅取决于其金融业发展水平，还取决于其经济实力和由此产生的规模经济效应等指标。一些城市在提出建设区域金融中心目标时，仅看到自身的经济总量，忽视了给周边地区带来的效益，甚至并未考虑到自身是否有能力承担金融中心的重责，

这种过分强调金融中心的建设会忽略实体经济的发展。

（五）金融资源分散

目前不少省市，尤其是具有政治地域优势的北京和具有制度创新优势的深圳，都提出了建设金融中心的具体设想和思路，均把金融发展提到了更加重要的地位，非常重视对金融资源的集聚与利用，这将引发我国有限金融资源的分流，使各地的金融资源难以取得最大的规模效应。

（六）缺乏国际人才

人力是第一资源，建设区域金融中心培养国际化人才势在必行。目前我国人才国际化总体水平低，特别是缺乏懂得国际惯例、熟悉 WTO 规则的高级经营管理、金融、保险等国际通用型人才。

（七）区域分割局限

大多数国家的经济运行和发展呈现出较强的区域性特点。区域金融中心首先必须是经济中心，拥有雄厚的经济实力和较强的经济集聚和扩散能力，与相邻的腹地有紧密的经济联系，进而直接影响腹地经济发展的规模和速度。没有广阔的金融腹地，没有一体化的区域经济支持，金融中心的集聚与辐射功能发展就会受到限制。在金融发展过程中，金融资源及由其驱动的各要素向经济中心城市聚集，能够促其功能升级发展成为区域金融中心。反过来，区域金融中心能够对区域金融活动产生积极的组织作用，实现金融资源的优化配置，进而促进区域经济增长，形成经济增长与金融发展共生互长的良性循环。由于我国现存经济条件的约束和市场体系发育的不成熟，个人和机构的金融活动多局限在本地区，资金未能按照收益最大化的标准在全国范围内自由流动。基于对区域金融中心重要性的认识，国内各主要城市掀起了发展区域金融中心的热潮，所形成的竞争引发了许多问题，影响了区域金融中心的健康发展。

四、中国发展区域金融中心的措施和建议

区域性金融中心的地位是建立在多种资源条件的综合优势之上的，是在一系列供给和需求因素的推动下形成和巩固的。根据历史经验和相关研究成果，如果一个国家或地区具有强大繁荣的经济基础以及完备齐全的基础设施，安定和平的政治环境，高效健全的金融制度，分布集中的金融机构，鼓励扶持的政策取向以及低廉合理的税费成本，那么这些必将成为发展区域金融中心最有利的条件。因此，我国应该制定和实施一些措施，推动区域金融中心形成。

（一）政府统一规划

中央政府应该对各区域金融中心备选城市的发展规划做出统一的布局，而各个地方则应结合本地区经济和金融发展实际，从扎扎实实改善城市基础设施和软环境做起，一步步提升自身的竞争力。

（二）各区域金融中心共同协调发展

各地区应实施符合各地特点，发挥比较优势，各有侧重又紧密联系的区域发展战略，体现统筹协调发展的要求，实现各地区共同发展。我国东部地区和西部地区合作是我国区域发展的未来趋势，其基本趋向应该是统筹解决各类区域问题，实现生态文明的区域协调发展。

（三）选择最合适的发展模式

从国内外各金融中心形成模式看，主要有自然形成模式、政府主导模式和混合形成模式三种。无论是何种模式，都应是与自身发展相适应的，结合市场经济与政府的推动，从而有效、快速地形成区域金融中心。

以北京区域金融中心发展为例，为了顺利推进北京金融服务与管理中心建设，应当寻求更为理想的金融业发展和金融资源空间布局模式。北京金融业发展和金融资源空间整合的较为理想的模式是要突出金融街的金融中心地位，促进各种存量和增量金融资源向金融街聚集，逐步将金融街打造成北京的金融城和“华尔街”。

（四）探索培养国际化人才

区域金融中心需要国际化的金融人才作为有力的支撑，丰富的金融人才是城市提升综合竞争力的第一软要素。因此应当注重探索培养国际化的人才，创造良好的教育环境，并为人才的培养加大支持力度。

（五）充分发挥政府主导作用

政府控制着很多资源，包括土地和很多名目的批文。也就是说，在某种意义上政府具有主导的作用。安全的金融环境是金融中心建立的保障。区域金融中心风险的防范与监管也离不开地方政府的支持。地方政府监管、监督、协调职能的发挥，能够有效地监管区域性金融机构及整个区域经济的发展，防范与化解区域金融风险。区域金融中心的体制改革与发展的重大决策问题，应由地方政府根据全国金融体制改革的精神和方向来负责。

（六）加强金融中心环境建设

金融中心环境建设主要包括宏观经济环境、资金融通环境、信用环境、法制环境、市场环境和制度环境等方面的内容。加强金融中心环境建设是促进区域金融中心健康发展的必要条件，是推动经济社会健康发展的必要前提。

（七）抓住发展机遇，加强金融创新

无论是何种类型的金融中心的形成，都要与时代发展相结合。例如，美洲银行在香港地区发行货币单位遭拒后，新加坡政府准许该行新加坡分行发行亚洲货币单位，从而成就了新加坡作为亚洲金融中心的地位。我国应积极完善各类金融市场，抓住机会加强金融创新。金融创新会为金融中心的建设不断输入新鲜血液，使金融中心永葆生机。金融创新使金融市场不断地完善，而完善的金融市场又可以促进金融创新，两者相辅相成。

第五节 我国四大金融中心发展历程

一、香港——亚太地区领先的国际金融发展中心

（一）香港国际金融中心的形成历程

香港于1997年回归祖国，一直以来是商业往来、国际贸易港口以及金融业务的中心。维多利亚港，是天然的港口以及旅游地之一。香港的港口与100多个国家以及地区有国际贸易的航运网络，在金融领域也是信息的交流中心。世界各地与东亚之间贸易都经过香港或以香港为中转站，是世界航道的要脉，并扼守中国华南门户。香港约有37家航空公司，每周约有1200班定期客货机与亚洲、欧洲、大洋洲、美国、加拿大以及中东等地区的77个城市直接联系。香港还是亚太地区的通讯和信息中心之一。

在20世纪70年代时，经过前期的历史积累和时代的推动，香港已经是整个亚太地区的金融中心之一。中国的改革开放、经济增长对资金融通需求的增加以及在祖国的支持下，香港成功地躲避了东南亚金融危机的冲击。之后，时间的沉淀让国际其金融中心的地位得到巩固。

香港经济在第二次世界大战后经历了两次较明显的转型，由转口贸易港发展至出口导向型工业基地，以及其后再转向服务业全面发展，金融业是其中最重要的部分。在特殊的历史和经济条件，加上香港长久以来建立起的国际网络、运用得宜的政策措施等因素推动下，香港仅用了约40年时间，就发展成亚太地区国际金融中心。这不仅体现了香港人辛勤耕耘的成果，亦反映出香港拥有灵活多变、善于把握机遇，化危为机的优良传统。

香港发展为区域性国际金融中心，一般认为始于1969年。虽然香港当时刚经历过1965年的银行危机，暂停颁发银行牌照约13年，又由于没有取消外币存款利得税，错失了与新加坡争夺发展亚洲美元市场的机会。不过，在金融业向全球扩张之际，外资银行仍通过收购，建立香港据点，在亚洲区开展业务；此外，由于新加坡经济规模尚小，未能运用全部美元存款，而香港拥有相当数量的国际银行，相对便利的监管及税务，于是成为海外金融机构用作发展银行贷款和基金管理的基地。70年代中期，香港开始一连串自由化措施。1972年7月，放弃英镑汇兑制，实行港元与美元的首次挂钩；1974年，

开放黄金自由进口；1974 年 11 月，实行自由浮动汇率制；1978 年，恢复颁发银行牌照，对外资银行一视同仁，吸引大量外资银行进驻香港；1982 年 2 月及 1983 年 10 月，先后撤销外币存款利息税及港元存款利息税。

与此同时，内地推行改革开放，成为香港发展国际金融中心的另一推动力。在 20 世纪 80 年代前，香港金融界与内地有关的业务仍多限于转口贸易融资方面，但在 20 世纪 80 年代初开始，在内地推行经济改革开放后，出现了一个崭新局面。当时为应对香港持续上涨的生产成本和日益激烈的国际竞争环境，港商利用内地的经济改革开放、设立经济特区的机遇，将大量厂房迁移内地，香港充当引进外地资金、人才、管理、技术及通讯的桥梁，逐步发展成向内地提供支持制造业服务的基地，提供的支持涉及转口贸易、运输、销售推广、融资保险、会计专业等领域。1996 年，香港 80% 以上的制造业已迁移内地，香港在内地的投资额占内地外商投资额的 56%（目前约为 40%）；同时，越来越多的中资企业也进驻香港，大展拳脚。在上述情势下，香港逐步发展为内地港商和中资企业投融资的基地，海外投资者也通过香港的金融平台，开始参与和分享内地发展的成果。

1982—1986 年，香港再度出现一连串银行危机，7 家本地华资银行先后被政府和大财团接管和收购，在优胜劣汰、引入外资的先进管理技术及加强监管后，银行业能相对稳健地发展。自 1982 年开始，中英双方就 1997 年将香港主权归还中国的问题进行谈判，该段时间内，香港出现信心危机问题，或多或少造成香港金融市场的动荡。1983 年 10 月，港元汇价急跌至 9.6 港元兑 1 美元，香港政府实施联系汇率制度，港元汇率才稳定下来。1987 年，全球性股灾爆发，香港股市及期货交易停市 4 天，是当时全球唯一停市 4 天的股市。股市重开后，股价大跌，亦使香港期货交易所陷破产边缘。这次股灾暴露了香港监管的问题，于是香港政府展开全面整顿监管架构及法例的工作，改变联交所由一小撮人操控的私人会所管理模式，并取代 1973 年成立的香港证券及期货事务监理处，改组成香港证券及期货事务监察委员会（证监会）。1992 年，联交所和 4 家银行设立电子中央结算系统，提高市场效率及减低风险，并与国际接轨。香港虽然在金融创新方面独创性不强，但引入外国的创新金融工具、基础设施及管理制度的速度甚快，据悉在 20 世纪 90 年代时最高达八成，为吸引更多国际金融业务创造了良好条件。

2011 年发布的“全球金融指数报告”显示，香港在五个金融业务领域都有所发展和突破。特别值得一提的是金融离岸业务，人民币迅速走向世界的舞台，对外资的吸引力有所增强。在如今全球衍生品交易增多的情况下，人民币的吸引力持续增强，借助衍生品创新之风，香港将拥有越来越多的议价能力和国际金融事务的发言权。而且也值得相信，一个拥有国际标准的操作体系和科技基础以及全球金融市场名誉的城市，是可以做到这一点的，还可以乐观地相信，今后离岸金融市场业务还将持续扩张发展。

在本节的开端已经提到，原本已经是金融中心的香港，在回归祖国之后，成功躲避了东南亚金融危机的冲击，以及解决了因为祖国改革开放带来的经济实力增长而产生的资金需求问题，香港国际金融中心的地位得到巩固。另外，中国早期外贸的进入，也是以香港作为进入渠道的。

同时，很多内地企业也在香港设立“窗口”公司，通过香港进行国际筹资，由此进一步发挥香港作为资金融通中心的功能。20 世纪 90 年代以来，香港逐渐成为内地企业在海外上市筹资的主要场所。内地企业在香港发行 H 股集资，实际上是通过香港把海外资金转介到内地进行投资。2005 年，H 股和红筹股筹集资金近 1 800 亿港元，占市场筹资总额的 60%。2006 年是香港股市发展的重要一年，包括交通银行、中国建设银行、中国银行、中国工商银行等内地金融业“巨无霸”纷纷在香港上市，在香港股市总筹资额达 333 1 亿港元，香港股市指数冲破 2 万点，总市值超过 13 万亿港元。到 2016 年年底，中国内地企业在港交所（主板及创业板）上市的共有 1006 家，占市场总市值约 63%。与此同时，利用背靠祖国的优势，香港首次成为全球最大募资场所。香港国际金融中心的竞争力还可以体现在其金融服务贸易的顺差上。香港金融服务贸易顺差先由 1997 年的约 32 亿美元下降至 1998 年的约 17 亿港元。近年来贸易顺差仍然在持续扩大。

对比之后，我们可以认为债券市场有很大的发展前景。根据世界银行资料显示，1994 年年底，香港债券市场的规模在亚洲债券市场排名倒数第二，无法与其他工业化国家的债券市场相比。香港金管局自 1993 年成立以来，积极推进定息债券市场的发展，不断发行外汇基金票据，放松债券市场准入制度和发行管制，批准外国机构发行港元债务，从而使香港的债券市场得到迅速发展。2005 年，香港债券市场总规模已达到 5863 亿美元，在亚洲债券市场的排名升至第二。近年来香港政府为了搞活香港债市，订立计划发行政府债券，推出了机构债券，发行期限分别是两年、五年及 10 年期，已经先后三次发行，社会反映良好。根据计划，政府债券最高未偿还本金总额，不能超过1000亿元港币或等值款项，而所得款项将由金融管理局新成立的债券基金管理负责管理，而不会作为政府开支，用意表明政府不是以债券来维持公共开支的。

香港的发展始终面临着来自其他国际金融中心的强有力的竞争。在香港国际金融中心的发展过程中，既需要面对新加坡、东京等老对手的竞争，同时又面临来自韩国的首尔、阿联酋的迪拜等后起之秀的挑战。日本在经济的萧条之后，开始依靠高新技术企业发展带动国内GDP的增长，积极地加入国际金融业务的领域，进行外汇改革、实行利率的市场变动。近年来也成长为新的离岸金融中心，发展速度极快，在亚太地区占据了一席之地。我们还可以列举另一个国际金融中心——新加坡。特别是新加坡金融当局于1999年在新加坡期货交易所内又增设了香港恒生指数期货合约，并比香港抢先一步实行证券交易所（SES）与国际金融期货交易所（SIMEX）股份化公司制及合并改革，这些都对香港构成一定的竞争压力。与此同时，诸如台北、首尔、曼谷等城市都在加快自身建成国际金融中心的步伐。对香港这样的服务型金融中心来说，这无疑会相应地减少通过香港进行金融交易的数量，使香港的国际金融中心地位受到影响。

（二）香港国际金融中心的发展优势

香港是第二级的国际金融城市，仅排在英国伦敦和美国纽约之后，实力已经大大超越了东京、开曼等同一级别的金融城市。香港的成长，不仅仅是因为回归到祖国的怀抱，同时也是整个时代进步的推进。目前，香港在基本的设施建设、法律法规的构建和外资的引进方面已经不再存在太大的问题。因此，成为第一级的国际金融中心是中华民族崛起的需要，也是世界发展的需要。

1. 优越的政治、经济和地理条件

香港是我国城市中建设世界级金融中心的最佳选择。这是因为，香港不仅具备发展成世界级金融中心的最佳区位条件和制度条件，而且在此基础上，还具有发展金融业的基本要素和优异的金融生态环境。香港金融业的区位优势主要有下列三个方面：

首先，全球区位优势。香港与伦敦、纽约三分全球，在时区上相互衔接，纽约下班香港开始上班，香港下班伦敦开始上班，三座金融中心可以使全球金融市场保持 24 小时运作。

其次，东亚区位优势。东京位于东亚北端，新加坡位于东亚南端，而香港位于东亚中心，从香港到东亚大多数城市的飞行时间都不超过 4 个小时。

再次，全国区位优势。背靠经济迅猛发展的祖国大陆，经济腹地辽阔。

香港金融业的制度优势主要表现在三个方面：全球最自由的经济体、完善有效的司法体制以及“一国两制”的保障。香港和内地是两个不同的金融体系，可以建立互补、互助和互动的关系。在区位优势和制度优势的基础上，经历 100 多年的洗礼，香港具备了金融业成长的基础要素以及宏观经济稳定、政局稳定、币值稳定、财政稳定的条件。长期以来，香港维持审慎的财政收支政策，还有产权明晰，土地、股份、股票、债券和衍生资产的产权界定、登记、注册、交易以及保护制度，具备完善的法律保障，有力的金融监管。

在历史长河中，香港“什么贼都见过”，投资者对香港有充分的信心，“公平游戏”，境内外市场参与者一律平等，公平竞争，外汇自由流动，金融不断创新。香港金融市场信息透明，是金融市场交易的必要保障；信息流通速度快，方便投资者便捷、可靠和廉价地获得信息；交易成本低，金融交易量越大，市场越发达。香港金融业的关联行业蓬勃发展使得金融交易的税收低、时间快，形式灵活多样。国际证券交易所联合会调研认为，香港能够与纽约和伦敦抗衡的五项优势是：第一，金融条例较美国宽松；第二，资金货币自由流通、自由兑换；第三，拥有全球最自由的经济体；第四，联系内地与“珠三角”重镇；第五，税率比美国和英国低。这一结论与上述香港金融成长要素的优势完全一致，反映出香港确实具有世界领先的金融业环境。

2. 香港的比较优势：现实竞争力

香港建设国际金融中心除了具有制度、信息、自由市场等软环境优势以外，还在城市首位度、总部经济、地方金融机构实力等硬条件方面具有明显优势。主要包括以下几个方面：

（1）经济金融的首位度

首位度大小关系到中心城市的带动力和辐射力。目前，上海与香港地区的生产总值基本相当，但香港人均生产总值远远高于上海，而且香港作为大珠三角地区中心城市的首位度强于上海。虽然 2016 年，香港地区生产总值、各项存款和各项贷款分别达 19929 亿元、6251 亿元和 5467 亿元，而上海分别为 27466 亿元、11.05 万亿元和 5.99 万亿元。但是，香港形成了以服务业为绝对主导的经济增长模式，而上海正处于工业向服务业为主的发展进程中，服务业比重有待进一步提升。2017 年，香港第三产业占地区生产总值的比重约达 90%，而上海第三产业占比为 70.5%。

（2）总部经济的集聚效应

在香港总部经济的带动下，可以充分发挥集聚效应，由此带来就业岗位的增加、消费的增长、政府税收的增长以及乘数效应的扩大等。同时，总部经济也应该是一个国际金融中心所应该具备的最基本的特征之一。如世界 500 强企业中有 47 家跨国企业总部落户纽约，奠定了纽约作为全球金融中心的经济基础。还是以长江三角洲和珠江三角洲做比较，我们将引用如下的数据来说明作为珠江三角洲的中心城市，香港相对于长江三角洲中心的上海具有明显的优势。近年来，有 100 多个国家在香港设立了官方机构，3828 家跨国公司设立了地区总部或办事处，其中，1298 家为跨国公司地区总部；世界上最大的 100 家银行有 85 家在香港开业，最大的 50 家证券机构有 30 家在香港上市。而在上海落户的跨国公司地区总部 260 家，只有香港的 1/5。

（3）国际金融市场的开放以及市场竞争度

香港在国际外汇市场中的排名为第四位，日均成交额为 5463 亿美元，占全球市场的 13.66%，相对比之下上海占总市场份额 3.6%，所以香港的优势十分明显。在外资银行的结构对比之下，香港外资银行数量占银行机构总数的 90.5%，而上海的外资银行数量只占银行机构总数的，约 16.67%。最后，我们还可以从参加金融市场的本地与外地的投资者的比例来看，2016 年，香港本土投资者交易占比 36%，海外投资者成交占比达 40%，机构投资者占主导。从来源地分布来看，英国投资者交易占比 23%，中国内地投资者交易占比 22%，美国投资者交易占比 20%，欧洲大陆交易占比 13%，新加坡占比 8.3%，澳大利亚占比 4.1%。上海则主要是国内投资者参与市场交易。

（4）次中心城市的发展实力

一个成熟的国际金融中心，其周围通常拥有不同层次、各具特色、优势互补的城市群落，形成以中心城市为核心的城市群发展产业带。目前，大珠三角城市群基本形成了以香港为龙头、深圳和广州为两翼的经济发展区域，而以上海为龙头的长三角地区尚未形成强有力的次中心城市。2016 年长三角和珠三角地区经济规模超过5000亿元的城市共有14个（长三角9个、珠三角5个）。其中，除香港和上海以外经济规模超过7000亿元的城市有广州、深圳和苏州，其他城市的经济规模与这三个城市的差距较大，可以将这三个城市看作两大城市群的次中心城市。广州和深圳的产业发展已进入三、二、一阶段，处于后工业化时期，经济增长主要由服务业推动，而苏州的产业发展处于二、三、一阶段，仍在工业化进程中，经济增长主要由工业推动。2017年末，广州和深圳的第三产业占生产总值的比重均远高于苏州等其他长三角珠三角地区；广州和深圳的GDP占珠三角生产总值的比重分别为28.38%、25.54%，而苏州占小长三角的比重只有17.3%。特别是，深圳借助比邻香港的独特优势，快速发展成为国内主要的区域金融中心，在金融创新、高新技术、中小企业融资服务、创业板、中小企业板和场外交易等方面，取得了较大的竞争优势。

（5）本地金融机构的竞争对比

《银行家》杂志在2015年底对世界1000大银行进行排名和综合评比，香港和上海各有3家法人金融机构入选世界500大银行。虽然香港的法人金融机构实力不如上海，但香港金融市场开放度高，非法人金融机构实力大大高于上海，香港汇丰、中银香港、渣打香港和恒生银行等金融机构已经成为香港金融业发展的重要支柱。目前香港有10家银行一级资本超出世界第500大银行，上海只有3家。

（6）经济发展腹地的增长方式

发展经济学认为，经济发展趋势大致经历了要素推动、投资推动、创新推动和消费推动四个阶段，不同的发展阶段代表了一个地区国民经济的综合竞争力。从上海和香港的直接经济腹地来看，长三角和珠三角的经济增长方式存在较大差别。长三角地区主要由投资推动，而珠三角地区则以出口和消费为主要动力，虽然珠三角地区的总人口比小长三角（不含上海）少5000多万人，但珠三角地区社会消费品零售总额大大高于小长三角地区，这说明珠三角地区的经济增长模式进入相对高级的发展阶段。而且从两个不同的经济增长区位的产业结构来看，第一产业所占的比重都较低，但从整体来看珠三角区的产业结构还是明显优势于长江三角洲区域的，原因在于珠江三角洲产业结构调整明显先于长江三角洲区域。

（三）香港与纽约、伦敦为代表的世界顶级金融中心的差距

我国香港作为一个相对成熟的区域性国际金融中心，尽管发展成绩斐然，并成为全球金融体系的一个重要组成部分，但与世界一流国际金融中心相比，仍然存在一定的差距，并且在未来的发展中还存在很多需要克服的困难和挑战。为了能够找准香港在国际金融中心体系中的坐标，明确香港的未来发展方向和功能定位，我们有必要深入分析香港与伦敦、纽约等一流国际金融中心的差距，探寻出一条适合香港自身的国际金融中心成长路径。而上海国际金融中心建设虽然有了一定经济社会基础，但是如果用国际金融中心的标准来衡量与香港则有很大的差距，北京、天津、广州和深圳这些国内区域性的金融中心相比香港则差距更加明显。因此，明晰我国国际金融中心建设与其他国家的差距并合理定位与突破，具有重大的理论与现实意义。

1. 金融产业发展差距

金融中心的对比，我们在前面已经简单地通过数据整理总结过了，现在还将对比内部部门的发展现状来评比各个金融中心的竞争力。下面笔者将尽可能在数据许可的条件下，利用部分标准和指标，对主要金融中心的金融部门发展状况作国际性比较。

首先选取的是香港的注册外资银行的数目，因为外资银行的入驻为一个城市与国际金融市场之间搭建了一座桥梁。其中，伦敦的银行机构数在全球一直以来遥遥领先。目前，约有 450 家银行在伦敦营业，其中近 2/3 是外国银行，该数量多于其他任何国际金融中心城市。纽约在银行类金融机构的集聚程度方面稍逊于伦敦，但近年来纽约在银行机构总数方面与伦敦的差距正在逐步缩小。现约有 41 家商业银行、9 家储蓄银行将其总部设在了纽约，还有 321 家外国银行在纽约设立分行。仅从数量而暂不考虑规模的角度看，香港可以说是除去英国伦敦、美国纽约之后的外资银行家数最多的国际金融中心。根据香港金融管理局的统计，2011 年，香港共有持牌银行 152 家，有限持牌银行 20 家，接受存款公司 26 家。这 198 家认可机构（持牌、有限持牌和接受存款公司）共经营着 1000 多家本地分行，由此形成了庞大的金融服务网络。这 198 家认可机构中有 137 家在香港境外注册。

可见，在银行类金融机构的数量方面，香港与伦敦、纽约等全球顶级金融中心尚存差距。自 1997 年香港回归以来，香港的银行业经受住了亚洲金融

危机与经济衰退的考验，保持了稳健的运行态势，但银行类金融机构的数量呈不断减少的趋势。1997 年到 2011 年，香港认可银行机构的数量减少了 163 家。其中，持牌银行减少了 28 家，有限持牌银行减少了 36 家，接受存款公司减少了 89 家。根据统计数据显示，从 20 世纪 90 年代开始，纽约、伦敦、东京的银行机构数量逐步递减，而上海的银行机构数量逐年上升，到 2018 年达到 623 家。

1992 年以来，香港外汇市场每日净成交量一直处于全球前六名的位置，现在已经上升至全球第四名。

证券市场可以说是一个金融市场的必要组成部分，原因很简单，这个市场是所有初期资金撤离的最后平台。如果没有这个二级市场的存在，就没人甘愿冒险去进行项目的投资，也就更没有人进行资金的活动，整个金融市场也不可能开展运行。

香港与伦敦、纽约股票市场最大的不同是，后两者是全球的金融中心，伦敦和纽约的上市公司国际化程度更高。而剖析香港上市公司结构，从上市家数来看，内地企业占到三成以上，香港本土企业也有五成多，台湾企业占据了一定比例，但是除了大中华区以外全球其他地区在港上市并不踊跃。

伦敦和纽约的期货交易非常发达，都有着交易量居世界前列的商品期货交易所。伦敦黄金交易量高占全球黄金交易量的八成、有色金属交易量超过九成。纽约商品交易所（New York Mercantile Exchange）是世界上最大的实物商品期货交易所之一，它主要的交易商品是能源和贵金属。纽约商品交易现在有两个分支机构，NYMEX 和 COMEX。NYMEX 主要交易能源产品、白金和钯的期货与期权合约。而 COMEX 主要交易金、银、铜和铝的期货与期权合约。COMEX 是美国也是全球最大的黄金期货、期权及其他衍生产品的交易场所。但是香港却只能参与国际商品期货交易，并无自己的商品期货交易所。在 2000 年港交所合并前，香港期货交易所的规模就比较小。合并以后，港交所的期货交易只限于金融期货，而无商品期货。香港没有自己的商品期货交易所是受到客观条件的局限，因为香港没有现货市场，连现货市场都没有便无从谈期货了。

从金融衍生品市场看，纽约、伦敦、东京、新加坡、中国香港在衍生产品交易上占有很大比重。伦敦在衍生交易市场上处于绝对优势。占全球衍生品市场约 36%，同时还拥有 2.83 万亿英镑的资产进行对冲，占全球的对冲基金市场份额的14%之多，另一基金管理巨头应该是美国纽约。近年来，香港金融衍生品市场发展很快，已成为亚太地区最为活跃的衍生产品市场之一。

从债券市场看，伦敦是世界最大的国际债券市场，分别占国际债券一级市场和二级市场份额的60%和70%。香港的债券市场是最薄弱的一环，因缺乏制造业的支撑和零售市场，香港债券市场发展相对滞后。2011年11月，香港债市规模只有1.28万亿港元，不仅远远小于伦敦和纽约，甚至低于大陆水平。债券市场是香港作为国际金融中心的软肋，与其他金融市场的规模很不相称。造成这种现象的主要原因是，一方面政府长期持有盈余，不需要靠发债弥补财政赤字，长期没有形成一个有规模的政府债券市场；另一方面，企业有股票市场和银行贷款作为充足的融资渠道，投资者偏好银行存款的安全和股票市场的高回报而不愿投资于债券，企业债券的市场很不发达；此外，香港的联系汇率制要求港元债券的发行有100%的外汇基金做准备，一定程度上限制了香港债券市场的发展。

2. 环境因素的差距

全球范围内的国际金融中心的竞争，也可以说成是各个区域城市发展环境的对比竞争，金融中心的参与者自主选择环境更胜一筹的城市聚集。由此开始，区域性的金融中心再发展成为国际性的金融中心。前面我们列举的，位于第一阶梯的国际金融中心英国伦敦和美国纽约就应属于此。通过长期对国际金融中心进行研究发现，其竞争力就是从人力资源、商业环境、市场准入、基础设施、整体竞争力（即各种竞争要素作为一个整体而大于各部分简单叠加的部分）等环境因素来考察的。上海浦东国际金融航运双中心研究中心编制的GFCI指数显示，纽约、伦敦在全球国际金融中心竞争力排名分别名列第一位和第二位。香港国际金融竞争力不及上述两国，仅进入五十强。在人力资源方面，香港的评分不仅落后于伦敦和纽约，而且落后于区域性金融中心芝加哥和旧金山，位列全球第五；在商业环境方面，香港位居第四，落后于伦敦、纽约和芝加哥；在市场准入和基础设施方面，香港位居第三，在伦敦和纽约之后；香港的综合竞争力位居第四，也落后于伦敦、纽约和芝加哥。而且，伦敦和纽约都有位居世界首位的金融子市场，而香港没有一个金融子市场在全球领先。

总的来看，经过多年的发展，香港国际金融中心建设取得了较大进步，但在金融发展的外在环境作用所形成的区位竞争优势方面，香港与伦敦和纽约等著名的国际金融中心还存在很大差距。这种差距的形成是多方面因素作用的结果，就香港目前的发展态势而言，为进一步优化香港的金融发展环境，以下一些方面障碍性因素需要在未来的发展中给予关注。

一方面，金融中心城市的发展已开始普遍地受到有限土地发展空间的限制，而不得不开始扩展城市的规模。城市范围的扩大一方面有利于金融相关产业的展开，另一方面也能够减缓地价上升的影响，稀释金融业发展的商务成本。

另一方面，人口结构的不合理也正在威胁到香港金融业发展的后备推动力。除了土地资源短缺，人口结构失衡也是很严重的问题。香港每年的自然人口净增长（本地出生人数减死亡人数）不过 1 万余人，过低的人口增长率对香港经济活力的发挥有很大的负面影响。特区政府虽设立了专才、优才和投资移民等吸收境外优质人口的计划，但每年成功引进的数目不过数千，而低学历新移民却高达数万，这种人口增长趋势和香港走向高增值知识型经济的方向背道而驰。如今银行、证券、会计、财富管理等行业都闹人才荒，但保安、清洁等行业却有严重的劳动力供过于求问题。今天香港整体人民的学历并不高，其比例远低于其他发达地区。此外，香港的人才较单一，金融管理人才多，而科技人才匮乏。在科技人才的数量上，香港比不上台湾，也比不上新加坡，更比不过上海。汇丰银行把中国地区的总部从香港迁往上海，且把后勤支持科技工作的力量迁移到广州，主要原因就是香港缺乏科技人才。

二、建设上海国际金融中心是一项国家战略

（一）上海成为国际金融中心的比较优势

在金融市场开放程度、人民币自由兑换程度有限的情况下，上海建设国际金融中心面临多种不利因素，但作为国内的经济中心城市，上海已经成为国内金融市场发展中心，特别是随着中国经济总量的快速成长，上海将迅速具有国际金融中心建设的潜在竞争优势。

1. 经济腹地的发展规模

一直以来上海都是我国商业和工业的中心城市，本地的经济实力基础雄厚。其影响范围可以说是覆盖整个长江三角地区，在我国的三大经济发展区

中，属其人均GDP最高，发展情况最好。根据党的十四大提出的上海建设“四个中心”战略目标，以及党的十六大提出的全面建设小康社会的发展战略，上海实施产业结构调整，优化城市功能布局，集中表现为以金融业为代表的第三产业的快速发展，实现上海经济空间布局的合理化，为上海国际金融中心建设提供了巨大的资源支撑和发展空间。建设上海国际金融中心的一个最有利的条件是强健的经济基础。上海的经济基础较为优越，上海市2017年实现生产总值30134亿元，经济规模在全国各城市经济排名中名列第一。

上海经济结构的调整，应该说提供了上海经济增长的一部分动力，增强了上海的国际竞争力。主要体现于在第三产业的带动下，上海2016年第三产业增加值19362亿，增长9.5%。2010年，上海金融业实现增加值4634.5亿元，比上年增长7.0%。2018年，上海第一产业增加值104.37亿元，下降6.9%；第二产业增加值9732.54亿元，增长1.8%；第三产业增加值22842.96亿元，增长8.7%。第三产业增加值占全市生产总值的比重为69.9%，比上年提高0.7个百分点。金融业增加值5781.63元，增长5.7%。

上海经济结构的调整，特别是以金融业为代表的第三产业的蓬勃发展，应该说提供了上海经济增长的一部分动力，增强了上海的国际竞争力。城市定位由以工业为核心向以服务业带头的方向转变。2010年上海世博会的成功举办，让更多的人了解开放、改革、进步中的上海，其国际知名度又提升了一个台阶。在整个长江三角洲的范围，上海经过了多年的改革实践，已经可以充分地调动整个区域内的各方优势。事实证明，上海有能力、有实力构建金融中心，走向国际舞台，参与世界竞争。

金融发展实践表明，经济发展腹地的大小直接影响到国际金融中心的影响力，正所谓“腹地有多大，金融中心就有多大”。包括港澳的大珠三角地区与长三角地区的经济实力比较接近，而珠三角地区与不含上海的小长三角地区的经济金融规模差异较大。特别是，珠三角地区的贷款总额不及小长三角地区的六成。加入香港和澳门两个因素后，两个区域之间的差距明显缩小，大珠三角地区的经济和金融规模均超过长三角地区的80%，而且大珠三角地区的各项存款总额还超过了长三角地区。总体来看，长三角和大珠三角城市群的发展规模与国际水平比较接近，长三角城市群的经济规模强于大珠三角城市群。两大城市群与美国纽约城市群的发展规模基本相当。2016年，以纽约为中心的波士华城市群（包括波士顿、纽约、费城、巴尔的摩、华盛顿等大城市以及200多个市镇）长约1000km，宽50～200km，面积13.8万平方千米，占美国总面积的1.5%。人口6500万，占美国总人口的22.5%，城市化水平达到90%以上。当然，与世界主要城市群相比，我国城市群的产出集中度仍有待提高。2016年，核心城市上海市以及江苏（南京、苏州、无锡、常州、镇江、南通、扬州、泰州、盐城、淮安、连云港、宿迁、徐州），浙江（杭州、宁波、温州、嘉兴、湖州、绍兴、金华、衢州、舟山、台州、丽水）全境和安徽的合肥、马鞍山、芜湖、滁州、淮南共30个市，面积约30万平方千米，人口超过1.7亿。长三角是中国经济发展最活跃的地区之一，以仅占全国2.1%的国土面积，集中了全国1/4的经济总量和1/4以上的工业增加值，被视为中国经济发展的重要引擎。是当今中国经济最发达，城镇化水平最高的地区之一。而目前美国纽约区、芝加哥和洛杉矶三大组团式城市群占经济产出的67%；日本东京－大阪城市群内部的东京、名古屋和阪神三大都市圈产出占比在70%以上。

2. 重点企业的发展状况

从这一角度出发，我们可以将上海与香港放在一起进行比较。上海和香港两座城市应该分属于长江三角洲和珠江三角洲的中心。两座城市的综合对比在某种程度上可以说是两个经济发展区的对比。我们这里有一组关于重点产业的数据：2017年，北京、广东、江苏、山东、浙江，中国500强企业数量排名为前五名。

表5.5.1为2017年中国企业500强榜单的省份数量分布图，从中不难发现，500强企业地区分布非常不平衡，60%的企业集中在东南部环渤海区域、长三角区域和泛珠三角区域。

表5.5.1　2017中国企业500强地域分布

四大板块	八大区域	所包括的省区市
东部（367）	环渤海（187）	北京（104）、天津（14）、河北（23）、山东（46）
	泛珠三角（52）	广东（51）、海南（1）
	长三角（119）	上海（29）、江苏（47）、浙江（43）
	海西经济区（9）	福建（9）
东北（14）	东北（14）	辽宁（9）、吉林（3）、黑龙江（2）
中部（57）	中部（57）	山西（9）、安徽（14）、江西（6）、河南（9）、湖北（11）、湖南（8）

续表

四大板块	八大区域	所包括的省区市
西部（62）	西南（41）	重庆（12）、广西（6）、四川（15）、贵州（1）、云南（7）、西藏（0）
	西北（21）	陕西（7）、甘肃（5）、青海（1）、宁夏（2）、新疆（2）、内蒙古（4）

从榜单中可以看出，北京、广东、江苏分别以104、51、47家企业的数量位列前三；第四名为山东，46家；第五名为浙江，43家。广东成为除了北京之外上榜企业数量最多的地区也有原因，广东作为中国经济第一大省，2016年GDP达到7.95万亿元，人均GDP达到7.28万元，出口导向型经济发达，诞生了更多的大企业。从以上的数据来看，长江三角洲比珠江三角洲具有更大的竞争优势。

3. 县域经济发展的均衡程度

城市群县域经济发展的均衡程度，关系到区域金融资源的配置效率，关系到区域金融生态环境和金融机构的市场竞争力。在三个不同的经济发展区中比较，可以通过以下的数据（数据来源：全国县域经济专业研究机构社会智库中郡研究所报告）：

2016年全国地区生产总值超300亿元的县域经济单位有242个，分布在全国22个省市区中，数量最多的省（区、市）是江苏（38个）、山东（38个）、浙江（29个）；占省内县域经济单位数量比例最高的省（区、市）是江苏（92.68%）、浙江（54.72%）、山东（45.78%）。

2015年地区生产总值超过1000亿元的有19个，具体是：江苏昆山市、江苏江阴市、江苏张家港市、江苏常熟市、福建晋江市、江苏宜兴市、湖南长沙县、浙江慈溪市、湖南浏阳市、山东即墨区、内蒙古准格尔旗、江苏太仓市、江苏丹阳市、浙江义乌市、山东龙口市、浙江诸暨市、山东荣成市、山东滕州市、湖南宁乡市。

2015年，全国地方公共财政收入超20亿元的县域经济单位有221个，分布在全国21个省市区中，数量最多的省（区、市）是江苏（41个）、山东（33个）、浙江（30个），占省内县域经济单位数量比例最高的省（区、市）是江苏省（100%）、浙江（56.6%）、山东（39.76%）。

2015年地方公共财政收入超20亿元的县域经济单位数量比2014年少5个；超过100亿元的县市有9个，具体是江苏昆山市、江苏江阴市、江苏张家港市、江苏常熟市、福建晋江市、江苏太仓市、浙江慈溪市、湖南长沙县、江苏宜兴市。

2015 年，全国县域居民人均可支配收入超全国居民人均可支配收入的县域经济单位有 146 个，分布在全国 21 个省市区，数量比例最高的省（区、市）是浙江（71.7%）、江苏（46.34%）、内蒙古（26.25%）。在东部（除河北外）是片状分布，在中部、西部和东北地区（除安徽、湖南和内蒙古外）是点状分布，西部的大部分是区位优势（州盟首府等）县和人口数量比较少的县。

全国县域经济专业研究机构社会智库中郡研究所发布《2016 县域经济发展报告》公布了第十六届全国县域经济与县域基本竞争力，前 121 名名单显示，江苏江阴市与昆山市再次并列第一。县域经济与县域基本竞争力前 121 名的县主要分布在江苏、浙江沿海、山东半岛、闽粤、辽宁、中三角地区。

4. 地理交通便利

上海金融中心，区位优势明显。交通四通八达，铁路运输也位于沪杭、沪宁两线以及其他干线的交汇点处。航运优势也明显突出，外向海港，可以吞吐超大吨级的货轮，内有水运航道，纵深向城都区域相接。这样优越的地理区位条件，无论是对内还是对外的贸易都有保障。

我们以上海国际金融中心的港口为例。简单阐述一下其发展的历史进程。在上海港的基础设施以及相关设备的不断更新完备之后，2017 年，上海港码头生产增长态势稳定，标箱数量年内吞吐量突破 4000 万 TEU。与此同时，上海港加快了转型步伐，从“装卸工”变为“服务商”，从“世界第一大港”迈向“世界强港”。

5. 历史人文优势

上海有着辉煌的金融历史。自 1840 年爆发鸦片战争、上海开埠揭开金融近代史后，上海金融业几经兴衰沉浮。到 20 世纪 30 年代初，上海已经为全国的金融中心和亚洲的国际金融中心。上海成为近代金融中心并非一蹴而就。上海地处长江口，背靠江浙广阔经济腹地。随着上海开埠，大量外国资本进驻上海贸易领域。到 19 世纪末期，上海凭借优越的地理位置，迅速赶超广州，成为全国的贸易中心。同时，广州贸易的衰落导致大量人才迁移上海，这些都成为上海建设金融中心的重要基础。

鸦片战争之后，外国资本和先进技术不断涌入上海。上海在贸易继续发展的同时，现代工业飞速发展，很快成为全国的经济中心。据统计，从 1895

年到 1911 年，外商在中国设立的资本在 10 万元以上的企业共 91 家，开办总资本为 4855.4 万元，其中上海为 41 家，资本为 2090.3 万元，厂数占 45.1%，开办资本占 42.8%，上海成为外资在中国投资建厂的首选地。上海的经济发展还带动了民族工业的发展。期间，上海新办民族资本经营的工厂 112 家，占全国总数的 25.1%，开办资本 2799.2 万元，占全国总额的 28.6%。上海的工业、金融水平在全国遥遥领先。

经济的发展增强了金融需求。上海的金融业在 19 世纪末期至 20 世纪初期有了较大的发展，基本形成上海金融业的雏形。一是外资银行纷纷落沪，其数量远远超过国内其他经贸发达的城市。二是随着外资金融机构在上海集聚，上海出现了一大批国人自办的早期银行。比如，1897 年，第一家华资银行（中国通商银行）在上海成立，以后又有信成银行、四明银行、宇商银行等华商银行陆续在上海设立。到 1911 年，全国开办的 17 家中资银行中有 10 家在上海开设了总行或分行。三是经济、贸易的迅速增长，增加了企业对资金周转的需求，基本建立了门类齐全的金融市场。1904 年西商在香港注册以买卖外商企业股票为主的上海众业公所在上海开业，资本市场开始萌动。1920 年，上海华商物品证券交易所开业，1921 年，上海设立了证券交易所和以标金交易为主的金业公所，这些与 19 世纪就形成的以钱庄为主的同业拆借市场、通过外资银行柜台和经纪人公会进行交易的白银市场、外汇市场等组成了上海的金融市场体系。到 1925 年，外资银行、中资银行、钱庄（票号在辛亥革命后已被全行业淘汰）的总资力比较，外资银行占 37.6%，钱庄占 22.5%，中资银行已占 40.8%。

回顾历史可以发现，20 世纪 20 年代末至 30 年代初的 10 年间，上海的金融业发展迅速。在全国的 43 家银行公会会员名单中，就有 35 家在上海设有总部。这些银行业巨头喝着咖啡，就能把拆息牌价、汇兑行市决定下来，再电告全国，各地据此作为本地行市的依据。在国际金融市场上，上海也是最早一批加入国际金融市场的城市之一。1936 年，东京的外资金融机构有 11 家，孟买 13 家，香港 17 家，而上海的数量为 27 家。现在上海是全国的黄金等贵金属以及外汇市场的重要组成部分，特别是贵金属市场的交易数额、一级市场的扩张速度都十分显著，已经超过了其他贵金属交易的中心城市。

（二）运用 S-C-P 分析构建上海国际金融中心概述

1. 历史回顾

在改革开放过程中，上海作为较早一批的沿海开放城市，经济得到了很大的发展，并成为长江三角洲经济开发区的龙头，同时也是整个长江产业的输出龙头。上海因为特殊的地理区位，以及经济实力长时间的积累，已经具备了构建国际金融中心的基础条件。但是，目前上海还是需要发达的制造业等一些基础产业来支持。现有的金融体系中金融机构的数量、结算交易体系以及相关的法律法规等制度都还存在缺陷，不能满足构建国际金融中心的要求。

从世界经济格局的变迁来看，一个强大的经济体必然会孕育出同样强大的区域金融中心。历史上，13 世纪的威尼斯曾依托于兴旺的区域贸易和对君主的信贷，成为当时世界上最著名的区域金融中心；17 世纪阿姆斯特丹凭借其拥有整个欧洲商业和信息交换中心的优势以及国家强大的经济实力，成为当时世界上最重要的区域金融中心；19 世纪英国凭借着第一次工业革命获得了飞速的经济发展，伦敦也相应地成为当时世界上重要的区域金融中心；20 世纪40年代后，经济重心向美国转移，美国随之成为世界上最为强盛的国家，纽约凭借着优越的地理环境和本国的经济实力成为名副其实的区域金融中心；20 世纪 70 年代后日本经济突飞猛进，东京则相应地成为区域金融中心。

所以可以总结出，要成为全球的金融中心就必须经过历史积累的经济、政治体系的改革，具有得天独厚的地理和文化条件，以及拥有发达的交通、通信等基础设施，能够为众多金融机构提供各种创新的金融交易和分工细致的中介服务，并经过一系列人为的或是非人为的因素完善之后才能成为全球性、国家性或区域性资本集散地和金融交易清算地。金融中心也是金融机构、资金集散、资金清算、金融服务、金融产品创新、金融人才聚集的中心，是建立在经济、贸易、航运等基础上的中心。高度发达的通信和网络系统已经成为金融中心的基础设施支持。

从 S-C-P 角度考虑构建上海国际金融中心，是从上海现在的市场结构转变为以金融服务为核心的市场结构、现有的市场交易行为转变为以金融服务为核心的市场交易行为以及现有的市场绩效与转变后预计绩效的对比分析。S-C-P 分析试图解释构建的可能性以及转变的意义。

2. 从市场的结构（Structure）来构想上海国际金融中心

国际金融中心是在国际金融活动中具有国际影响力的，能够进行国际资金融通、集散和交易的中心城市，一般位于国际金融机构集中的城市。在这里，来自各国或地区的金融机构可以自由地从事各种金融活动和交易，如发放贷款、外汇交易、证券买卖和其他金融中介服务，从而形成实力强大的金融聚散功能，对各国或地区经济金融活动有着很强的影响力。与传统的金融中心的特点相比，国际金融中心的构成还应有以下几点：各种金融市场汇集；国际金融机构汇集；国际借贷者汇集；有实际金融中介活动发生；是一个地理位置重要、交通通信发达、现代化水平较高、自由开放的城市等。

总之，金融市场齐全、服务业高度密集、对周边地区甚至全球具有辐射影响力是国际金融中心的基本特征。目前，公认的全球性国际金融中心是伦敦、纽约。除此之外，世界上还存在着许多区域性的国际金融中心，这些区域都有较强的经济带动内力。构建上海国际金融中心也是有此考虑。

3. 从行为（Conduct）来构想上海国际金融中心

企业的行为主要包括定价、产品差异化、合谋、内部组织、广告、产品选择、兼并、投资、研究与开发等。

跨国银行在上海开设分行，吸引当地人才的加入，引入中国文化的元素，不同的跨国机构之间、外国以及本国的机构之间，合作开发不同的新的产品。各个企业在加强合作的同时，也将个人理财推到一个新的高度。可供个人选择的理财产品的多样性，让人们更多地不是把闲散的资金放进银行，而是根据实际情况的不同选择短期、中期或是长期的理财产品，从而实现资金的充分流通，充分发挥资金效用。

企业的行为，对于构建上海的国际金融中心有推动作用。更多的金融服务机构在上海开设分支机构，对上海的交易支付体系会有较高的要求，被动地提升上海的硬件设施的建设。同时，交易的过程中，使用广泛的国际惯例、做法等也将更多地引入到上海金融中心。

4. 从绩效（Performance）来构想上海国际金融中心

提供清算和结算支付的方法以便利交易。在货币经济中，货物、服务和资产的交换发生之后需要进行清算和结算支付。金融系统的第一个功能就是提供清算和结算支付的手段。完成这一任务的整套制度安排被称作支付体系。

在西方发达的金融体系中，不仅银行可以通过支票账户、银行卡等多种方式提供支付服务，货币市场基金等其他金融中介甚至非金融公司都可以帮助实现这一金融职能。金融系统通过金融市场和金融中介，将散布于大量投资者手中的资源汇集起来，集中进行投资，从而有效地解决了这一问题。同时，由于投资项目从金融上被分割成细小的份额，投资者完全可以将自己有限的资金分散投资于不同的投资项目，从而改善自身的风险收益状况。

金融中心的发展能够提升经济的发展高度。发达的金融业可对经济增长起到促进作用或称“引致增长效应”，而金融中心的建设可以有效地促进一国（地区）的金融深化，实现金融业的长足发展。因此，金融中心是一国（地区）经济发展水平的突出表现。从金融中心的特点、形成条件以及功能来看，金融中心不仅是金融体系高度发达和完善的最终结果，而且在促进本国（地区）金融业发展、推动经济现代化发展中也发挥着重要的作用。良好的金融系统和金融体制有利于资本的积累和资源的优化配置，便于资金的融通和储蓄向投资的转化，从而对经济增长起促进作用。

5.S-C-P 分析对构建上海国际金融中心的总结

我们从市场的结构（Structure）、行为（Conduct）与绩效（Performance）三个角度，构想了上海国际金融中心的建设要求和发展的未来。从中，我们也可以得到符合“S-C-P 范式”的分析结论：在短期内，市场结构、市场行为和市场绩效之间的关系是，市场结构从根本上制约市场行为，市场行为又直接决定了市场绩效。在一个较长的时期内，市场结构、市场行为和市场绩效之间是双向的因果关系。上海国际金融中心的构建，短期内是参与的金融机构的数量和能力从根本上制约市场行为，从而这个区域内的市场行为又影响着上海国际金融中心的经济带动能力；长期看来，整个上海国际金融中心的参与者、市场行为和区域经济带动能力又是双向的因果关系。

（三）以“股票市场”为突破点加快建设上海国际金融中心的设想

建设上海国际金融中心，在逐步建立国际金融中心基本框架的同时，必须抓住未来上海国际金融中心区别于其他金融中心的特色，找到突破口，在短期内达到与其他成熟国际金融中心平等竞争的目标。本节将通过对国际金融中心各项指标的相对比，得出上海建设国际金融中心的比较优势，并从建立以资本市场为主导的金融体系的要求等方面展开分析，找到上海建设国际金融中心的突破点——股票市场。

自20世纪90年代首次提出建设上海国际金融中心以来，上海已经建立了门类齐全的银行体系，集中了3000多家中外资银行机构。上海集合了金融市场的主要门类，货币市场、资本市场、外汇市场、期货市场、黄金市场、产权市场、金融衍生品市场都已建立。其中银行间市场、外汇市场、黄金市场、金融衍生品市场在全国都是唯一的。上海证券市场是国内最重要的证券交易市场，成交金额约占全国的80%，基本确立了上海在我国的金融中心地位。根据上海国际金融中心建设规划，上海建设国际金融中心的总体思路是实行“三步走”战略，即到2005年，打好基础；到2010年，形成国际金融中心的基本框架；到2020年，基本建成国际金融中心，目前，前两步已经基本达成目标，当前的上海正向着基本建成国际金融中心的目标稳步前进。

最近几年来，中国经济的迅速发展为上海建设国际金融中心提供了良好的大环境。大型国有上市公司回归A股对沪指的推动，人民币汇率改革以及汇率的灵活波动、资本市场充裕的资金供应都充分体现了当前发展的大好环境。

尽管处于如此有利的发展时机，我们不得不承认同其他国际金融中心相比，在金融市场规模、金融产品创新、金融生态环境、金融效率等方面，上海都与其相距甚远。要在较短的时间内确立上海国际金融中心的地位，达到与诸多老牌、成熟国际金融中心竞争的水平，采取一般的金融中心建设路径显然是无法实现的。20世纪世界经济发展史表明，国际金融中心的成功崛起不在于按部就班地解决问题，而在于利用机会、抓住优势、突破重点。

寻找突破点就在于找出上海建设国际金融中心的相对优势。通过对金融市场规模、金融产品创新、金融生态环境、金融效率等指标的分析，可以发现我国的股票市场已具备了一定的规模和影响力，所以将股票市场作为突破点，是加快建设上海国际金融中心的关键所在。

1. 确立以股票市场为突破点的依据

（1）我国的股票市场规模迅速扩大，已经具备了一定的竞争优势

伴随着经济的高速增长，我国的股票市场也日益繁荣。截至2017年，我国有证券市场上市公司近3500家，截至2015年12月31日，125家证券公

司总资产为6.42万亿元，净资产为1.45万亿元，净资本为1.25万亿元，客户交易结算资金余额（含信用交易资金）2.06万亿元，托管证券市值33.63万亿元，受托管理资金本金总额为11.88万亿元。125家证券公司2015年实现营业收入5751.55亿元，各主营业务收入分别为代理买卖证券业务净收入2690.96亿元、证券承销与保荐业务净收入393.52亿元、财务顾问业务净收入137.93亿元、投资咨询业务净收入44.78亿元、资产管理业务净收入274.88亿元、证券投资收益（含公允价值变动）1413.54亿元、利息净收入591.25亿元，全年实现净利润2447.63亿元，124家公司实现盈利。其中，上海股票市场发展最为迅速。截至2018年9月30日，沪市股票总市值为30.22万亿元，上海股票市场总市值在亚洲地区排名第二、全球第四。现在沪市股票成交金额已超过香港，仅次于东京证券交易所跃居亚洲第二位，全球列第四位。

在市场筹集资金能力上，我国企业市场筹资能力不断加强。2015年，沪市公司股市筹资总额8713亿元，公司债券融资总额1.7万亿元。2017年全年IPO上市企业达433家，融资金额2259.2亿元。相较2016年227只新股，上市数量及融资额分别增长89%、49%。上市数量超过2010年的347家，创资本市场有史以来的最高纪录。沪市市场规模的扩大还表现在股票市价总值占GDP的比重大幅上升。2017年，沪市股票总市值为33万亿元，相当于2017年GDP的26%，流通市值达41万亿元。同时，沪市上市公司在数量和质量上也大有提高，总市值在300亿元以上的公司已有500家，其中工商银行以2万亿元居于首位。2007年底，沪市流通市值超过100亿元的上市公司只有96家，2017年上市公司五百强的门槛已经提升至市值超过500亿元，其总市值、流通市值分别占沪市总体的81%和62%。

工商银行、中国银行等一大批规模大、盈利能力强的上市公司成为所在行业的排头兵，这些大盘蓝筹股大幅提高了沪市上市公司的整体业绩。2018年，沪市企业积极适应经济结构调整变化，优化资本结构，提高经济效益。全年共实现净利润2.8万亿元，同比增长4%；实现营业收入33.5万亿元，同比增长11%，占同期GDP比重约30%。在总收入和净利润规模已经较高的基础上，虽然增速同比有所放缓，但依然保持了良好的增长势头。总体上看，沪市企业以占全国注册企业不到万分之一的数量，实现全国GDP约1/3的营收，充分显示了上海在整体国家经济增长中的主要核心作用。

（2）金融的核心是以资本市场为主导的全球资源配置体系

从世界主要国家的金融资产结构看，全球经济发展的金融模式可分为以银行业为主导的金融体系和以资本市场为主导的金融体系。在银行主导的金融体系中，银行在动员储蓄、配置资本、监督公司经理投资决策和提供风险管理工具中发挥主导作用。其典型代表有德国等欧洲大陆国家和日本；而在资本市场主导的金融体系中，证券市场在将社会储蓄资源转化为企业的投资、对公司的控制和进行风险管理等方面处于核心地位，其典型代表如英国和美国。自 20 世纪 90 年代以来，全球经济发展的潮流正逐步走向以资本市场为主导的模式。以资本市场为主的金融体系无论在工业社会或知识社会，均发挥着明显强于前者的优势。美国经济超越欧洲就是得益于其以资本市场为主导的高效金融体系。

健全的资本市场能够高效地收集和传递信息，将企业的业绩信息传递给投资者，从而将市场资金引入业绩良好的企业。同时，外部控制权市场的存在和将管理层的激励与企业业绩结合的便利性，有利于改善公司治理。从总体上看，以资本市场为主导的金融市场能更加高效地优化社会经济资源的配置，促进经济增长。特别是大批实力雄厚的机构投资者成为资本市场的主导，更是极大提高了资本市场的资源配置效率，以资本市场为主导的金融体系的优越性更加凸显。

通常，随着经济的快速增长和人均收入水平提高，资本市场将更加活跃，证券市场更有利于促进实体经济的增长，并以其特有的杠杆体系推动着实体经济的发展。伴随近几年我国经济的高速增长，经济总体实力的增强，以及人均国民收入的快速提高，我国的金融市场也正在过渡到以资本市场为主导的方式，自 2006 年以来股市的极度繁荣就显现了这一趋势。

因此，近一个时期内大力发展我国的资本市场，特别是健全以股票市场为主的证券市场的发展，将是未来促进我国经济良好增长势头的重要动力之一。

（3）扩大股票市场规模，完善股票市场交易机制和监管制度是稳定我国金融市场，进一步繁荣其他金融市场的基础所在

对于其他衍生产品市场的发展和繁荣，股票或股指是很多衍生工具所依托的基础所在，股票市场的规范和繁荣将直接关系到其他衍生产品市场的有序运行，继而影响到我国金融市场的总体风险程度和市场稳定性。

股票市场日益壮大以及规范的市场运作经验将为其他市场的建设提供成

功范例，特别是成熟中介机构体系将在市场参与主体辅导、监督市场参与机构方面发挥作用，为我国在短时期内快速建立和繁荣门类齐全的各类金融市场，形成完整、有竞争力的金融市场体系奠定基础。

2. 壮大、完善股票市场，加速建设上海国际金融中心的措施

（1）扩大上市公司数量，优化上市公司结构

截至 2018 年 7 月 19 日，我国证券市场上市公司 3549 家，总市值 49.465 万亿元，流通市值 39.4684 万亿元。相对于我国 1 亿多交易活跃的股民数量和 49 万亿多的总市值，3500 多家的上市公司显然是严重不足，比例极度失衡。2006 年至 2007 年上半年，我国证券市场之所以会出现股民的非理性投资，价格的快速上升，原因在于我国的股票市场的规模太小，特别是上市公司数量太少，股民只能将大量资金投入有限的股票之上。

上市公司数量的多少将直接关系到股市的繁荣与否。第一，上市公司数量多，投资者可选择的投资对象较多。市场流动性越强，就越有利于吸引大量投资者和筹资者进入资本市场；第二，只有上市公司达到一定数量，才能避免单只股票规模过大而对市场整体的过度影响，避免市场的整体表现受制于某几只股票的现象；第三，上市公司中各行业公司均达到一定数量，才能更好地反映相关行业的发展状况，而且能更好地促进行业内企业之间的正常竞争，促进行业的革新和成长。最后，上市公司达到一定数量，特别是容纳了来自国内外、各行业的大量优秀公司，证券市场才能更好地分散风险，有利于投资者进行风险管理，提高投资收益。

以全球最大的交易所，纽约泛欧交易所集团（NYSE Euronext）为例，截至 2016 年底在此挂牌交易的公司已超过 4000 家，在市值方面也超过全球排名第二至五位的证券交易所的市值总额。目前，纽约泛欧交易所集团已成为全球上市交易公司数目最多的上市场所。其中，纽约证券交易所是非美国公司在美国上市的首选市场。

纽约泛欧交易所集团已成为世界上最具深度、流动性最强，也是最全球化的股票市场，这一优势使交易者和投资者可以在大多数时间里享受到最好的成交价格，并使上市公司从中受益。他们不仅能直接接触到世界上最大规模的资本，而且还可以获得好的口碑——因为他们上市的地方也是全世界最优秀的公司聚集的地方。

因此，扩大上市公司的数量是股票市场建设的首要任务。据中国招商证券

股份有限公司首席宏观经济学家王建分析，中国证券市场未来的发展规模取决于企业利润和市盈率。多少市盈率是合理的，目前国际上没有衡量的标准，一般用平均值 15 倍做参考。但中国经济的增长速度比发达国家快得多，估算下来中国上市公司的市盈率应是平均值的 3 倍。据此算来，如果中国经济仍保持 8% 的增速，至 2020 年，中国的工业规模将达到 143 万亿元，工业企业利润将达到 8 万亿到 16 万亿元。目前，发达国家的企业有 70% 的利润流入股市，而 2006 年中国企业的利润流入股市的不到 12%，今后这一比重无疑会大幅上升。王建的研究结论是，至 2020 年中国证券市场的总市值会达到 650 万亿元，届时将成为全球最大资本市场。与这一市场规模相适应，大量优秀上市公司必须迅速补充进来。虽然王建的估计有些过大，但也从另一个角度说明了一些问题。

其次，要优化上市公司行业结构，降低行业集中度。

大幅度提高上市公司数量的同时，我们更应把握上市公司的结构，其中包括上市公司的行业结构和国内外公司的比例，提高上市公司的整体质量。

我国证券市场上市公司的行业分布较为集中，主要集中于采掘业，金融保险业，制造业，交通运输、仓储业，金属、非金属业和机械、设备、仪表业等主要行业（见表 5.5.2）。

表 5.5.2　中国证券市场上市公司行业分布　（单位：支、亿元）

行业	股票数	发行股数	市价总值	流通股数	流通市值
农、林、牧、渔业	15	124.77	914.78	117.93	838.16
采掘业	46	4065.85	26048.81	3780.32	24442.35
制造业	597	6833.62	68291.25	5795.57	56336.51
电力、煤气及水的生产和供应业	58	1743.76	11321.23	1280.42	7916.25
建筑业	36	1394.45	9484.27	1231.15	8150.34
住宿和餐饮业	4	13.36	320.62	11.35	252.97
租赁和商务服务业	12	112.81	1421.55	99.17	1175.19
科学研究和技术服务业	7	31.49	563.21	14.74	313.47
交通运输、仓储业	66	1911.34	11653.89	1822.57	10419.68
信息技术业	31	503.77	5666.79	11166.51	4732.49
批发和零售贸易	94	739.41	8082.82	612.09	6452.40

续表

行业	股票数	发行股数	市价总值	流通股数	流通市值
金融、保险业	36	11428.11	66691.84	11166.51	63235.79
房地产业	80	1169.07	11508.87	932.79	8751.77
教育	1	2.59	66.87	1.81	46.82
社会服务业	1	3.21	89.81	3.21	89.81
传播与文化产业	15	145.62	2014.53	127.74	1663.94
综合类	18	130.99	1624.03	111.89	1441.53

资料来源：上证统计月报，2016 年 2 月。

大中华区知名创业投资、私募股权研究顾问及投资机构——清科集团 2015 年推出的相关报告显示，从今年境内市场新上市企业的行业分布来看，服务业和传统行业分别在融资额和上市数量方面占据领先地位。广义 IT 和生物技术 / 健康行业的上市企业数量和融资额均比去年同期有所增加，但占整体比重略有下降。令人遗憾的是，到 2015 年为止尚未有一家高科技行业的企业在境内上市。与海外市场相比，境内市场上市的企业行业分布的集中度更高（见表 5.5.3）。

表 5.5.3　2015 年中国企业境内 IPO 行业分布

行业	融资额（亿元）	比例	上市数量	比例	平均融资额（亿元）
金融	446.78	28.2%	3	1.4%	148.93
机械制造	192.02	12.1%	51	23.3%	3.77
清洁技术	144.18	9.1%	5	2.3%	28.84
生物技术 / 医疗健康	105.73	6.7%	19	8.7%	5.56
电子及光电设备	103.87	6.5%	18	8.2%	5.77
化工原料及加工	77.68	4.9%	23	10.5%	3.38
建筑 / 工程	67.90	4.3%	18	8.2%	3.77
汽车	54.48	3.4%	11	5.0%	4.95
IT	52.65	3.3%	16	7.3%	3.29
能源及矿产	43.94	2.8%	7	3.2%	6.28
食品 & 饮料	43.24	2.7%	7	3.2%	6.18
纺织及服装	41.71	2.6%	7	3.2%	5.96

续表

行业	融资额（亿元）	比例	上市数量	比例	平均融资额（亿元）
娱乐传媒	36.62	2.3%	6	2.7%	6.07
广播电视及数字电视	32.66	2.1%	1	0.5%	32.66
连锁及零售	24.50	1.5%	4	1.8%	6.13
互联网	19.63	1.2%	3	1.4%	6.54
物流	14.43	0.9%	4	1.8%	3.61
电信及增值业务	8.96	0.6%	1	0.5%	8.96
农 / 林 / 牧 / 渔	8.64	0.5%	2	0.9%	4.32
半导体	2.06	0.1%	1	0.5%	2.06
其他	64.66	4.1%	12	5.5%	5.39
合计	1586.14	100.0%	219	100.0%	302.42

资料来源：清科研究中心。

其中，服务业融资额高也主要是由于中国银行业在 2007 年上市。兴业银行、中信银行、交通银行、南京银行、北京银行、建设银行和宁波银行先后在上海证券交易所和深圳中小企业板上市，融资总计 183.30 亿美元。其中中信银行同时在上海证券交易所和香港主板两地上市，合计融资 59.41 亿美元。所以，除去银行的服务业在上市公司中的比重还是很低。

综上所述，我国上市公司的行业分布种类较少，行业分布集中度较高，与世界主要交易所的状况相距甚远。如世界知名交易所——纽约交易所上市公司的行业分布则非常广泛，有传统性的行业，也有科技型的行业，仅电信、科技、媒体的上市公司在美国的市值就达到了接近 5 万亿美元的规模。在这里上市的有 IBM、惠普等知名技术公司，也包括一些小型的技术公司，这些小公司也在行业内引领世界发展的潮流。

所以，完善上市公司的行业结构，增强股市对国民经济的全面反映，特别是增强市场对我国经济未来发展方向的行业和企业的发展态势的引导，是股票市场建设的重点。

（2）积极推进创业板市场的发展，构建多层次的股票市场体系

当前，我国的经济发展对于创业板市场具有旺盛的需求。截至 2017 年 3 月，中小板的总市值和流通市值分别达到 104529.20 亿元和 66486.25 亿元，2017 年底中小企业板上市公司已突破 800 家，中小企业板的发展壮大为更多

的民营企业尤其是中小企业搭建了发展平台。

2007 年 12 月 1 日，时任中国证监会主席尚福林在深圳“第六届中小企业融资论坛”上首次详细披露了创业板的市场定位与制度设计，尚福林表示，设立创业板市场是落实国家自主创新战略的主要渠道，创业板市场要围绕提高自主创新能力，突出三个重点：重点服务于加快转变经济发展方式，推动产业结构优化升级；重点服务于统筹城乡与区域协调发展，推进经济质量的整体提高；重点服务于加强能源资源节约和生态环境保护，增强持续发展能力。

在创业板的制度设计上，尚福林表示，创业板市场要根据市场化改革原则，充分借鉴境外创业板市场成熟经验，结合中国中小企业板建设成功经验，在企业准入、发行审核、市场监管、交易运行和退市制度等方面合理安排制度创新。创业板市场在制度设计上要合理确定创业板市场的准入门槛，创业板既要降低进入的门槛，让更多的创新型企业能够进入，又不能仿效境外创业板市场的低门槛，从而忽视中国企业治理不规范、中介机构不成熟、市场投资者不够理性等实际问题。创业板要突出对高成长性创业企业的吸引力，要适应创业企业的特点，上市公司要体现成长性、创新性和行业的多样性。

目前，经过十余年的发展，创业板已经初具规模，并且更加规范合理，也有诸多公司借助创业板成功在主板上市发行。

（3）提高股票市场的对外开放程度

改变我国股市的封闭性，提高其全球化程度也是提高我国股票市场影响力、吸引全世界投资者的关注以及建设和发展国际金融中心的主要任务之一。

国际金融中心是全球资金流动的中心，是资金双向流动的聚散地。市场的开放性和全球化程度是构建国际金融中心的基本条件之一。从长期角度看，全球化将使 A 股市场与国际主要证券市场接轨，促进 A 股市场发现真正的市场价格，逐步消除估值的过度溢价，也有利于削弱经济周期性波动对市场的影响。

目前，我国证券市场的全球化程度还不高，对外开放度很低，还没有国外企业登陆 A 股市场，还没有完全打开资金的双向流动，在证券经营机构及其业务的全球化方面也仍处在发展阶段。对此，我国已经做出积极有益的尝试。2002 年 11 月，《合格境外机构投资者境内证券投资管理暂行办法》即 QFII 正式出台。2007 年 6 月，中国人民银行宣布允许符合条件的银行、基金公司、保险机构可采取各自方式，按照规定集合境内资金进行相关境外理财投资，QDII 正式启动。2007 年 8 月，宣布“港股直通车”计划。2014 年 11 月 16 日，港股通也成功上市。虽如此，我国股票市场在全球化程度上与其他国际金融中心相比差距还很大。

在目前我国资本项目还没有实现完全自由兑换的前提下，首先允许一些国外优秀公司登陆到证券市场，同时允许一些大的规范机构投资者到海外市场进行投资，不失为对于未来资本市场全面对外开放的尝试和锻炼。逐步加强资本市场的开放度，增强资金的双向流动，对于保持我国证券市场的稳定，增强与世界市场的联系，都有很强的推动作用。

（4）完善股票市场监管机制

股票市场产品价格的大幅波动性，以及证券交易中杠杆手段所带来的高风险和高投机特征，使得股票市场具有很高的风险度。更为严重的是当遭受不利后果的投资者数量达到一定水平时，他们所遭受的不利后果会在短期内大量扩散，由一个市场传递到另一个市场，最终导致整个金融市场的疲软和崩溃，甚至出现经济危机。因此，确保股票市场有序运行，降低系统风险，增强交易者的风险管理意识和水平是股票市场监管的重要任务。

有效的市场监管，首先，要有一套完整的市场监管法律法规体系，一个权威、独立的市场监管机构。监管机构应有明确的定位，证券监管是针对市场失灵的部分发挥作用，弥补市场本身的缺陷，同时市场监管机构也要建立一套科学、明确的分工协调体系，充分行使其监管的权利，又不过度干预市场主体，保证市场交易的有序进行。

其次，培育一系列完备的市场中介体系是实现股票市场监管的重要保障。独立、客观、公正的注册会计体系是为市场提供大量、有效信息的重要中介，注册会计机构的公正、准确运作，将直接影响证券市场的顺畅运行，也为证券监管机制的有效运行起到重要的支持和辅助作用。另外，市场中介体系的重要组成还有公正、权威的市场评级机构，目前我国还没有建立起像 S&P、Moody 这样的独立评级机构。评级信息的公正性、客观性将直接关系到证券市场实现资源配置功能的程度，高质量的评级信息将极大地降低市场的信息不对称性，降低市场的系统风险。

最后，建立适度的奖励惩罚机制也是股票市场监管的重要内容之一。将激励惩罚制度应用于证券监管，就是将市场化的运作规范应用于证券监管领域，引导各类金融机构、上市公司建立科学、制衡的内部组织机构，在合理利益的激励下优化市场主体的经营运作过程和成果，培育优良的市场主体。同时也通过严厉的市场惩罚措施，增加市场主体的违规成本，避免市场主体的不规范行为，甚至将一些不合格的市场主体驱逐到市场之外，降低市场的风险程度。总之，适度的奖惩机制将激发证券市场参与机构改善经营管理、进行风险调控的内在动力，促进市场主体整体的经营管理水平的提高。

三、中国香港、上海、新加坡的比较分析

不同的国家或评级机构，可能会得出不同的排名结构或结论。前面我们已经引用了英国伦敦发布的一份报告，其中上海的排位并不靠前。在这里，我们引用由我国学者倪鹏飞与美国学者彼得·尼克拉伯牵头，由许多的国家或地区的专家学者参与编写的《2017—2018 年全球城市竞争力报告》，报告显示上海在全球金融中心的影响力排位为第 27 位。以下，我们选择一些影响国际金融中心发展最基础的指标，包括经济发展水平、资本流动状况、市场准入、法治环境、商业环境、基础设施、赋税水平以及人力资源状况等，重点比较上海和同样位于亚太地区的中国香港、新加坡的金融发展水平。

我们在前面已经多角度比较过作为珠江三角洲中心城市的香港与长江三角洲中心城市的上海。上海的经济增长速度是明显超过香港的，主要的依据是我们在前文中提到的有实力企业的对比。2017 年，中国经济体在全球市场中的排位在第二位，贸易进出口额也排在全球首位。在全球范围内的资金流动中，是资金流入最多的国家。纵观其他的国际金融中心，其发展崛起也与荷兰、英国、美国、日本等国经济实力的相继增强、世界影响力的扩大密不可分。

（一）经济实力基础

上海的人均收入水平还远远低于中国香港、新加坡这两个经济体。根据统计，2017 年上海人均 GDP 为 12 万元。而中国香港 2010 年人均 GDP 为 209982 元。近 10 年，上海的平均经济增长速度是 8% 左右，香港是 3% 左右，按照上海 3 倍于香港的增长速度来计算，上海至少要 17 年才能赶上香港（2017 年，香港经济增长率为 3.8%，上海为 6.8%，已不足香港的 2 倍）

（见表 5.5.4）。如果把上海的经济发展水平与新加坡相比，则差距更大一些，2018 年，新加坡的人均 GDP 已达到 64567 美元（见表 5.5.5）。

表 5.5.4　上海、中国香港、新加坡经济增长速度比较　（单位：%）

年份	2010	2011	2012	2013	2014	2015	2016	2017	2018
上海	10.3	8.2	7.5	7.7	7.0	6.9	6.8	6.9	6.6
中国香港	7.5	4.5	1.4	2.9	2.3	2.4	1.5	3.8	3.0
新加坡	13.9	4.9	1.2	4.1	2.9	2.0	1.7	3.5	3.2

资料来源：世界银行、上海统计年鉴、香港统计局、新加坡统计局。

表 5.5.5　上海、中国香港、新加坡人均 GDP　（单位：美元）

年份	2010	2011	2012	2013	2014	2015	2016	2017	2018
上海	5238	5601	6213	6779	10113	16150	17548	18749	20400
中国香港	31785	35690	36320	38520	40320	42096	43736	46221	48717
新加坡	43867	48330	51390	54580	55150	55647	56724	60306	64567

资料来源：世界银行、上海统计年鉴、香港统计局、新加坡统计局。

不难看出，上海与中国香港、新加坡也存在着明显的差距。为了缩小差距，可以借鉴香港的历史做法，先从提高资本流动状况开始做起。这是因为资本流动状况反映了一国或地区对资本的管制程度及其货币的自由兑换程度，是金融中心国际化的一个重要标志。成熟的国际金融中心应该是对外高度开放、资本可自由流动、货币可自由兑换的中心；一个资本不能自由流动的金融市场肯定不是一个国际资本市场。在这一方面，上海确实没有做好，国际货币基金组织根据 2017 年末公布的 2017 年第四季度全球外汇储备比例数据显示，人民币在全球外汇储备中的占比远远低于人民币国际化的标准，中国的人民币国际化程度还很低，进程十分缓慢，没有帮助到上海构建国际金融中心的进程。

（二）金融自由化程度

金融自由化的程度，是国际金融中心建设的一个决定性因素。加拿大公共政策智库菲沙研究所（Fraser Institute）发布的世界经济自由度年度报告中显示，2017年的180个国家和地区的经济自由度排名，中国香港排名第一，日本排名第39位，而中国大陆排名则在第112位。我国虽然放开了部分市场的利率管制，扩大了金融机构贷款利率的浮动权，但依然没有市场化存贷款利率，资金的使用价格不能完全由利率体现。市场交易规则的滞后和资本配置功能的较低水平限制了国际和国内金融资源在同一市场的有效流动，从而使得上海外部和内部的金融开放不能得到进一步加强。中国金融业的整体水平仍然处于市场准入阶段，而不是资本账户自由化。

在监管方面建设的完善、严谨程度这些不仅仅影响资本的进入与退出的决策，而且也会影响金融机构对新事物的尝试、对产品的新的态度。香港政府对金融业的政策可以总结为“积极不干预”政策。而与此形成鲜明对比的应该是新加坡执行的“积极干预”政策。但上海不应该只是通过表面的学习而草率地决定采用哪种监管态度，而应该在认真学习各种不同主张之下的优缺点之后，结合自身的实际情况而做出正确的抉择。

国际上一些专家的研究表明，与大陆法系（成文法）相比，受普通法（英美法系）管理的地区更便利创新。对美国和日本金融市场上各种金融创新的对比表明，受普通法系调整的美国金融市场上的金融创新路径是：“没有禁止的都是允许的”（What isn't forbidden is permitted）；受大陆法系调整的日本金融市场上的创新路径是：“没有被允许的都是禁止的”（What isn't permitted is forbidden）。转换成监管者的语言就是，是采用“负向清单”，还是“正向清单”监管模式的问题。纽约、伦敦、中国香港、新加坡、多伦多等这些国际金融中心都是受普通法调整的地区。但在目前看来对于上海金融市场的监管者来说，只会运用负向清单，哪些领域不能涉及、不能操作，而没有对可以做什么提出明确的指示性方向。下一步对于改革监管可以引入前文所说的“正向清单”。这也是建设上海国际金融中心需要考虑的一个因素。

（三）相关法律法规

在主要法律制度方面，香港以及新加坡的法律制度的构建更多的借鉴于英国所经历的几百年而形成的传统。其法律具有灵活性和包容性的特点。而中国大陆的法律体系的建设是相当的落后与薄弱。对法律法规的解释不够清楚，体系的漏洞点较多，人为主观意识多等。这样现状的法律法规的建设很难成为建设上海国际金融中心的有力保障。

中国香港以及新加坡在司法环境上，也都实行三权分立的形式，这可以有效地确保司法机关依法独立地、不受行政和立法机关的影响行使权力。法官的任命方式及任期保障有利于法官不受干扰，做出独立、公正的判决。并且，中国香港、新加坡的国际金融中心地位也有利于两地法官积累金融案件审判方面的国际化经验。内地司法由于其独立性不强，且法官的选任方式等因素决定了法官的素质参差不齐，在金融及涉外案件审判方面也存在经验不足的问题。其次，中国香港、新加坡国际仲裁中心分别是香港特区和亚太区内解决各类争端的独立公正仲裁中心。上海的 CIETAC 上海分会可以全面受理国内外金融纠纷，上海仲裁委员会也具备专业的金融仲裁员队伍，但上海仲裁人员的业务素质和能力在应对国际案件时仍与发达市场的存在一定的差距，很多的跨国公司在选择仲裁地时更加青睐境外仲裁机构。上海的实际情况其实与国内的其他地区大致相同，在涉及金钱利益的问题时，也大都存在执行困难的尴尬现状。债务人总会寻找法律的漏洞通过各种的方式来躲避债务的清偿。最近，热点报道的“温州老板”跑路的新闻就是一个例子。

在法律服务水平方面，中国香港、新加坡优质的法律教育制度以及严格的律师选拔制度保证了其法律服务水平处于较高水平，两地经济、金融环境也为律师的高素质创造了良好条件。上海近年来出现了一批专业素养高、经验丰富的律师，但总体而言，律师素质及金融业法律服务水平仍难以满足发展国际金融中心的需要。另外，上海的法律制度透明度、公众法律意识等与中国香港、新加坡相比仍有待提高。

另一个值得提出的问题是金融税制的问题。金融企业是以盈利为主要目标的，而增加利润最有效方式之一就是减少税务的支出，所以企业就会理所应当地去税种少、税率低的地区从事经营活动。从国外发展的历史看，金融业内的税可以分为是直接税和间接税两大类。其中，间接税税种主要包括增值税（销售税）、印花税、保费税和证券交易税等；直接税税种主要包括公司所得税和个人所得税。按照银行业、保险业、证券业等不同行业设置了各自的税种。其中，不同行业对银行业征收的税种主要有增值税（或销售税）、印花税、公司所得税和个人所得税；对保险业征收的税种主要有保费税、印花税、证券交易税、公司所得税和个人所得税；对证券业征收的主要有印花税、证券交易税、公司所得税和个人所得税。为便于比较，这里重点以银行业的税收为例，来比较不同地区的税收负担水平。

从全球范围看，香港目前是世界税收负担最轻的地区之一。香港对包括银行在内的各种企业不征收间接税，较早撤销了本外币存款利息税（withholding Tax），并且根据“来源原则”，只限于对源自香港的收入或盈利征收所得税。目前，香港公司的所得税税率为16.5%；个人所得税（薪俸税）的标准税率为15%。最近香港特区政府正在听取有关取消遗产税的意见，以推动在香港的信托等金融公司吸引或保留资金，从而进一步推进香港金融的发展。同时，为促进基金管理公司的发展，香港特区政府准备减免离岸基金公司的所得税。

四、深圳

作为一个经济特区，在中国经济体制改革的历史上，深圳扮演了“探路者”的角色，在促进本地经济快速、强劲发展的同时，也为其他城市的发展作出了榜样，推动全国经济全面发展。深圳的金融业在此期间得到快速的发展并一度异常辉煌，为今后筹备建设金融中心打下了一定的金融基础。近年来深圳金融业发展遭遇了一些挫折而缓慢下来，也削弱了经济的发展。为适应经济发展的要求，深圳市开始着手研究如何重新振兴金融业，如何对深圳金融发展进行合理的定位，并成立金融办来推进金融业同业合作，发挥深圳市金融业整体优势，形成大金融的发展格局。

（一）深圳金融业的发展概况

在以香港为中心的珠江三角洲经济发展区的带动下深圳的金融业也逐步走向完善，外资银行陆续入驻，证券市场以深交所为中心，保险市场的规模也不断地扩大。整体综合实力在全国排名名列前茅。过去的十来年里，金融证券业为深圳经济特区的发展作出了巨大贡献（见表5.5.6），形成了管理比较严格、经济效益良好、辐射能力较强的金融体系。近年来，深圳市已经认识到一个金融中心城市在地理上都有一个相对集中的金融中心区，如上海的陆家嘴、北京的金融街、香港的中环、纽约的华尔街、东京的银座，并在努力构建“一点二线”的金融中心区雏形，即以交易所、商业银行、证券公司及外资金融机构等机构为核心、在区域分布上形成以蔡屋围为“一点”、以人民南路和深南东路为“二线”的金融中心区雏形。

表 5.5.6　2008—2013 年深圳主要金融指标表　（单位：亿元）

年份	金融机构存款总额	比上年增长	金融机构贷款余额	比上年增长	实际利用外资	比上年增长
2008	14300	1716	11200	1184	26.06	2.61
2009	18400	4100	14800	3600	26.9	0.84
2010	21081	2681	16808	2008.12	27.79	0.89
2013	34000	2627	25000	2560	28.1	0.84

资料来源：根据深圳政府在线《深圳年鉴》有关数据整理。

2017 年，深圳经济继续保持快速健康的发展态势，初步核算，2017 年全年本地生产总值 2.24 万亿元，比上年增长 7%，经济总量继续居内地大中城市第四位。全年社会消费品零售总额 6016.19 亿元，增长 9.1%。全年外贸进出口总额 1.31 万亿元，增长 11.2%。其中出口总额 1.65 万亿元，增长 5.5%，深圳外贸出口总额已连续 18 年位居全国大中城市榜首。截至 2017 年深圳市金融机构人民币各项贷款余额 22438.39 亿元，同比增长 8.8%；2016 年，深圳市金融机构本外汇贷款余额为 40802 亿元，比年初增长 25.82%。排名仅次于北京、上海、广州，在全国大城市中排名第四。根据深圳市政府提供的数据，截至 2016 年，深圳市全机构本外币存款余额为 50200 亿元，比年初增加 20.43%。2017 年，本外币存款各月新增量呈现上升趋势，11 月份本外币存款新增量为 6052 亿元。截至 2017 年，深交所上市公司总数超过 2000 家，上市公司总市值 23 万亿元，流通市值 17 万亿元。

（二）金融业在深圳经济发展中的作用

在深圳 30 多年的发展历程中，金融业从无到有，从小到大，为深圳经济和社会的发展提供了有力的支持，形成了较强的区域影响力和竞争力。可以概括为金融业是深圳发展第三产业的产业领导部门，其金融市场组成部分的股票、债券和创投业在国内都保持前列，整个金融业 GDP 的比例已经达到 14%。可以预见，金融业将在深圳国民经济中继续发挥非常重要的作用，并将持续推动整个经济的不断发展。

显然，深圳金融业地位一旦被边缘化，必将削弱深圳其他产业，包括高新技术产业以及现代物流业。几年前，深圳提出发展金融中心的口号，并在金融业发展方面做了大量的改革工作：先后出台了 18 条支持金融业发展的规定和实施细则，成立了金融发展服务办和金融发展决策咨询委员会；除了本身的地理区位和历史发展的优势之外，深圳市政府也正确地认识到金融业所拥有的发展带动效用。在政策引导上可谓是尽其所能，例如改革政府部门的职能部门，划分职责以此来达到提高办事效率的目的；设立发展资金，对落户深圳的外资机构以及高新技术人才进行奖励和吸引，以此来为深圳本身的发展创造源源不断的内在动力。除此之外，深圳市政府也以新加坡以及我国的香港国际金融中心为榜样，努力进取，在 2015 年 GDP 达到了 1.5 万亿的目标。而这样成就的取得也不是毫无根据的，因为在 2009 年的互联网以及新能源和生物工程三大新兴产业的战略制定，为实现这一目标打下了坚实的基础，而金融业在三大新兴产业的发展崛起之路上为其提供便利的条件和内在的推动作用。

（三）深圳的成就

在腾飞之前，深圳只是一个“穷乡僻壤”的村镇。改革开放的实验点，体制的大胆尝试“穷乡僻壤”发展到国民人均 GDP 的国内前列。2001 年深圳全市 GDP 达 1954.17 亿元，人均 GDP 达到 43344 元，居全国内地大城市之首，创造了世界的奇迹。到 2003 年深圳 GDP 达到 2860.51 亿元，比上年增长 17.3%，其中第三产业完成增加值 1156.98 亿元，占国民经济增加值的 40%左右，产业结构的调整更加合理。在国际贸易发展方面，我们可以看到，2003 年其进出口总额达 709 亿美元，相对比长江三角洲的区域中心的上海高出 236 亿美元。在 2011 年这个“十二五”开局之年，深圳坚持“一手抓迎办大运、一手抓经济社会发展”，大运会举办取得了圆满成功，深圳经济社会发展也呈现出良好态势，实现了“十二五”发展的“开门红”，综合经济实力稳步增长。全年实现“六大突破”，经济总量、规模以上工业增加值、全社会固定资产投资、社会消费品零售总额、进出口总额、全口径财政收入分别突破 10000 亿元、5000 亿元、2000 亿元、3500 亿元、4000 亿美元、4000 亿元大关；经济结构不断优化，经济运行呈现出“六个高出”的新动态，生物、互联网、新能源三大战略性新兴产业增加值增速高出 GDP 增速 11.4 个百分点，高新技术产品产值增速高出工业产值增速 7 个百分点，社会投资增速高出政府投资增速 24.3 个百分点，社会消费品零售总额增速高出 GDP 增速 7.8 个百分点，出口总额增速高出港口集装箱吞吐量增速 26.1 个百分点，工业产品内销额增速高出外销增速 14.2 个百分点。这样的发展成绩，被世界公认为“中国奇迹”“深圳速度”，现在如果我们亲临深圳这座城市，我们还是可以感受到这座城市的内在活力以及发展的强劲动力。

深圳经济的快速发展来源于其勇于学习外国的先进经验，实施“引进来”，与“走出去”并存的发展战略，积极开展对外贸易，积极利用国际资本来搞活经济。不仅如此，深圳还主动参与世界科技经济的合作与竞争，以开放为经济的“加速器”，改善投资的软硬环境，引进海外的资金、技术、人才、管理，大力开拓国际市场，形成了全方位开放的外向型经济体系。对外贸易（尤其是加工贸易）和高新技术产业对深圳经济的发展作出了突出的贡献。深圳充分利用毗邻香港的地理条件，抓住全球经济大调整的机遇，开展和鼓励加工贸易，扩大出口，加工贸易占全市出口的 80%以上。早在 2001 年深圳的出口创汇就达到 375 亿美元，约占全国的 1/7，连续 9 年出口总额居全国内地大中城市首位，是对接国际市场的重要贸易港口之一。一批新高新企业也应运而生，如我国最大的民营企业——华为，就从这里诞生。对于最近华为在美国受阻的事件，以下所述可以简单地对这一在全球经济体系中发生的阻碍事件的理解。华为技术有限公司是一家总部位于中国广东省深圳市的生产销售电信设备的员工持股的民营科技公司，于 1987 年由任正非创建于中国深圳，是全球最大的电信网络解决方案提供商，全球第二大电信基站设备供应商。华为的主要营业范围是交换、传输、无线和数据通信类电信产品，在电信领域为世界各地的客户提供网络设备、服务和解决方案。在 2011 年 11 月 8 日公布的 2011 年中国民营 500 强企业榜单中，华为技术有限公司名列第一。同时华为也是世界 500 强中唯一一家没有上市的公司，也是全球第六大手机厂商。但现在华为的在美国的发展状况是进不得亦退不得。浅层次：美国市场是很重要的市场，也是华为全球发展战略中的核心一步。如果华为不能进入美国市场，那么华为的增长就肯定要受到影响；在美国已经投入的资金，建立基本的网络市场，如果放弃美国市场，那么之前所做一切都算无用功。更进一步：在产业回流的全球趋势中，华为的全球发展战略将会遇到更多的障碍。深层次：文化差异下的公司组织架构和发展历程是美国等以“安全威胁”为借口的出于维护自身利益为目的的行为的逻辑。华为，不仅仅是世界500强，作为中国最大的民营企业，在IT领域是拥有榜样作用的。同样，在全球产业回流的趋势中，中国的低端产业转移，在原材料，以及人才成本等优势不再的情况下，中国面临着转型的困惑，华为的决策在一定程度上也就会有榜样的作用。在被质疑领导层有军方背景的情况下，华为自身也应该扩大透明度，让大家都能放心。很简单，众议院的情报委员会的报告提案就是一种手段，不让其发展。除了影响到对方的利益之外，信息终端的安全问题也是个问题，不能简单地说是个借口。要想成为全球的大企业，就必须学习改进一套符合全球要求的制度来规范自身的发展。因此，我们还是可以得出我国第二代领导人邓小平同志提出的“科学技术是第一生产力”的重要性，在2010年全年像这样的高新技术企业实现高新技术产品产值10176.19亿元，同比增长19.61%。其中具有自主知识产权的高新技术产品产值6115.89亿元，占全部高新技术产品产值比重60.1%，比上年提高0.6个百分点。此外，对于助推这些高新技术产业发展的不可忽视的另一个因素是外资的投资，因为他们不仅仅是经验和资金的投入，也是机会的创造。

截至2015年2月底，深圳历年累计批准外商直接投资项目53293个，累计合同外资金额1126.15亿美元，累计实际使用外资金额715.39亿美元。深圳签署的EPA（Ethernet for Plant Automation）协议加强了深圳与香港、珠江三角洲的经济联系，有利于深圳充分有效地协调、整合资源，同时更有利于大力推进深圳服务业和制造业的发展。

在深圳市经济社会形势分析会上，时任省委常委、市委书记王荣曾提出在未来深圳发展中，深圳全市上下要积极应对复杂环境，坚持在转型中发展、在创新中提升、在困难中求进，在当下一切都朝着好的运行态势发展的同时，应该把握推进节奏，以“稳”发展为步调，着重把握五个方面的工作。要着力推进经济平稳健康发展，为转型升级提供坚实基础；要坚定不移推进自主创新，为转型升级提供强大动力；要大力度推进城市更新改造和土地整备，为转型升级提供空间载体；要进一步深化改革，为转型升级提供制度保障；强化政府服务，为转型升级提供良好环境。在当前外部形势复杂多变的情况下，更需要通过抓好重点工作和重大项目，增强发展动力，通过重大项目建设带动产业升级、推动城市功能提升、加快经济社会的转型发展。

五、北京

建设国际金融中心是一项重要的国家战略。国际金融中心在一国核心竞争力方面扮演着重要角色。北京是中国的首都，是全国的政治、文化和国际交往中心。2017年，第三产业增加值在北京市GDP中比例最大。第三产业中，金融业又占全部增加值的25%，是发展最快的行业，已经成为北京经济发展的支柱行业。以金融立市，作为中央宏观调控部门和监管部门所在地，作为独一无二的全国性金融管理中心和信息发布中心，北京具有发展金融业无可比拟的管理优势和资金优势。将北京建设成为国际金融中心已经成为首都的一项重要经济发展战略；这样不仅有利于北京加快建设现代化国际化大都市的进程，更有利于中国金融业与国际迅速接轨。中国加入WTO，北京国际贸易增长趋势显著，2016年，北京进出口总值达1.86万亿元。国际经济与贸易的迅速发展已成为建设国际金融中心的主要动力。另一方面，国际金融中心的建设也必将促进国际贸易的发展。以下将对北京建设国际金融中心的必要性及可行性加以详细分析，进而阐述国际金融中心建设与国际经济与贸易发展之间的相互关系。

（一）北京发展国际金融中心的必要性

北京的城市现状和未来定位客观上需要将自身发展成为国际金融中心。

北京是我国的首都和历史文化名城，是党中央、国务院、中央各直属机关和职能部门的所在地，是全国政治中心和文化中心，具有很强的经济实力和发展经济的内在动力。随着2008年奥运会的举办，北京在我国经济和金融领域的地位愈发举足轻重。在承担全国经济、金融和商业的调控中心这个重要角色的同时，北京的城市现状和未来定位也客观上要求自身发展成为具备国际金融中心职能的国际化大都市。

1. 发展国际金融中心是北京经济发展的需要

北京的经济在全国经济体系中占有十分重要的地位。近年来，北京经济保持着持续稳定的增长，2016年生产总值达24899.3亿多元，北京的信息技术等高科技产业、汽车工业等近年来发展迅猛。在建设大北京经济圈或环渤海经济圈的过程中，北京以其雄厚的综合实力，逐渐发挥出三北地区经济支点的作用，对内整合科技资源、高校及科研机构，对外整合津冀地区，从而与华东经济圈遥相呼应，带动全国经济发展。随着北京在全国经济中的地位日益突出，与之相配套的金融产业和城市金融功能必须得以加强。

此外，北京云集了大多数大型国有企业，特别是中央企业的总部；全球500强企业中的244家在北京设有地区总部、办事处、代表处；每年获国家奖励的成果奖占全国的1/3。将北京建设成为国际金融中心必将为这些活跃在国内国际经济前沿的经济实体提供巨大的便利和进一步扩展业务的吸引力。

2. 发展国际金融中心是北京国际贸易和经济技术合作发展的需要

2016年北京对外经济贸易强劲增长，贸易规模连创新高，利用外商直接投资结束了多年低速增长的局面，取得了近10年来的最好成绩。据统计，北京进出口总值达1.86万亿元，1—9月共签订外商直接投资项目4316项，增长13.7%；合同利用外资220亿美元，增长33.6%；实际利用外资额130亿美元，增长0.3%，连续15年实现增长。从经济类型看，外商及港澳台投资企业完成出口交货值446.4亿元，增长43.7%，占全市出口交货值的82.9%，拉动全市工业出口增长35.6个百分点；股份制经济66.4亿元，增长46.8%。从行业看，通信设备、计算机及其他电子设备制造业和黑色金属冶炼及压延加工业的出口交货值均比上年同期有大幅增长。

在经济技术合作方面，北京的对外经济技术合作也保持良好势头。仅仅一年新签对外承包工程和劳务合作合同额便达到8.1亿美元，完成营业额6亿美元，分别比上年增长68.8%和70.8%。开发区建设和发展进入新阶段。一年内全市27个开发区累计入区企业29752家，其中投产企业24416家，分别比上年末增加5353家和4368家。全年各类开发区实现总收入4876.2亿元，比上年增长25%；实现工业总产值2796亿元，增长37.2%（按现价计算）；实现利润287.4亿元，增长20.9%；应缴税金209亿元，增长13.2%。

北京国际贸易和经济技术合作的快速发展只是全国国际贸易稳步增长的一个缩影，这种高速增长的局面客观上要求有一个具备完善金融职能的国际金融中心与之配套。而北京以其优越的条件具有很强的国际金融中心融通、管理和调剂资金的潜质，辐射作用十分明显。

3. 发展国际金融中心是北京金融产业发展的需要

北京作为首都，汇集了全国金融监督和管理机构、四大国有商业银行总行和多数股份制商业银行总行、四大资产管理公司总部、四大全国性保险公司总部、中国金融业四大行业协会；同时，中国国债登记结算中心、中国证券期货登记计算中心也都在北京。北京已是全国无可争议的金融管理中心、资金调控中心和资金清算中心，控制着全国 80% 左右的资金。鉴于全国 80% 以上的银行、保险、证券、基金公司都将其业务总部设于北京，在我国经济高速发展的今天，为配合国家经济与金融产业的发展，北京正寻求着从全国金融中心向国际金融中心的转变。

4. 发展国际金融中心是北京长远发展战略的需要

根据《北京城市总体规划（2004—2020 年）》，北京提出了四大发展目标和三大发展阶段。即北京将城市发展目标确定为“国家首都、世界城市、文化名城和宜居城市”。北京未来发展目标可分为三个阶段：第一阶段 2004—2008 年，率先在全国基本实现现代化，构建现代化城市的基本框架；第二阶段 2009—2020 年，全面实现现代化，确立北京具有鲜明特色的现代化国际城市的地位；第三阶段 2021—2050 年，建设成为经济、社会、生态全面协调的可持续发展的城市。此外，还要按照中央对北京做好“四个服务”的工作要求，同时以创新体制、调整结构、优化环境、全面发展为主题，加快推进各项改革，大力发展首都经济，强化首都的经济职能。

上述长远发展规划为我们勾勒出了北京未来的目标，在实现这一战略目标的过程中，将北京建设成为国际金融中心既是必然之举，又是必备手段，二者相辅相成，是一项促进北京长远目标实现的战略选择。

（二）北京发展国际金融中心的可行性

1. 得天独厚的金融地缘优势

北京面积达 16800 平方千米，处于东北亚和东南亚的结合部，向东俯视太平洋，是环太平洋经济圈的重要结点，向西位于环渤海经济圈的中心，与河北、天津构成全球最大的首都经济圈之一，即大北京经济圈。同时，十六届三中全会以后，以更加平衡的区域经济政策发展中国经济的趋势日益明显，国家提出了重振东北经济的重大战略举措，华北与东北唇齿相依，北京正位于二者的咽喉地带，并将在重振东北经济中扮演重要角色。此外，北京与纽约、伦敦分属于全球三大时区。纽约、伦敦发展国际金融中心的经验，为北京提供了良好的参照。

2. 优良的经济发展环境

综观北京的经济发展情况，可谓总量增长平稳，结构调整合理，发展势头强劲，强大的经济实力为北京发展成为国际金融中心提供了有力的支撑。

（1）经济总量

全市经济持续快速增长。经初步测算，2018 年实现地区生产总值 32320 亿元，第三产业实现增加值位居三大产业榜首，产业结构继续优化。

（2）财政收支

根据中国中央人民政府网上的数据，北京在 2017 年地方财政收入增势良好，1 至 5 月，全市一般公共预算收入累计完成 2640.9 亿元，同比增长了 3.2%。1 至 5 月，从全市主要收入项目看，营改增相关税种（原增值税、改征增值税、营业税）完成 747.6 亿元，同比下降 24.7%；企业所得税完成 657.4 亿元，同比增长 22.1%；个人所得税完成 316.6 亿元，同比增长 16.6%。截至 6 月 1 日，本市地方一般公共预算收入累计完成 2721.4 亿元，同比增长 4.4%（剔除营改增影响同口径增长 15%），完成年度预算的 50.3%。其中，税收收入 2385.8 亿元，增长 2.6%；非税收收入 335.6 亿元，增长 19.2%。这使得本市地方一般公共预算收入提前 29 天实现“全年收入预算任务过半”。今年前 5 个月全市一般公共预算支出累计完成 2602.6 亿元，同比增长 8.4%，完成年度预算 41.7%，与时间进度持平。从主要科目看，社会保障和就业支出 350.3 亿元，同比增长 14.5%；交通运输支出 239.8 亿元，同比增长 42%；农林水支出 174.2 亿元，同比增长 26.5%。

（3）投资水平

2017 年全年全社会固定资产投资 8948.1 亿元，比上年增长 5.7%。北京市国资委监管企业预计累计实现销售收入 2739 亿元，比上年增加 456 亿元，增长 20%；盈亏相抵后，预计累计实现利润 115 亿元，比上年增加 38 亿元，增长 50%，为历年最好水平。其次，非国有单位投资成为带动全市投资增长的主要力量。全社会非国有单位完成投资 1773 亿元，增长 26.3%，占全社会固定资产投资的比重达到 70.1%，比上年提高 5 个百分点。其中非国有内资单位完成投资 1369.7 亿元，增长 22.5%，占全社会固定资产投资的比重为 54.2%，比上年提高 2.4 个百分点。最后，重点工程建设进展顺利。北京市确定的 210 项重大工程累计完成投资 2575 亿元，占全年计划的 98%。

（4）主要产业——工业生产快速增长

以2016年为例，2016年完成工业增加值24899.3亿元，比上年增长6.7%。第二产业增加值4774.4亿元，增长5.6%。北京市工业生产稳步回升，生产效率进一步提高。

2016年，全市规模以上工业增加值按可比价格计算，比上年增长5.1%。重点行业中，汽车制造业增加值增长25.6%，医药制造业增加值增长8.5%，计算机、通信和其他电子设备制造业增加值止跌回升，增长1%。符合消费升级需求的高端、智能、高技术产品产量高速增长，新能源汽车、运动型多用途乘用车（SUV）、液晶显示屏等分别增长1.5倍、73%和65.2%。

全市规模以上工业企业实现销售产值17447.3亿元，比上年增长2.7%。其中出口交货值946.9亿元，下降11.9%；内销产值16500.4亿元，增长3.7%。

1—11月，全市规模以上工业企业实现利润1343亿元，同比增长5.7%；主营业务收入利润率达到7.9%，同比提高0.3个百分点；全员劳动生产率达到36.5万元/人，同比增长8.2%。

（5）多维度全面带动农业多层次发展

北京市政府官方数据显示，2017年，全市农业观光园1216个，比上年减少42个；观光园总收入29.9亿元，增长6.9%。设施农业实现收入54.5亿元，增长0.2%。民俗旅游实际经营户8363户，减少663户；民俗旅游总收入14.2亿元，下降1.1%。种业收入12.7亿元，下降9.1%。全年实现农林牧渔业总产值308.3亿元，下降8.8%。其中，在生态涵养区的生态景观造林和京津风沙源治理等工程带动下，林业产值增长12.7%。

（6）吸引外资和投资环境

由于首都是全国的金融管理中心，是全国经济发展的风向标，北京对外资的吸引力越来越大。从区域来看，CBD所在地朝阳区、海淀区中关村和北京经济技术开发区成为外商投资的热点地区。仅半年时间，三地新签外资项目476项，吸收合同外资26亿美元，实际利用外资11.6亿美元，占到外资总量的一半以上，分别为55.4%、72%和67.4%。成为全市利用外资的主要推动力量。从产业结构看，第三产业已成为北京市利用外资的重要增长点，占本市外资总量的60%，呈现快速发展的态势。其中租赁和商务服务业、科学研究和技术服务业实现了4.2倍和4.6倍的强劲增长。

投资环境对地区经济发展起着至关重要的作用。近年来，为鼓励非公有制企业投资发展，北京大力改善投资发展环境，出台了一系列鼓励私营个体经济发展的政策措施，对非公有制经济的发展起到了积极促进作用，在524家被调查的企业中，有67.6%的非公有制企业认为北京在改善投资环境方面力度很大或较大，有69.5%的企业认为北京的总体投资发展环境很好或较好。

（三）北京发展国际金融中心的优势

1. 完善的金融业态

（1）北京发展金融业的优势

就整体而言，中国国土面积大，人口数量多，经济规模越来越大，对国际的依存度日益增加。因此，中国需要像北京这样兼具政策、区位等优势的中心城市逐渐发展成为国际金融中心，从而对国内和整个亚太地区的资金融通起到很好的辐射和带动作用。

北京发展金融业具有许多有利的条件和优势。目前金融业在北京GDP中占的比重达到17.1%，高于上海16%的比例。北京已经拥有了一批与国际业务接轨的金融人才。作为中国的首都，监管的法规、条例，都是由处于北京的中央政府来制定的，国内主要金融机构的总部基本都在北京。

从国际化的角度来看，北京作为全世界瞩目的中心点，外资银行、跨国公司都会到北京参加行业峰会，北京已经积累了30多年对外交流的经验。目前，汇丰、花旗、渣打、东京三菱、巴黎、荷兰、东亚、星展等著名的外资银行都在北京设立了分支机构，并且这一趋势仍在不断延续。更为重要的是北京市金融业将迎来发展的重大机遇——根据入世协议，加入5年后中国金融市场将基本对外开放。目前，众多外资金融机构已蜂拥而入北京，北京已经基本成为外资银行集聚地。

（2）完备的金融生态体系

北京银行业资源优势突出。中国工商银行、中国农业银行、中国银行、中国建设银行等四大国有独资商业银行的总行和中信银行、光大银行、民生银行、华夏银行等四家股份制商业银行的总行都集中在北京。同时，如前所述，多家外资银行在北京设立了分支机构。

在规模不断扩充的同时，北京银行业的业务创新能力也不断增强。银行从传统的存、贷、汇等单一业务发展到存、贷、汇、票据承兑及贴现、回购、大额可转让存单、国债交易以及资产托管等，市场领域得到迅速拓展。2018

年，北京市人民币各项存款余额达到15万亿元，同比增长9.3%，年末外币存款余额为970.7亿美元，同比增长4.3%，人民币、外币存款等各项的增长率均居全国前列。

北京保险市场平缓发展。以2016年为例，全市有各类保险公司41家，比上年增加5家；保险中介机构59家，增加45家。全年保费收入278.9亿元，比上年下降1.3%。其中，财产险保费收入65.9亿元，增长26.9%；人身险保费收入213亿元，下降7.6%。全年各类保险赔款给付支出54.3亿元，比上年增长13.1%；其中产、寿险分别为33.2亿元和21.1亿元，分别比上年增长22%和1.3%。

北京证券市场稳步增长。2016年全年证券市场各类证券成交额446308.3亿元，比上年上涨5.8%；其中，股票成交额115095.3亿元，下降15.3%；债券成交额293247.9亿元，增长21.8%。年末证券资金账户数967.7万户，比上年末增加84.3万户。年末北京拥有上市企业超过百家。另外，北京还是全国拥有证券经营机构最多的地区之一，不仅有地方性证券公司，而且几乎所有全国性证券公司都设有北京总部、研发中心、分公司以及若干证券营业部。

信贷投放明显收缩，调控见效。根据宏观调控的要求，金融机构严格控制信贷规模。2018年，北京市人民币各项贷款余额6.7万亿元，同比增长12.5%，增幅比上年高0.5个百分点；比年初增加7355.2亿元，比上年多增1006.5亿元。外币贷款余额541.5亿美元，同比下降5.6%；比年初减少52.3亿美元，比上年多减112.1亿美元。12月当月，人民币贷款减少63.8亿元；外币贷款增加1.2亿美元。人民币非金融企业及机关团体贷款余额4.8万亿元，其中，中长期贷款同比增长18.3%，全年增加4122.1亿元，比上年多增1608.9亿元，为企业提供了稳定的资金来源。人民币住户贷款余额1.8万亿元，同比增长8.5%；比年初增加1400.8亿元，比上年少增915.6亿元。人民币非银行业金融机构贷款余额443.9亿元，同比下降34.4%；比年初减少233.2亿元。

房地产业稳中有降软着陆。2014年北京市房地产业实现增加值占据了全市GDP的6%，比上年下降6.4%。2017年全年完成房地产开发投资3745.9亿元，比上年下降7.4%；其中，住宅投资1725.5亿元，下降11.6%；办公楼投资742.9亿元，增长6.3%；商业、非公益用房及其他投资1277.5亿元，下降8.5%。年末全市商品房施工面积12608.6万平方米，比上年末下降3.7%。

其中，本年新开工面积 2475.7 万平方米，下降 12.0%。全年商品房竣工面积 1466.7 万平方米，下降 38.5%。

北京具有完善的金融监管体系。首都是全国的金融监管中心，集中了全国金融监督和管理机构：中国人民银行、银保监会、证监会及财政部；四大国有银行总行：中国工商银行、中国建设银行、中国农业银行、中国银行；四大资产管理公司总部：长城、华融、信达和东方资产管理公司；四大金融业行业协会：中国银行业协会、中国保险业协会、中国证券业协会、中国基金业协会。

2. 巨大的投资空间

高新技术产业的快速发展需要大量资金。

根据《北京城市总体规划（2004—2020 年）》，按照中央对北京做好“四个服务”的工作要求，北京要充分发挥首都优势，进一步发展以现代服务业、高新技术产业和现代制造业为核心的首都经济，不断增强城市的综合辐射带动能力，提升国际化程度和国际影响力。

积极调整产业结构和用地布局，促进高新技术和第三产业的发展，需要大量建设资金。预计未来 10 年，中关村科技园开发建设和众多科技企业发展对资金的需求将大幅增长，但目前银行对中关村和开发区提供的多是政策倾斜性贷款。这种非商业化的行为与商业银行自身的经营方针相悖，无法为众多中小科技企业提供资金支持。仅此一项，北京市每年的资金缺口就近 200 亿元。面对这一迫切需求，以及巨大的潜在市场机会，北京城内的三大金融区——CBD、金融街、中关村几年来正做着各自的努力。CBD、金融街和中关村高科技园区是拉动北京经济增长的三驾马车。经过 10 年的建设和发展，金融街已经成为名副其实的全国金融管理中心。CBD 区域集中了北京 70% 的涉外资源，汇集了北京 60% 以上的外资机构，已成为境外金融、保险、电信、信息咨询等行业的公司地区总部与营运管理中心的国际商务中心区。而中关村科技园区作为全球最大的科技园区之一，近年来更是发展迅猛，已成为中国高新技术产业的硅谷。

3. 大量的金融研发机构和丰厚的人才储备

与全国其他城市相比，北京拥有全国最多的高校和科研机构；拥有中国 1/3 的高级计算机软件人才、近 1/2 的高级智能系统集成人才、一半以上的半导体专家；61 所大学学校都设立了电子信息专业，北京拥有全国独一无二的智力优势，吸引了全国 80% 以上的银行、保险、证券、基金公司都将业务总部和研发中心设于北京，北京金融研发中心的地位其他城市无可取代。在金融人才方面，北京聚集了全国最多的金融专业人才，仅直接为金融街区域服务的各类人才就达 3 万多人，特别是近年来人才的聚焦吸纳越来越向高层次、高标准方向发展。博士、硕士学位的人才比例，在几年间大幅上升。

4. 北京的国际交往经验丰富

北京与世界各国、各地区的经济、贸易、科技、教育、文化等领域的交流日益加强，政府、民间和社会团体之间的友好往来十分活跃，已经形成了全方位、多层次、宽领域的对外开放格局。2018 年末北京市常住人口 2154.2 万人，2017 年常住外来人口 794.3 万人。北京市与 72 个国家的 124 个首都和大城市有友好往来关系，其中已与 37 个国家的 41 个城市建立了友好关系。2018 年，北京在读的外国留学生达 80786 人。北京现有外国驻华大使馆 137 个，国际组织和地区代表机构 17 个，外国新闻机构 190 个。在北京设立的国外驻京代表机构已超过 7000 家，大 500 家跨国公司已有 185 家来京投资。北京曾成功地举办了第 11 届亚运会和 2008 年北京奥运会，还将在 2022 年举办冬奥会。1998 年以来，每年都成功举办以高新技术产业为主题的大型国际活动——北京高新技术产业国际周。这些都为北京积累了丰富的国际交往经验，为建设国际金融中心提供了良好的经验资源储备。

（四）北京发展国际金融中心的建议

1. 北京发展国际金融中心应立足于我国现实情况，有特色，有创新

鉴于美国除了作为全球性国际金融中心的纽约外，还有芝加哥、洛杉矶等区域性金融中心，有旧金山、休斯敦等国内金融中心。英国也拥有伦敦、曼彻斯特这样的层次不同的金融中心。日本的情况也是如此，东京、大阪和名古屋、横滨分别作为全球性国际金融中心、区域性金融中心和国内金融中心发挥作用。我国经济发展的不平衡，就必然带来资金分布的不平衡，需要国家、地区或经济中心城市进行有组织的融通和调剂，这就在客观上为不同层次金融中心的形成创造了条件。不同城市间的关系是相辅相成，首都发展国际金融中心关键在于创新和开放，应立足于我国和北京的现实情况，将北京建设成为定位明确、层次鲜明、兼顾其他层次金融中心的有自身特色的国际金融中心。因此，金融中心的建设不存在排他性，北京发展国际金融中心不会影响上海、深圳。即使北京大力发展金融业，也不意味着北京要取代香港或者上海、深圳的金融中心地位。

2. 要注重整合周边省市资源，领衔区域经济发展

在建设国际金融中心的过程中，北京最大的弱势便是没有出海港口。许多人认为北京更像一个离岸金融中心。但是，随着“大北京经济圈”及“环渤海经济圈”概念的提出，北京在一夜之间就得到了梦寐以求的出海口。为此，北京首先应做好两个整合：一是对内要整合科技资源，整合高等院校和科研机构；二是对外要整合天津和河北，这是对整个京津冀地区的整合。北京有人才的优势、技术的优势和政治中心的优势，由北京牵头把天津和河北整合起来，在京津冀地区总体来说，共同利益大于竞争。河北、天津的发展应以首都利益为重，京津冀三方当前最主要的是要形成首都经济圈的态势，并能大量吸引外资。首都在建设国际金融中心的过程中，恰巧能为大北京经济圈吸引巨额资金，这无疑是三方共赢之举。

环渤海经济圈继长江三角洲、珠江三角洲经济圈展现活力之后，已成为中国经济的第三个隆起地带。目前，越来越多的跨国公司在北京建立研发中心和运营总部，把生产基地建在天津、山东等地。

目前，环渤海经济区内高附加值、高科技含量的新型行业开始形成主导，产业群落渐渐形成。北京有全国最大的中关村电子信息产业科研、生产、贸易基地，集中了软件开发及信息技术的优秀人才。

由此可见，一个区域经济的发展，往往要靠一两个城市的带动。北京在建设国际金融中心的同时发挥政治文化中心的作用，以其特有的辐射力，带动区域经济的发展，环渤海地区就有了核心和龙头，就有了推进与辽中南地区和山东半岛进行经济整合的条件。

3. 北京在金融方面的开放程度可以更大

开放程度一是指市场容量，一是指金融政策。在市场容量方面，一个市场只有聚集到更多的参与者，才会足够大，过去北京多是吸引超级的金融大企业，同时也需要中小型金融企业。如果一个市场没有容量，也没有深度，那么这个市场也不能称之为市场。北京还应有更多的经纪商、中介机构等服务机构。在金融政策方面，应在严格规范的金融监管体制下，适度开放，借鉴其他国家的先进经验，使金融政策的制定和执行方面更符合国际惯例，与成熟的国际金融中心的相关措施尽量地接轨，为北京建设国际金融中心奠定政策基础。另外，应抓紧培养国际化的金融人才，人才是相当重要的基本因素，应想办法留住人才，做好建设国际金融中心的人才储备。同时积极扩大开放，鼓励外资银行和其他金融机构在京开办分行，同时积极引进金融领域的人才来充实北京的金融市场。

4. 应该加强北京金融领域软硬件方面的建设

国际金融中心承担着大量本、外币资金融通的职能，数据的交换、传输以及分析等工作十分频繁和复杂，因此，应尽快完善北京在金融领域的软硬件方面的建设，达到国际金融中心应当具备的水平，利用信息技术建立各类金融企业之间，以及它们与生产企业之间的交易和数据交换平台。可以说，这是北京成为国际金融中心的必备前提条件。

第六章　战略视角下中国多层次金融中心发展分析

第一节　我国金融中心的发展

一、世界主要金融中心形成特点借鉴

根据现有的相关研究以及历史记载，我们能够获取全球主要金融中心的形成条件和模式（见第一章表 1.2.1），进一步总结金融中心形成所具备的普遍特征。而且，结合金融中心发展的历史过程，可以总结出金融中心的一般发展路径（见第一章图 1.2.2）。

即便是处在不同层级的金融中心，其形成条件也是大致相同的，我们从表 1.2.1 中可以得出金融中心形成需要的一般条件。

（一）优越的地理位置

与普通城市相比，一个国家的首都、经济中心或者重要的港口城市，更有可能诞生出金融中心。依靠其独特的政治地位以及经济地位，一个国家的首都往往可以集聚大量的金融机构和资本；而沿海港口城市，利用其交通便利和积极开放等优势，无论是对国内还是对国际金融机构，又或者金融资源，都具有强大的吸引力，将来很有可能发展成为离岸金融市场。在表 1.2.1 中我们看到，伦敦、东京、新加坡、纽约和中国香港，这些金融中心要么是一国首都，要么是沿海港口城市，这就意味着地理位置的重要性。

（二）雄厚的经济实力

金融中心的形成和发展与所在国家或地区的经济实力有着密不可分的联系。当今世界上具有金融中心的国家和地区，都拥有相对雄厚的经济基础。

一个健康稳定发展的经济体，势必会带动各行各业对巨额资金和货币供应量的需求，一定程度上刺激了金融交易规模不断壮大，进而推动国际金融中心的诞生和发展，可以说这就是国际金融中心逐步形成和发展的普遍规律。历史一次次证明，一旦失去了强大的经济基础作为保障，国际金融中心的地位就会被动摇。例如金融史上最早形成的两个国际金融中心——佛罗伦萨和阿姆斯特丹，它们之所以退出国际金融中心舞台，主要是受本国经济实力下降所带来的负面打击；而纽约、东京、伦敦等城市逐渐发展为全球领先的国际金融中心，这离不开美国、日本和英国强大的经济实力作为基础。

（三）金融自由化和货币国际化

在一个自由和国际化的市场机制下，金融市场能够做到更加透明、高效，从而吸引更多的金融机构，其市场交易规模逐渐得到扩大，并在全球范围内促进了国际资本的自由流动。20 世纪 80 年代，英国伦敦进行的金融大爆炸就是以金融自由化为主要内容，促进了金融业的自由化改革。新加坡及时取消了外币的利息税，促使在新加坡形成了亚洲美元市场，并且进一步放松对外资拥有新加坡银行股份的行政干预，从而吸引大批外资金融机构进驻新加坡金融市场。形成金融中心的条件还有货币的国际化程度。若回顾一国国际金融中心的形成过程，会发现国际金融中心形成的同时都会伴随着本国货币的国际化。因此，纽约、伦敦和东京等大部分国际金融中心，其货币的国际化程度都较高。

（四）金融环境宽松

松弛有度的金融监管，有利于改善金融市场的创新能力和竞争力不足的问题，可以帮助金融市场建立起高效、稳健、合理的金融体系，有利于维护金融市场的安全稳定和维持金融市场的投资热情。例如 20 世纪 80 年代，日本是最先引入以自由化和国际化为主的金融体系改革的亚洲国家，具体做法包括对国内金融实施自由化策略、对外增加金融开放政策，放宽了对东京金融市场的控制，有效地减少了多种限制东京金融市场发展的障碍，促进东京货币、外汇和债券等各类金融市场的繁荣和发展。20 世纪 90 年代末，为了达成统一的金融监管体系，英国政府采取了包括精简英国传统且复杂的金融监管体系，简化监管机构和财务审批程序，坚持以金融业自我规范、自我约束和自我管理为主等一系列改革措施，效果显著。

二、中国金融中心的发展现状及问题分析

（一）中国金融中心的发展现状分析

1. 以中国香港为代表，上海为重点发展国际金融中心

根据英国智库 Zyen 集团发布的第 18 期全球金融中心指数（GFCI），将排在前四名的城市和上海（第 21 名）整理出来（见表 6.1.1）。由表 6.1.1 可见，香港已成为世界上富有活力的一个区域性国际金融中心，同时成为排在纽约、伦敦后的第三大国际金融中心。与此同时，2003 年上海明确提出了到 2020 年基本成为亚太地区国际金融中心之一的目标；2009 年推出的《关于推进上海加快发展现代服务业和先进制造业，建设国际金融中心和国际航运中心的意见》进一步加快了对上海区域性国际金融中心的建设。当前，上海正在积极建设，努力发展成为较强的国际金融中心，在全球金融中心排名中上海的位次迅速上升（见表 6.1.2），2016 年上海位于第十三位，而 2017 年全球金融中心指数（GFCI）排名中，上海就已上升到了第六位，2018 年又上升到了第五位。

表 6.1.1　2015 年全球金融中心排名

金融中心	GFCI 得分	GFCI 排名	相对上期得分变化
伦敦	796	1	增加 12 分
纽约	788	2	增加 3 分
香港	755	3	减少 3 分
新加坡	750	4	减少 4 分
上海	698	21	增加 3 分

资料来源：2015 年伦敦金融城公司第十八期全球金融中心指数。

表 6.1.2　2016 年全球金融中心排名

城市	本次名次	得分	上次排名	上次得分	排名变化	分数变化
伦敦	1	800	1	796	–	▲ 4
纽约	2	792	2	788	–	▲ 4
新加坡	3	755	4	750	▲ 1	▲ 5
香港	4	753	3	755	▼ 1	▼ 2

续表

城市	本次名次	得分	上次排名	上次得分	排名变化	分数变化
东京	5	728	5	725	–	▲ 3
苏黎世	6	714	7	715	▲ 1	▼ 1
华盛顿特区	7	712	10	711	▲ 3	▲ 1
旧金山	8	711	9	712	▲ 1	▼ 1
波士顿	9	709	12	709	▲ 3	–
多伦多	10	707	8	714	▼ 2	▼ 7
上海	13	–	21	–	▲ 8	–

数据来源：英国智库 Zyen 集团发布的第 19 期全球金融中心指数。

2. 多城市积极建设区域性金融中心

随着经济的不断发展，金融业似乎已经成为最有利可图的行业，建立一个金融中心是吸引资金最好的方法。因此，除上海外其他许多城市也为分得“一杯羹”而努力。提出建设区域性金融中心的城市根据不同区域划分，有面向东北地区的哈尔滨、大连、沈阳和长春等；面向华北地区的太原、天津、石家庄等；面向华东地区的济南、宁波、杭州、福州、南京、合肥、南昌等；面向华中地区的郑州、长沙、武汉等；面向华南地区的广州、深圳、南宁等；面向西南地区的重庆、成都、昆明等；面向西北地区的西安、兰州、呼和浩特、乌鲁木齐等。经粗略计算，中国内地金融中心在规划和建设中的至少有30个。

（二）中国金融中心发展中存在的问题

1. 上海发展国际金融中心存在的问题

从目前情况看，制约中国金融业参与国际金融竞争的关键因素就是资金实力不够雄厚。中国的整体金融实力，和中国作为一个崛起的经济大国与金融业全面开放以后参与国际竞争的状态是不相称的。表现在：

（1）货币国际化水平不高

中国建设国际金融中心的必经之路是人民币的国际化。原全国社保基金理事长戴相龙曾指出过人民币国际化的三大标准，其中人民币在国际储备货币中的占比最少相等于中国 GDP 占全世界 GDP 的比例——约 26%，然而，数据无情地告诉我们，人民币资产占全球外储 1.07%（见图 6.1.2）。人民币在全球外汇储备中的占比远远低于 26% 这个比例，如果按照“人民币在国际储备货币中的占比”这项标准，当前人民币的国际化程度显然很低，如此低的国际化程度对于推进上海国际金融中心建设，作用微乎其微。

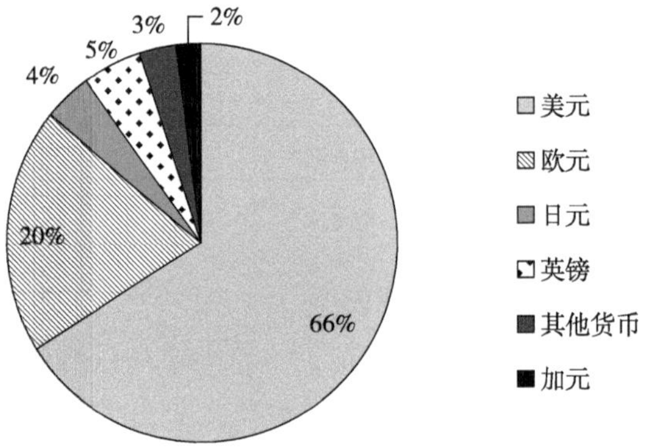

图 6.1.1　2015 年第四季度全球外汇储备占比

数据来源：国际货币基金组织 2015 年第四季度各国外汇储备统计报告。

（2）金融自由化的程度不足

上海在推动经济金融化以及建设金融市场中话语权不高。根据加拿大公共政策智库菲沙研究所（Fraser Institute）发布的世界经济自由度年度报告结果，2017 年的 171 个国家和地区的经济自由度排名显示，中国香港继续保持第 1 名的位置，韩国排在第 23 位，而中国大陆排名则在第 139 位。前文提到，我国虽然逐步放松了对部分市场利率的管控，给予了金融机构贷款一定的利率浮动权，但没有从根本上使存贷款利率由市场来调节，资金的使用价格也不能完全由利率来体现。低水平的资本配置功能以及滞后的市场交易规则共同阻碍了国内和国际金融资源在同一市场内的有效流动，从而使得上海内部和外部的金融开放不能得到进一步加强。目前中国金融业的整体水平仍处于较低级别的市场准入阶段，远没有达到资本账户自由化。

（3）创新能力不足

制约上海金融中心发展的又一个问题，是金融产品尤其是金融衍生品还不是很丰富，受到现有体制的限制使得人民币产品创新能力不足。伦敦、纽约等世界主要金融中心早已是市场化的产品创新机制，然而目前，上海的金融产品的推出还需经过审批。

（4）人才储备不够

站在总量规模的角度上来看，世界主要国际金融中心城市的金融业从业人员基本可以达到10%以上。目前，上海金融从业人员达到了23万人，只占上海人口总量的1%，人才缺口仍然很大。目前，上海金融从业人员中获得职业水平认证的占7.1%，其中具有国外职业水平认证的仅占1.3%。因此，上海金融中心人才缺口中尤其是高端金融从业人员紧缺，金融从业人员的国际化程度不足，缺乏先进的复合型人才是上海金融中心的建设和发展的一个关键制约因素。

2. 中国发展区域金融中心存在的问题

目前，中国内地超过30个城市有意规划和建设金融中心。随着区域经济的发展，乌鲁木齐有意发展成为中亚区域金融中心；郑州为支撑其经济发展有意构建区域性金融中心；青岛作为山东的商务中心，吸引了国际金融机构；重庆也有构建金融中心的计划；为了建设金融中心，武汉、长沙等城市成为竞争对手；西安、呼和浩特、兰州等地也争先恐后地想要占领金融高地；福州、杭州、南京等地也以构建金融中心为目标。然而当地政府要建立一个金融中心，必须立足于本地企业的发展，必须因地制宜，充分发挥各地的比较优势，这样才能够成功。如果只是一味地为了建设金融中心而建设，并不能够使其起到应有的作用，那么就是盲目跟风。

虽然有这么多城市都提出建设区域性金融中心的目标，但都是各自发展，并没有统一的发展规划。每个城市根据自己的意愿，采用当地的政策。例如，郑州颁布了《郑州区域性金融中心建设规划纲要》、大连市人民政府制定了《大连区域性金融中心建设规划（2009—2030）》、重庆市政府审议通过《重庆市金融中心建设“十二五”专项规划》等等，几乎每个城市都有一套自己的金融中心发展政策，站在全国的角度来看，区域性金融中心的建设没有统一的方向和节奏，也很有可能出现盲目建设和重复建设等结果。

大量的城市制定建设金融中心的计划，随之而来的一个问题便是城市之间的竞争。一方面，实力相当、发展相似的城市之间必然会出现争抢资源的现象。这方面最具代表性的应该是广州和深圳，广州和深圳地理区位相似、发展水平相当，并且都提出了建设区域性金融中心的想法，但是比较金融机构数量和大型企业集团总部数量可以发现深圳明显超过广州。根据中国总部经济研究中心 2016 年发布的《全国 35 个主要城市总部经济发展能力评价报告》显示，广州排名第三，深圳紧随其后排名第四。因此，广州想要建立金融中心，与深圳抗衡或者竞争，一定会同深圳争夺资源。另一方面，期望建立金融中心的城市之间的竞争有的已经触及甚至超出了公平竞争的边缘。

虽然有这么多城市想要争当区域金融中心，但其中很多城市的金融效率并不高。以南昌为例，在存贷比例方面，宁波高达 96.5%，长春在 90% 以上，杭州约为 88.3%，同在中部地区的长沙、合肥分别为 98.8%、94.8%，而南昌仅为 83.5%。这表明南昌与上述其他城市相比资金外流情况较多；在贷款产出率方面，从 GDP 占贷款余额的比值来看，青岛为 89.0%、大连为 75.7%、长春为 72.1%，同在中部的长沙为 71.6%，而南昌仅仅占 62.9%。因此，虽然南昌也提出建设金融中心的想法，但其金融效率并没有达到成为金融中心的高度。

除了金融效率以外，很多城市的金融规模并不大，难以有效推动区域金融中心的建立。以武汉市为例，根据武汉市统计局发布武汉市金融状况发展分析可以发现：一是武汉市的金融机构总部并不多，还没有一个全国性银行总部，保险公司总部仅有一个。证券机构总部仅有长江证券、长江期货等 5 个，而深圳的金融机构总部约有 80 个；二是武汉市存贷款的规模不大。存款余额仅相当于深圳的 54.1%；三是武汉市的金融业增加值占 GDP 的比重不高，约为 6.3%，排名第 9 位；四是武汉市的融资功能不强，其上市公司的融资额甚至不敌深圳市的 1/4。因此，实际上很多城市并不具有建立金融中心的金融规模。

金融业是依靠行业中的信用支持的，信用环境质量的好坏直接影响到金融业务的进行和金融市场发展水平的高低。当众多城市争相构建金融中心时，对信用环境质量的关注可能就会有所缺失，例如武汉市曾有一个时期社会信用缺乏相当严重，时常出现各种逃债现象和破坏这一地区的信誉和形象的行为，曾被有关部门和一些金融机构总部作为一个金融高风险地区对待，虽然通过不断的努力使得当前形势有所改善，但整体的信用环境和市场发展的不对称仍然存在。

第二节　中国发展多层次金融中心的战略规划

一、加快发展上海国际金融中心

(一) 提升国民经济的综合实力

金融中心的建立必须是在经济中心的基础上。金融业是在其他行业的支持下发展的，我们应该在建设国际金融中心时采取科学的产业发展战略。企业是金融中心发展的微观层面，因此金融中心的企业发展必须继续提高企业的创新能力，完善现代企业制度，建设具有国际竞争力的企业家队伍。只有在企业经济、产业经济和国民经济等综合经济实力提升和可持续发展的强大背景的依托下，国际金融中心的建设才能够坚实稳固的进行。

(二) 提升金融机构质量

第一，为了吸引国内外金融机构将总部或区域总部设在上海，可以适当地加大政策优惠力度。

第二，制定相关标准，允许达标的上海金融机构尝试进行综合经营，培养具有国际竞争力和综合运营力的大型金融机构，吸引金融研发和资金运营中心入驻上海。

第三，整合金融资源，优化资源配置，加速发展法人金融机构，打造具有国际竞争力的上海金融品牌。

第四，鼓励大中型国内金融机构与国际接轨，积极走向全球金融市场，参与国际竞争，培育上海本土的具有国际竞争力的大型跨国金融机构。

(三) 推动金融创新与人才进步

推动金融中心发展的重要一环就是金融创新。推动金融创新首先要积极发展各类新型金融市场，推动部分现货交易向衍生品交易的转变，推动国内市场向国际市场的发展。其次，要推动金融机构的创新，推进金融机构的股份制改革，促进金融机构与银行、证券、期货、保险等业务之间的合作，提高金融机构的抗风险能力和竞争力。再次，是要推动金融产品的创新，注重金融衍生产品的创新。推动金融创新的同时还要注重人才的培养。要培养一批具有国际竞争力的金融家队伍，培养具有国际视野和优秀决策能力的金融高层骨干队伍，培养具有高素质的金融员工队伍，注重因材施教，通过形成一定质量和数量的先进金融人才队伍来推动国际金融中心的发展。

二、根据不同功能发展区域性金融中心

（一）坚持统一部署、区别管理的原则

对于几十个有意建设区域金融中心的城市来说，应该对它们进行统一的规划部署，站在全局的角度上合理分配每个城市的职责和发展模式，让它们各尽其能。在坚持统一规划的同时，还应坚持区别管理，根据各区域的自身特点，因地制宜地管理和扶持。可以从上至下，从大到小，建立多层次的管理机构，根据不同现实情况采取对应管理措施，加强各城市之间的沟通，实现金融市场的良好发展，促进金融中心的健康发展。

（二）制定建立金融中心的标准

建设金融中心不能只凭自己的一时兴起，而是要建立各项经济指标的量化标准和限制，不是申报提出即可；金融中心城市必须是具有实际功能的经济主体，不是为了建设金融中心而建设。因此，必须制定符合建设金融中心的硬性指标和符合发展金融中心的环境标准，制定具有可持续发展可能的指标作为基本标准，对申报建立金融中心的城市进行严格的评估审核，通过国家的正式批准，从而通过正式的渠道和规划发展成为区域金融中心。

（三）加快金融业全面信息化步伐

当代信息技术已经被广泛应用到金融行业经营管理之中，但金融企业并没有真正实现相互联通，这是因为金融企业各自拥有自己独立的信息系统，使得金融中心信息共享较为困难。除此之外，信息技术在金融风险管理和金融监管等方面运用得较少，金融机构对大量的产业信息、管理信息和客户信息的搜集、管理和分析能力较弱。因此，要协调好金融中心城市中各个金融机构之间的利益关系，实现各金融机构之间在同一平台上的信息共享，改变

过去单一、独立的经营模式，实现综合经营、共同发展的新经营模式。

（四）积极完善多层次金融中心城市的各类金融市场、加强金融创新

根据国外成功建设金融中心的经验来看，多层次金融中心城市中的区域金融中心，其金融业多层次发展相对完善，即不同程度上银行业、证券业和保险业的共同发展。例如，纽约拥有世界上最大的证券交易所，同时又是世界美元清算中心；伦敦的货币、资本、保险、外汇、衍生工具等金融市场体系相当完善；香港拥有数量仅次于伦敦和纽约的多家外资银行，同时拥有对外开放程度较高的保险业，其中，2016 年上半年，内地访港旅客在香港购买新保单保费共计 301 亿港元，占同期香港保险个人业务新保单保费总额（2075 亿港元）的 14.5%。而金融创新则可以推动金融市场不断地完善，能够使金融中心的建设处于领先地位，同时完善的金融市场也可以推动金融业的不断创新。

（五）根据城市、区位不同建立多层次、功能互补的金融中心

按照金融中心的辐射范围，将其他国家区域金融中心分布情况加以总结（见表 6.2.1）。同样地，可以由点及面地按照三个层次建设我国的区域金融中心：某省市区域金融中心、国内区域金融中心和国际性区域金融中心。根基最稳固的金融中心体系可以说就是这样，由一层一层的区域金融中心奠基而成的多层次区域金融中心体系。每个城市都有自己的优势，例如重庆基础设施完备，是中国西部唯一一个集水、陆、空三种运输方式为一体的交通枢纽；深圳具有较好的创新环境等等。根据不同城市的比较优势，可以建立多层次、功能互补的区域金融中心，充分发挥各自的长处。

表 6.2.1　部分国家多层次金融中心分布

国别	全球国际金融中心	区域性国际金融中心	国内区域金融中心
美国	纽约	芝加哥、洛杉矶	旧金山
英国	伦敦	曼彻斯特	利兹
日本	东京	—	大阪、名古屋、横滨
加拿大	—	多伦多	蒙特利尔
法国	—	巴黎	里昂
德国	—	法兰克福	杜塞尔多夫

第七章　逆周期的宏观金融审慎管理制度构想

第一节　逆周期的金融宏观审慎管理制度意义

在一国金融中心的构建进程中，还需要对整个市场运行安全体系进行构建。设想构建逆周期的金融宏观审慎管理制度是为了降低市场的波动性而提出的一个方案，其意义在于对目前越来越多的经济过热或金融危机现象进行合理调控，发挥其在提高金融系统的稳定性、避免系统性金融风险的发生以及保持宏观经济发展的稳定性等方面的作用。本章就构建逆周期的金融宏观审慎管理制度这一理论存在的意义，来具体说明它对提高金融系统的稳定性，避免系统性金融风险的发生，以及增强宏观经济发展的稳定性，降低经济波动的风险方面的作用。该制度的核心是通过在资本充足率、不良贷款率、动态拨备覆盖率、流动性比率、混业经营这五个方面的调控，以逆周期的方式促进宏观经济平稳发展。本章最后分析了构建逆周期的金融宏观审慎管理制度的难点，并对其存在的风险进行探讨。

在一个正常运转的金融市场里面，诸多的“羊群行为”与道德风险这些微观上的行为导致了金融体系宏观上的顺周期特性，在经济状况良好下是过度乐观，在经济萧条时是过度悲观，从侧面上变相加剧了市场的波动性。

逆周期金融监管体系是目前新提出的应对经济周期性波动的方法。宏观审慎监控的重点是关注各种金融机构的相互作用并以此防范系统性金融风险的发生。运用逆周期的调控方式对经济进行反方向调整，可以达到增强经济稳定性的目的。相对于货币政策的后知后觉，逆周期金融监管体系可以先知先觉，从而体现了它的优点。构建逆周期的金融宏观审慎管理制度有利于提高金融系统的稳定性，避免系统性金融风险的发生。系统性金融风险主要包括随经济周期性波动而产生的货币风险、利率风险、汇率风险等，它的发生是由宏观政治、经济、社会等因素引起的，主要特征是资产价格剧烈波动。系统性风险主要关注的是整个世界经济或世界主要国家或本国一定时期的宏观的经济状况，一般包括经济等方面的关系全局的因素，诸如全球经济或主要国家经济发生严重危机、本国持续高涨的通货膨胀以及其他特大突发事件等等。金融体系的不稳定造成了金融系统性风险，由于缺乏对宏观环境的关注，导致了对金融风险的防范与控制不当，加剧了金融系统的动荡。金融危机大都是由经济的周期性波动造成的，所以降低经济的波动性变动就能够控制金融危机，使经济平稳发展。离我们较近的2008年美国次贷危机，以及欧债危机等的发生影响遍及全球。目前，中国没有过多地受到此次全球性金融危机的影响，但是经济低迷或经济过热交替发生的现象日益明显，因此，需要有针对地做出防范。因此，构建逆周期的金融宏观审慎管理制度框架是非常有必要的。

构建逆周期的金融宏观审慎管理制度这一曾经的建议现在已经成了一项国家的规划，并在十一届全国人大四次会议通过的《中华人民共和国国民经济和社会发展第十二个五年规划纲要》中，这句话写入了第四十八章的第三节“完善金融调控机制”。所以对此进行的分析是必要的。

第二节 金融宏观审慎管理制度形成的背景、特点及内在逻辑分析

一、金融宏观审慎管理制度形成的背景

2008年9月，国际金融危机以雷曼兄弟公司破产为导火索，对世界经济造成了严重冲击。危机的出现说明了世界主要国家在经济剧烈波动时存在应对系统性金融风险方面的政策缺陷，尤其是现有的金融监管体制及会计制度等大都是从微观角度出发。而银行拨备覆盖率要求、资本充足率要求、会计准则以及资产价格等都有顺周期的特征。例如，在经济快速发展时，银行业资本充足率计算中的风险权重的因素所占会比较少，所以银行的资本充足率也就相应地被提高，潜意识中使资本扩张的意愿增加，从而使经济过热；相反在经济发展倒退时，风险权重的因素所占会比较高，银行的资本充足率也就相应地被降低，贷款能力下降，从而使经济发展态势遭遇危机。所以可以说，金融机构更愿意在好的经济发展态势下提高杠杆率，在经济发展态势不

好时则降低杠杆率，从而导致周期性波动加剧。总之，在经济周期高涨阶段，金融机构资产状况和盈利水平显著改善，乐观情绪加强，防范风险意识下降，资产扩张意愿强烈，导致杠杆率不断提高，加之监管放松、个别评级机构道德风险问题突出，使之巨大的系统性金融风险隐藏在市场的表面繁荣之中。在此背景下提出了建立金融宏观审慎管理制度。

二、金融宏观审慎管理制度的特点及内在逻辑

宏观审慎管理区别于传统的微观审慎监管，特点在于其采取的是宏观的、逆周期的制度管理，并以防范系统性金融风险为主要目标。从单个金融机构看，不论宏观经济状况如何，由于它自身的经营管理以及市场变化等原因必定存在风险，微观审慎监管的核心就是为了确保单个金融机构的合规稳健经营而进行风险监管和控制。然而，当众多金融机构的行为都发生同方向变化时，即使从单个金融企业来看符合常规监管标准，但这种“羊群效应”的群体行为也能产生宏观上的周期波动甚至系统性金融风险，而这恰恰是宏观审慎管理制度着力解决的问题。所以，需要在现有货币政策框架和微观审慎监管基础上，进一步加强宏观审慎管理，既要保持微观金融机构的稳健经营，更要保证宏观金融稳定，以防范系统性金融风险。

宏观审慎管理的内容主要有两个方面。从跨机构角度看，宏观审慎政策采取的手段是针对不同机构间相互影响作出的应对手段。其中包括：第一，适当提高资本要求，同时加强对金融机构的监管。第二，对金融机构的规模进行合理的限制，使风险尽量少地在不同行业间传播。第三，防范交易对手对金融市场造成冲击。从跨时间角度看，这一政策用于防范顺周期的金融风险。一方面降低顺周期的倾向。另一方面增强逆周期的资本缓冲，从而使金融体系抵抗经济周期的能力增强。这就要求银行金融机构应当在经济繁荣时提取充足的损失准备金，在经济萧条时不会由于准备金的不足而紧缩贷款。特别强调的是，逆周期的金融宏观审慎管理是一项跨周期的制度安排，它不仅要求在经济高涨、银行资产扩张过快的阶段提高拨备覆盖率和资本充足率，以加强其风险防范能力，还要在经济下行阶段降低拨备覆盖率和资本充足率，以缓解信贷紧缩、平稳经济波动。其根本目的就是维护金融体系的稳定，提升金融持续支持经济发展的能力。

第三节　逆周期的金融宏观审慎管理制度的内容分析

一、资本充足率在合理范围内根据实际情况变动

资本充足率是指银行总资本（一级资本与二级资本之和）与风险加权总资产的比率，是银行对所负债的最后偿还能力的衡量指标。“杠杆原理”在物理学中的解释是指用小的力量作用于大的力量。银行中指的是在具体的操作流程中运用较少的资本来运营成多倍的债权资产，从而获得较高的回报率。但这一原理实际运作在获得较高回报率的同时也使银行本身面临系统风险。为了能最大限度地降低金融业不可避免的危机所造成的社会动荡危害度，或者说是提高金融业本身面对风险的抵抗能力，1988 年在瑞典巴塞尔召开的“巴塞尔银行业条例和监管委员会”会议上确定了 8% 的资本充足率要求，我国从 20 世纪 90 年代中后期也确立了这个风险控制指标。降低银行的顺周期性，运用逆周期的金融宏观政策来调控，即在经济状况良好时抑制信贷扩张，在经济萧条时调整资本以来刺激经济。我国在 2008 年至 2011 年间如此做得比较好。

表 7.3.1 是我国在国际金融危机期间（2012 年到 2014 年）以及 2015 年、2016 年的有关数据；图 7.3.1 则以折线图的形式展示上表的数据内容。图中可以看到，在 2012 年到 2014 年国内生产总值增速呈现出缓慢下降的趋势。可以看出在这样的趋势下，如果银行能够抑制一下发放贷款的金额，就不会造成经济过热的增长，从而使国内生产总值围绕一个比较固定的百分比，上下合理地波动，使整体经济发展得比较平稳，从而使危机系数降低。

表 7.3.1　2012—2016 年国内生产总值

年份季度	2012 第 1 季度	2012 第 1–4 季度	2013 第 1 季度	2013 第 1–4 季度	2014 第 1 季度	2014 第 1–4 季度	2015 第 1 季度	2015 第 1–4 季度	2016 第 1–4 季度
GDP 绝对额（亿元）	116147	534123	128083	588018	138737	635910	147961	676708	744127
同比（%）	8.00	7.70	7.80	7.70	7.30	7.30	7.00	6.9	6.7

数据来源：东方财富网。

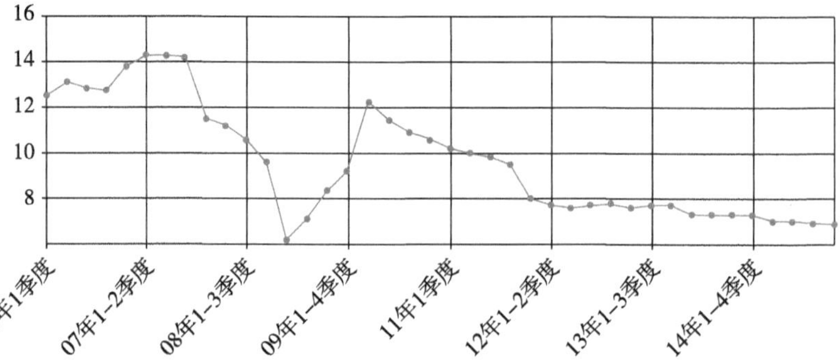

图 7.3.1　2006—2014 年我国 GDP 增长率曲线图（%）

二、不良贷款率的合理变动调控经济冷热度

世界各国银行经过长期的实践，总结出了现在较为通用的贷款五级分类法，就是按照贷款的风险程度，将贷款划分为五类：正常、关注、次级、可疑和损失。我国从 1999 年起已广泛使用贷款的五级分类法。不良贷款率指金融机构不良贷款（次级类贷款 + 可疑类贷款 + 损失类贷款）占总贷款余额的比重。不良贷款产生的主要根源如下：

（一）借款人因素

造成借款人因素的原因是多种多样的。可能因为行业技术更新速度较快，造成原有市场萎缩；或是因为管理层变动造成公司内部出现管理混乱；同样也有可能是借款人缺乏还款意识、故意钻监管体系的漏洞，达到逃避银行债务的目的。

（二）政策因素

在政府出台的宏观经济政策的导向性不明确，缺乏连续性情况下或是在短期的经济波动剧烈情况下，造成经济发展速度减缓，资金流通率降低，之前的信用贷款不能如期偿还或是履行，造成信贷市场萎缩。

（三）行政干预因素

受行政干预因素影响的具体表现为：银行不能将大量的资金用于正常贷

款，大部分资金受到来自地方政府的强制性或是建设性文件影响，转变为大量的指使性或是救济性贷款，可用一句话概括为贷款行为行政化，信贷资金财政化。这样做的后果是排除了竞争，直接降低了贷款的经济效益。

但在这里我们主要关注的是第二条政策因素与第三条行政干预因素。通过不良贷款率这一指标，在经济高涨阶段规定较低的不良贷款率监管指标以抑制信贷扩张，在经济萧条阶段则提高该项指标以鼓励发放贷款，来达到增强经济发展稳定性、平稳经济周期的目的。

从图 7.3.2（数据来源于东方财富网）可以看出，在 2008 年年末新增信贷数额由较少的 3000 亿元，经过几个月时间就激增到了近 20000 亿元左右，增长了 5 倍多，银行对自己的贷款不加以控制，从而使经济过热也成为酿成金融危机的因素之一。所以正如刚刚提到的方法，如果在经济高涨阶段规定较低的不良贷款率监管指标以抑制信贷扩张就不会出现如此大的波动。比如在随后的 2010 年到 2012 年这两年期间，一直发放比较平稳的信贷额度，使经济较平稳地运行。这样做有利于经济的平稳发展。

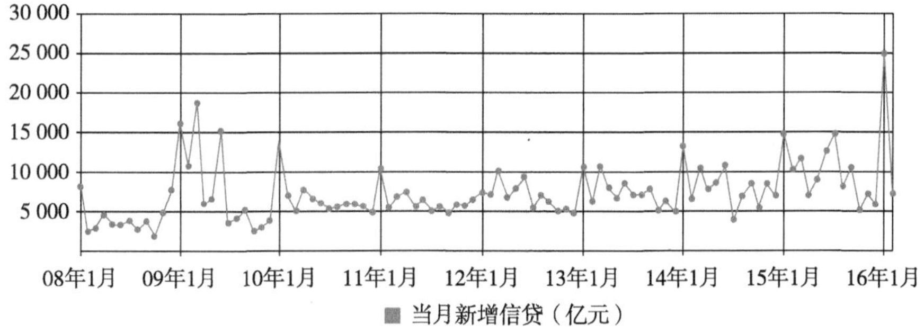

图 7.3.2　2008—2016 年新增信贷数据

三、根据经济状况调整动态拨备覆盖率

拨备覆盖率是银行对贷款可能发生的呆账、坏账提取的准备金比率。它是衡量一家银行呆账、坏账损失准备是否充足的一个重要指标。对不良贷款拨备覆盖率的宏观解释是，整个社会经济发展风气以及银行业发放贷款的风险程度的大致反映。在《股份制商业银行风险评级体系（暂行）》中，指出拨备覆盖率 = 实际计提贷款损失准备 / 应计提贷款损失准备，理想率值是 1。而

仅仅对银行业而言拨备覆盖率是衡量银行自身财务稳定状况，以及风险可控能力大小的指标。

目前我国股份制银行的呆账、坏账准备金的提取比率为 9%。顺周期的监管体制下，损失计提在经济良好时不利于积累贷款损失准备，因为景气时质量高的贷款较多，导致贷款损失计提水平较低。在经济萧条时，贷款损失准备的计提会较多，却因为在经济良好时没有积累充足，而无法弥补。而逆周期却恰恰相反，在景气时贷款损失计提根据情况积累较多，防止经济萧条时贷款损失准备的不足，从而得到以丰补歉的效果。

四、对流动性比率的不同监管

流动性比率是指流动资产与流动负债的比率。通常情况下，营业周期、流动资产中应收账款数额和存货的流转速度是影响流动性比率的主要因素。

流动性比率的逆周期监管是指根据经济周期不同阶段而对银行进行不同的监管，原理是在经济状况良好时降低对银行的监管，使银行有多于进行监管时的资金进行经营，在经济状况不好时，提高流动性比率，以应对挤兑风险。

五、采取混业经营的方式

混业经营。它是指允许金融机构从事银行、保险、证券等所有金融业务，而不是银行只能从事银行业务、保险公司只能从事保险业务，它是与分业经营相对的。从目前国内外的混业经营的发展状况来说，相比之下还是有诸多的优势。例如，可能为提高资金的流转速度以及资金的最优配置改善所需要的条件；同样也使金融业中的各个领域能够明确自身的分工，加强金融领域的合作与发展，减少或避免相互对抗作用等，所以只有混业经营才有助于对风险的系统监管。

但在构建逆周期的金融宏观审慎管理制度框架上我们要分阶段地实行：在经济高涨阶段严格控制金融机构，使其分业经营；在经济萧条时期则允许金融机构混业经营，推动金融机构的收入来源多元化，减少或避免因经济萧条导致有金融机构倒闭。尤其是商业银行，在任何时期都必须加强对其混业经营的并表监管。

第四节 构建逆周期的宏观审慎管理制度存在的问题分析

一、动态拨备覆盖率缺乏一致标准

拨备覆盖率指标是一个静态指标，制定的时候考虑不到未来可能的风险。实践已经证明，信贷的快速增长必然带来不良资产率上升，它们是呈正相关关系的：从时间关系上看，不良贷款的高峰总是发生在信贷高峰之后较为稳定的时期，即有一个滞后期。并且，经济波动加剧将缩短滞后期；从数量关系上看，GDP 增速变化与不良贷款率反向变动约为 1∶0.6。反向变动是指在经济高涨时期积聚的信贷风险会在 GDP 增速放缓的过程中逐步显露。

拨备覆盖率作为央行监管商业银行的指标，间接为商业银行进行盈余管理扩大了空间。从拨备来源看，主要是根据信贷资产的预计损失而实际计提的贷款损失准备。损失计提有单独计提和组合计提。由于单独计提的调整余地不大，而组合计提较为灵活。因此，如果监管机构要求商业银行提高拨备覆盖率，它们就可能通过增加组合计提来提高拨备覆盖率水平，这样却降低了会计核准的准确性和对外披露财务数据的真实性。从以往我国上市银行披露的数据看，当商业银行的拨备覆盖率不断提高时，其组合计提的比例也在不断提高。

从拨备基础看，银行机构可能会以降低应计提贷款损失准备的办法提高拨备覆盖率。由于商业银行计提贷款损失准备面临两方面的压力，即既要满足实体经济大量信贷需求和自身利润增长要求而大量投放贷款，还要严格遵守监管要求不断提高拨备覆盖率。在这种情况下，商业银行就有可能更加倾向通过减少应计提贷款损失准备的方式提高拨备覆盖率，特别是在拨备覆盖率指标值大于 1 的情况下，由于不用过多计提准备而提高拨备覆盖率，银行节省了资金可以进一步扩大贷款以提高利润水平，效果对银行非常明显。但这明显为风险的发生埋下了隐患。

二、混业经营不利于风险控制

混业经营不可避免的缺点——系统性风险提高。投资银行以及商业银行所需要面对的是性质不同的风险，从这个角度来看，如果二者之间没有一套有效的防范体系，那么就不能阻碍风险在整个链条上的传递。原因很简单，证券市场的风险极高，如果银行业与证券业混业经营，银行业则不可避免地会受到证券市场时常发生的大幅波动或是危机的影响，很多银行可能会因此而破产，或是直接损害投资人的利益。同时整个行业的稳定性与制度体系将面临严峻的考验。同样，银行业与证券业混业经营也不利于专业化的分工，不能使行业中有限的资源为目标群体提供更好的服务，直接影响到经营效率的提高。从监督管理方面，银行业与证券业混业经营也会增加管理的成本，阻碍专业化管理进程的发展。所以这一手段的运用可以说是只有确实辨明了金融态势的走向才可以谨慎地施行。

综上所述，就目前金融业发展状况来说，构建合理的预警防范体系以及持续完善监管协调制度是我国构建整个逆周期的金融监督管理制度过程中的核心支柱点。预警防范体系的构建主要包括预警指标、建立信息获取渠道、模型的整合和调整等方面，根据国外预警防范体系构建的过程不难看出，国内除了模仿学习之外，还有很长的与国情磨合改善之路要走。

同样，构建逆周期的金融宏观持续完善监管协调制度框架是非常有必要的。逆周期的宏观审慎管理制度对于银行的调控尤其有好处，避免了经济的大幅波动从而有效地防范了金融危机。当然，虽然逆周期的操作方式对于银行来说增加了资本补充的压力，但是对于银行业乃至我国的经济平稳发展有着重大作用。所以，构建逆周期的宏观审慎管理制度框架的优势在于着眼于整个金融体系，重点关注金融机构之间的相互作用及金融机构面临的共同风险，有利于加强整个金融体系的稳定性，防范系统性金融风险。同时，通过资本充足率、不良贷款率、动态拨备覆盖率、流动性比率、混业经营等手段和方法的监控和使用，把经济的波动性降低到合理可控的程度，从而达到增强宏观经济发展的稳定性、熨平经济周期的目的。上述这些方法与指标都是非常有用的。但是，值得注意的是要建立比较有效的预警体系，必须确定使用这些方法确实能得到预期的效果，否则只会适得其反。同时，完善监管协调机制也是刻不容缓的。如果可以消除以上这种不确定性，用认识正确的层面来合理评估，那么这些方法就能有效避免系统性金融风险的发生。

在当前全球经济联系越来越紧密的大趋势下，各个经济体形成了牵一发而动全身的连锁效应，比如当某一区域的金融运行体系发生了异常，就可能触发潜在的“蝴蝶效应”。因此，构建金融市场安全运行体系是十分必要的。总的来说，一套成熟完备的金融市场安全运行系统应该涉及三个领域：首先，危机察觉体系。这一环节能够降低由内在或是外在的金融危机而带来的冲击。因为只有迅速察觉潜在的危机在，才能把握宝贵的时间；其次，危机处理方案。各个国家或地区的中央银行等政府监管部门都有一套自己的危机处理方案，只是有一些方案成熟有效，而有一些方案则显得漏洞百出，效率低下，这一环节主要与监管部门的危机处理能力有关；最后，经济复苏方案。危机过后，注意力就应该转向怎样修补经济体系，重振经济发展的动力，有效合理的经济复苏方案能够使危机之后的经济体得以快速恢复和发展。

第八章　从汽车金融服务业角度思考金融市场发展

汽车金融业的发展状况决定了潜在的汽车消费欲望转化为现实消费需求的可能性。当前，西方发达国家汽车金融服务业已经十分壮大与成熟，平均信贷购车的比例是总销售量的70%，信贷已成为汽车销售的主要方式，并且有70%的全球各大汽车集团旗下的汽车金融公司的车贷经营额已超过汽车制造业的经营额，成为其最主要的利润来源；而与此相应，我国平均信贷购车比例目前只有不到20%。以下首先对汽车金融业的内涵进行尽可能准确的阐述，进而在对我国汽车金融业现状及存在问题进行分析的基础上提出我国汽车金融业发展的建议及思路。

第一节　汽车金融业概述

汽车金融服务业概念的内涵随着汽车金融服务业务范围的拓展不断丰富。就现状而言，汽车金融服务业是指以商业银行、汽车金融公司、保险公司、信托联盟组织及其关联服务组织为经营主体，为消费者、汽车生产企业和汽车经销商提供金融服务的市场经营活动和业务。

完整的汽车金融服务体系具备三项主要职能：（1）为厂商维护销售体系，整合销售渠道，提供市场信息；（2）为经销商提供存货融资、营运融资、设备融资；（3）为直接用户提供消费信贷、租赁融资、维修融资、保险等业务。

汽车金融服务业最初的职能仅仅是向汽车生产企业的经销商及其下属零售商的库存产品提供贷款服务，并允许其经销商向消费者提供多种可选择的贷款或租赁服务。随着其业务范围和职能的不断拓展，汽车金融服务公司开始逐步向消费者、经销商和生产商提供多种形式的全方位金融服务。现代成熟的汽车金融服务业已经衍生出行业金融职能，除了汽车消费信贷服务外，还包括融资性租赁、购车储蓄、汽车消费保险、信用卡等，渗透到了从制造、销售、消费直到最后报废的整个汽车产业的每个环节以及与之相关联的其他产业，包括有条件融资、储蓄、信用卡、贷款、保险与担保等业务，形成了比较完整的金融服务业链。有人甚至认为，汽车产业有两条腿，其中一条就是汽车金融。

可见，未来意义上的汽车金融服务业既是汽车产业的主要赢利方式，同时，这种金融业与大金额、高复杂性、高附加值且属于大众化消费商品的同体化经营又将是金融业发展的新途径。

第二节　我国汽车金融服务业发展现状

一、我国汽车金融服务业的市场空间

西方国家经济发展的经验表明，当一国人均 GDP 达到 700 美元时便开始进入汽车消费时代，汽车产业成为一个新的经济增长点。目前我国正在进入这一时期，在今后一段时间内，中国汽车市场将是世界上增长最快的市场（见表 8.2.1）。

表 8.2.1　近年来各主要国家汽车产量的增长情况　（单位：百万辆）

国家	2016 年		2015 年		2014 年	
	产量	增速	产量	增速	产量	增速
美国	12.20	0.8%	12.10	3.77%	11.66	5.40%
日本	9.20	−8.8%	9.28	−5.02%	9.77	1.50%
德国	6.06	0.5%	6.23	2.03%	5.91	3.30%
法国	2.08	5.6%	1.97	8.24%	1.82	4.40%
中国	28.12	14.5%	24.50	3.29%	23.72	7.26%
印度	4.49	7.9%	4.13	7.55%	3.84	−1.50%
巴西	2.16	−11.2%	2.43	−22.86%	3.15	5.40%

数据来源：Wind 数据库。

从汽车的产能来看，根据普华永道的研究报告结果，2018 年全球汽车产量达到 1.08 亿辆，年均增幅达 5.6%。发展中国家市场是主要增长动力，占增产数量的 80% 左右，其中中国占 40.4%，印度占 12.3%，巴西占 6.8%，俄罗斯占 4.5%。美国、日本、德国和法国等传统汽车强国受全球经济下行的影响，

汽车行业市场整体表现不如前面几个发展中国家。

由此可见，中国汽车金融服务业市场发展空间十分巨大。

二、我国汽车金融服务业发展模式及弊端分析

汽车金融服务业在我国虽历时不长，却经受着巨幅震荡，经历着巨大的变化。

当我国汽车消费市场迅速崛起、金融业还是国家垄断时，汽车金融服务业归国家商业银行独享，于是产生了从商业银行、保险公司、汽车生产商和销售商到汽车消费者的汽车金融服务模式，而这种模式存在着先天缺陷。

第一，这种模式不是遵循市场经济自由竞争原则建立的，而是在垄断条件下受计划安排、意愿设计等思想支配所形成的一种经营形式，具有制度安排上的致命缺陷。

第二，在这种意愿设计与制度安排下，参与汽车金融服务业的诸多主体各有诉求，价值取向各异，行为目标不一。商业银行为贷款利息而来，保险公司为保费收入而来，生产商和销售商为生产销售赢利而来，消费者为汽车消费而来。

第三，由于价值取向和行为目标不一致，又都追逐高利益回报，经营者之间缺乏一致性经营行为连接纽带与约束机制，为了各自的利益，无节制地放大本部门、本环节的业务量，致使行业风险迅速累积。由于这种汽车金融服务经营模式缺乏内在的有效运转机制，因此，在一个经营服务周期到来时就会迅速瓦解。

第三节　我国汽车金融服务业存在的问题及改进建议

一、我国汽车金融服务业存在的问题

（一）信用体系和社会保障体系的不健全使汽车金融惜贷严重

社会信用体系缺失，骗贷、重复贷款令银行头痛不已，在如此的信用环

境中能得到贷款的人群也将十分有限。

（二）对于汽车金融公司的监管问题

第一，资金来源方面的问题。信贷购车是为了加速汽车的销售，而通过信贷关系售出汽车的资金回笼以月为单位，按月还贷的形式与车的成本之间就产生了资金缺口，通过信贷售车的确加速了车辆的销售，但需要的资金量也同时增加，为解决资金缺口必须扩大流动资金量。国外的汽车金融公司可以通过发行债券的方式来满足资金的需求，但现在国内汽车金融公司只能通过两个途径来融资：一是接受境内股东单位3个月以上期限的存款；二是向金融机构借款。接受股东存款实质上还是"拆东墙补西墙"，没有从根本上解决资金问题，而向金融机构借款也无异于与虎谋皮。

第二，国外的汽车金融公司可以自主决定放贷利率，且通常执行的是零利率；而在国内，汽车金融公司发放汽车贷款的利率在中国人民银行公布的法定利率基础上最高上浮不得超过30%，最多下调不得超过10%，丧失了这一最大的优势，市场竞争力必将大打折扣。

第三，《汽车金融公司管理办法》明文规定："汽车金融公司不得开设分支机构。"这也就是说通用汽车公司成立的上汽通用汽车金融有限责任公司的业务范围只能限制在上海，要在上海之外开展业务只能等放宽政策。这就决定了汽车金融公司不可能像国外的汽车金融公司那样在全国范围内开展业务。想象一个产品销往全国的汽车生产厂商以5亿元流动资金注册的公司只能守着自己家门口的"一亩三分地"将是怎样的心情。

（三）汽车产业发展状况的制约

我国汽车产业发展还不成熟，汽车消费市场正处于发展初期与逐步开放时期，国内市场竞争还处于价格竞争阶段，这种产业发展状况决定并制约着汽车金融服务业的发展。

（四）消费习惯的问题

相当数量的消费者习惯于全款购车，中国消费者喜欢一次性货币交易，这也影响了消费信贷的增长。贷款买房形成潮流也就是近几年的事，所以贷款买车当然也需要改变人们的消费习惯，当然也要一段市场培育期。

（五）目前车辆抵押登记与收回处置中存在的法律障碍

为融资车辆办理抵押登记是汽车金融公司确保贷款回收、保障债权的重要措施。但国内各地之间对办理车辆抵押登记的要求各不相同，这种地区间的差异使得汽车金融公司在内部控制制度、业务流程上很难形成统一规范，不利于汽车金融公司有效防范信用风险。此外，按照我国现行的法律制度，抵押车辆必须经过法院以拍卖、折价等方式收回，这既增加了处置成本，又影响了处置效率，不利于汽车金融公司及时、有效保全资产。

（六）为二手车提供配套金融服务的问题

我国二手车市场的不断发展，也在一定程度上反映出我国汽车产业的多元化发展之路越走越宽。但由于巨大的市场风险的存在，导致至少目前来看银行并没有把二手车市场的发展视作商机，因此，在二手车市场快速发展的背后，并没有看到商业银行的身影。在国外，二手车业务是汽车售后服务价值链上的重要一环，同时也是重要的利润点。如何有效地控制市场风险，在风险与利润的权衡中找到最优点，将成为摆在银行面前的首要问题。

（七）金融体制现状的制约

没有市场化的金融管理体制就不会有完善、成熟的汽车金融服务业。我国金融业的市场化改革才刚刚起步，多层次的金融市场还未建立。这在很大程度上限制了汽车产业的发展，也严重制约着汽车金融服务业的发展。

二、发展我国汽车金融服务业的建议

国外汽车金融公司的优点值得借鉴，但从国家宏观经济和对金融业的监管要求出发，加之我国的特殊国情，汽车金融公司在我国的发展将是一个渐进的过程。

（一）做好基础建设

第一，加快发展汽车产业。汽车金融服务业作为汽车产业的一个环节，首先，是对汽车产业发展具有依赖性，尤其是在汽车金融服务业发展的初期，可以说汽车产业的发展状况决定着汽车金融服务业的发展状况；其次，是对汽车产业发展具有促进作用，前期我国汽车金融服务业发展受挫的一个主要原因，就是我国的汽车产业发展还不成熟。所以，加快发展我国汽车产业是发展汽车金融服务业的基础与前提。

第二，金融业的市场化改革与发展。因为汽车金融服务业是金融业的一个衍生品，所以其发展受制于我国金融业的市场化改革与发展。目前，我国已经从资本市场改革和开放、银行业改革、利率市场化、监管体系建设四个方面来推进资本市场的改革开放，并初见成效。我国金融管理体系的市场化改革将给汽车金融服务业提供更加适宜的政策环境，如允许汽车金融服务业自我融资，以零利率放贷等，会促进我国汽车金融服务业的快速发展。

第三，完善汽车金融服务机构应具备的制度。汽车金融服务机构作为一种非银行金融机构，一方面具有金融机构的共性，另一方面也具有自身的个性。建立汽车金融服务机构需要有完善的监管法规、健全的个人信用制度以及汽车产权制度作为支撑。

（二）银企合作，共谋发展

汽车金融业服务模式的发展趋于多元化、现代化和国际化。对我国而言，首先应是汽车金融服务业的多元化发展，即打破银行独揽汽车金融市场的局面，促进专业化汽车金融机构快速发展。随着专业汽车金融机构的发展，商业银行同汽车金融公司合作共赢将成为近期我国汽车金融服务业发展的主流形式。

汽车金融公司与银行的合作不难理解，商业银行在资金、结算、网点等方面的优势可以弥补汽车金融公司的不足，而汽车金融公司的专业能力与风险控制能力也恰恰是银行的不足，合作之后，汽车金融公司可获得资金，扩大业务，而银行则可规避风险。

（三）健全社会和个人信用保障体系

汽车金融服务业是在健全、完善的社会信用体制背景下发展壮大的，汽车消费信贷健康、持久发展的关键是建立完善的社会和个人信用保障体系。

所以，必须建立健全社会信用征信体系、信用查询系统和信用评估体系，依据客观、公正、独立的原则，培育企业和个人信用调查与评价中介机构，建立起企业和个人信用记录档案。集中有关信息，建立一个全社会共享的企业和个人资信系统。制定权威性和统一性兼备的个人信用制度评估标准，由信用评价机构运用科学的评估方法对客户进行信用风险评级。

美国信用局大中华区首席顾问涂志云对于中国个人信用现状和系统曾这样评价："中国要做全国个人征信系统是很难的，因为要有模式才能运作，不是简单的数据库的问题，而是整个体系建设的问题。很多国外金融机构进入中国，问我们有没有系统，国外的系统不能适应中国，他们不了解中国情况，中国需要一个本地化的、有国民特色的系统。"针对我国区域差别大、经济发展不平衡、收入水平不均等实际情况，有关专家认为，要建立全国性的信用体系比较困难，一些大城市和沿海地区可以先尝试将信用体系建立起来。根据这些地方的具体情况，由银行、汽车金融公司、保险公司、政府管理部门共同努力，加强和规范管理。

（四）精心培育市场

无论是从汽车产业发展还是从汽车信贷市场发展考虑，当务之急是着力培育与规范市场，避免因急功近利和过度竞争而影响市场的健康发展。要精心培育和引导需求，满足现有需求，发掘潜在需求，培育未来需求。打破垄断，逐步放开对汽车金融公司地域和业务的限制，给汽车金融公司更宽广的金融和业务范围，允许其他汽车金融组织同业竞争，把供给方培育成一个充分竞争的市场，让消费者有更多的选择。

（五）经销商创新汽车金融服务

上海通用汽车经销商红彤汽车贸易有限公司推出的针对香港居民、港资公司的专项购车按揭服务，可以不用付首期款，实现"零首付按揭购车"。目前深圳还只有红彤汽车公司一家在办理。"香港居民按揭"方式也非常方便、快捷，无论是香港居民，还是港资公司，客户只需带齐简单的几项资料，到红彤汽车公司展厅办理简单的申请手续，几天之后，就可得到最终信贷决定的回复。同时，红彤汽车公司在与客户签订贷款协定，办好简单的手续后，就会由红彤汽车的销售人员代为办理上牌手续，客户只需在家等待通知，短短几天时间，客户就可以拿到一辆上好牌的新车。“香港居民按揭”服务的出现也提醒其他汽车经销商要根据当地的特色和实际情况不断创新，进而激活汽车金融的消费。

第四节　我国汽车金融服务业的发展思路

从我国汽车产业与汽车金融服务业发展现状出发，我国汽车金融服务业发展的目标应该是适应汽车产业发展的需要，多种汽车金融服务形式并存并快速发展。

2007—2015年我国汽车金融服务业将进入竞争发展阶段。该阶段金融体系将进一步市场化，汽车金融服务业将逐步实现完全市场化，汽车产业发展也趋于成熟。国家应在总结前期发展经验教训的基础上，大力发展汽车金融公司，使汽车金融服务业的各种业态都得到较大发展，该阶段的主要特点是由汽车金融公司逐渐主导汽车金融服务业，多种机构独立经营的局面逐步形成，它们在为消费者提供融资途径的同时，也为整个汽车产业各个环节提供服务。汽车金融服务业赢利模式逐步形成，成为汽车产业主要的利润来源。

2016—2025年我国汽车金融服务业将进入稳定发展阶段。该阶段的主要特点应是我国汽车产业与汽车金融服务业经过整合，已经体系化、多元化、国际化，形成了完善、稳定的经营模式，汽车金融服务业已经发展成为金融的新业态。

在上述思想指导下，今后我国汽车金融服务业的经营组织可以分别由汽车生产厂商的汽车金融服务公司、商业银行、企业财务公司、中外合作汽车金融机构和信贷联盟或信托公司主导构建，形成多种组织机构共同参与、公平竞争、相互补充、繁荣发展的我国汽车金融服务业的新局面。

第九章　国际金融中心的未来之路

第一节 国际金融中心的未来之路
——金融中心理念的创新

一、国际金融中心的经济金融化

对金融全球化有两种截然不同的学术观点，即自由主义学派的观点和金融霸权论的观点。美国联邦储备银行行长格林斯潘（2002）就公开声明：全球化下，国民经济体系之间的相互作用日渐加强，这些体系是趋向一致的和市场导向的，二战后40多年来，计划经济体制的无须争辩的失败使得这种体系有负众望，而市场导向的资本主义已经成为世界大多数国家的模式。

经济金融化的理论研究大多用于指标体系的建立，用来衡量经济金融化的实际发展，或者直接应用于经济金融化的衡量及其影响的研究。当发达国家的货币化比率（Monetization Ratio）由稳步提高转为普遍下降时，戈德史密斯（1994）用以衡量经济金融化程度的金融相关率，反映出与经济发展轨迹基本吻合的特性。这一衡量金融上层结构相对规模、佐证金融深化程度的广义指标，不仅强调金融经济与实际经济的对比关系，也涉及金融经济内部构成的多种比例关系，力求对经济金融化程度作出直观描述。随着金融发展理论的深入，衡量金融化程度除了规模化指标、结构性指标之外，涉及金融渗透度以及金融效率的指标逐渐增多。这表明，对经济金融化程度的衡量和理解有了新的进展——更加关注金融运行的“质量”。

在经济金融化的前提下，经济金融化首先改变了现代经济运行过程中名义部门与实际部门的数量对比关系。经济金融化不仅导致经济发展带有明显的阶段性特征，而且直接影响了经济运行的稳健性与持续性。金融总量和金融结构的发展通过对企业、行业乃至产业的直接或间接影响，在优胜劣汰、适者生存的市场规律作用下，也表现出积极调整与优化实体经济结构的显著效果。同时，日益突出的经济民营化特征以及民营经济的金融化要求，无疑从金融体系建设等硬件环境和资源配置功能等软件因素方面对金融发展提出了有力挑战。在经济体制改革不断深入和逐步攻坚的过程中，与经济增长和结构优化等成就相伴而生了大量并很可能继续泛滥的经济风险，而现代金融体系强大的风险管理功能显然为更进一步的经济结构调整以及中国经济的持续健康发展带来了希望。

二、金融政策的自由化

目前，发达国家纷纷放松了对银行业务和利率的限制，打破了银行经营地域上的隔阂，基本实现了利率市场化。美国在 1994 年 8 月颁布了《银行跨州经营和跨州设立分行法》，对美国银行的跨州经营和跨国银行的发展产生了重要影响；日本于 1993 年 4 月颁布了《金融制度改革相关法》，打破了金融机构行业的限制；欧盟实施第二号指令，允许其成员国的银行在区域内自由设立分行和提供金融服务，并对经营业务范围没有任何限制；发展中国家则根据自身的需要进行金融体制改革。拉美地区改革的重点是取消外汇管制，吸引外资银行进入；亚太地区主要是开放金融市场和发展新兴市场以及打破垄断、鼓励公平竞争等。

第二节　国际金融中心的未来之路
——加强法律建设以完善市场监督机制

建设国际金融中心不仅需要金融机构、金融业务、资金和人才的高度集中，而且还同样需要完善的市场、信用、法律等外部环境，整个构建的过程是艰巨而复杂的系统工程。通过历史的经验看，国际金融中心也都是建立在相对比较完善的法律法规体系的基础之上的。

一、法律环境、金融发展与国际金融中心建设

多项研究表明，在影响金融中心形成的因素中，既包括政治、经济、社会等宏观因素，也包括税收、法律、人力资源等微观因素。首先，完备的法律环境是促进一国经济发展的重要因素，而经济的高度发达又是金融中心形成必

备的基础。从世界主要国际金融中心的形成发展来看，功能性金融中心往往出现在市场化程度高、经济发达的国家或地区。有关研究表明，良好的宏观经济和强劲的实体经济是影响金融中心形成的重要基础，而完备的法律环境是经济发展的重要保障。实际上，法律对经济发展的影响历来是法学家和经济学家关注的焦点。马克斯·韦伯曾指出：现代商业活动离不开可预期的法律制度，即最有力的强制性权利保障制度。如果没有一套独特的法律秩序，经济制度特别是现代经济制度就不可能存在。这表明，就两者的关系而言，法治是现代市场经济体制的制度基础。法治通过约束政府对经济活动的任意干预和市场中的经济人行为（包括产权界定和保护、合同和法律的执行、公平裁判、维护市场竞争）来确保市场经济的有效运作。如果没有法治在这两个方面所起的制度保障作用，产权从根本上说是不安全的，企业也不可能真正独立自主，市场更不可能形成竞争环境并高效率运作，经济的发展也就不会是可持续的。

其次，完备的法律环境在金融发展中起着核心作用，而金融发展又是金融中心形成的最直接、最坚实的基础。从国际经验看，金融发展程度较高的地区未必能形成金融中心，因为金融中心不仅要求金融发展水平很高，而且其法律环境也应当高度完善，如伦敦、纽约、东京、中国香港等，法律的完善程度与金融中心形成之间存在相应的逻辑联系。而这一点，对金融中心的构建具有很大的推动力。例如，纽约和伦敦之所以能成为长期保持领先地位的国际金融中心，与两地完善的法律环境有很大关系。纽约和伦敦不仅具有完备、高效的立法与执法体制，还集中了大批具有丰富经验的法律、金融专业人才。在国际金融领域，纽约法和英国法甚至成了不同金融业务领域的国际通用规则。纽约和伦敦法律环境的完善还表现在其适应经济金融发展的灵活性上。20 世纪 80 年代以来，针对国际金融管制放松、金融创新层出不穷的发展态势，英、美两国及时从法律层面做了调整，完成了一系列立法举措。东京、新加坡、中国香港虽然分属两大法律体系，但同样拥有体系完整、运行高效的法律体系。在最近一次的亚洲法律质量评选中，这三个城市分列三甲，这在一定程度上说明完善的法律环境已成为其保持金融中心地位的有力保障。

二、目前我国构建国际金融中心过程中的法律法规建设进程

首先，我国民商法律体系的初步构建，为国际金融中心建设奠定了坚实

的法律基础。民商法律制度是金融部门赖以生存和发展的基础外部环境，在一定程度上决定了金融法治的持续性和有效性：从 1986 年《民法通则》为我国民事立法奠基开始，我国先后出台了一系列单行民商基本法律，如《合同法》《公司法》《票据法》《担保法》及配套法律法规和司法解释等，这些法律的出台标志着我国已基本建立了较完善的民商法律体系。一方面通过为企业和个人建立良好的财产权利试点、契约权利保护机制，增强了资金盈余者向资金短缺者的金融转化意愿，刺激了旺盛的金融需求，促进了经济金融发展；另一方面通过保护金融交易安全，促进交易效率，降低交易成本，鼓励交易创新，直接促进金融机构、金融市场乃至整个金融行业的发展。

其次，立法的推动效应。如果说民商法律为金融机构与金融市场确立基本行为规范的话，金融立法则是直接影响着金融业的发展速度。我国金融业的主要立法基本上都是在 2000 年前后实施的，从 1995 年开始《中国人民银行法》《商业银行法》《票据法》《保险法》《证券法》《信托法》《银行业监督管理法》等基本金融法律制度的相继出台，标志着我国金融法律制度框架的基本确立。同时，国务院颁布了《非法金融机构和非法金融业务活动取缔办法》《金融违法行为处罚办法》《人民币管理条例》《外资金融机构管理条例》《储蓄管理条例》《外汇管理条例》等金融行政法规，上述法律法规基本确立了各类金融机构准入、业务开展、金融监管的规则以及金融市场行为规则，对于金融业发展起了巨大的推动作用，促使金融市场、金融交易迅速发展，初步呈现出了机构聚集效应、交易活跃的金融市场。

一方面，金融刑事立法不断完善，为净化金融发展环境提供了有力保障。最近十几年来，为适应打击金融犯罪新形势的需要，国家不断加强金融刑事立法的力度，除了不断修改完善《刑法》中有关金融犯罪部分的规定外，还颁布了《关于惩治破坏金融秩序犯罪的决定》《关于惩治骗购外汇、逃汇和非法买卖外汇犯罪的决定》等涉及金融犯罪的各项法律。总体而言，金融刑事立法的完善，有效打击了金融刑事犯罪行为，净化了金融发展环境。

另一方面，司法环境的改善，有利于建立良好的金融生态环境。国家立法目的能否最终得以实现，主要取决于法律的执行程度和执行效率。近年来，人民法院深化审判和执行体制改革，努力提高案件审判效率，加大案件执行力度，司法独立性与透明度得到提高，金融诉讼案件的审判执行效率也随之提高。

三、我国国际金融中心法律环境的不足

尽管近几年我国法律环境有了明显改善，但由于法律环境的完善是一个逐步和长期的过程，我国目前无论是法律体系本身，还是司法环境等，与建设国际金融中心的要求都还有很大差距。具体地说，在制约国际金融中心建设的法律环境方面，还存在以下不足：

（一）民商法律体系有待进一步完善

尽管《合同法》已生效多年，但作为交易重要基石的契约精神却没有得到应有的重视。表现在金融领域，金融交易当事人信用意识丧失，违约失信事件屡屡发生，由此引发各种金融违法行为和金融风险。金融交易本质上是一系列合约行为，而“契约必须信守”乃是确保交易正常进行的基本前提。在信用环境不佳、契约精神丧失的情况下，金融交易中债权人的预期收益不能实现，交易安全无法保障，储蓄转换为投资的渠道难以畅通，势必降低金融市场效率，抑制金融发展，妨碍国际金融中心建设进程。新的《企业破产法》颁布之前原企业破产法存在的制度性缺陷使债权人利益得不到有效保护。原有《企业破产法》存在适用范围较窄、对债权人利益保护力度不够、破产程序不健全等缺陷，在实践中并未充分发挥破产这一重要法律机制的经济与社会功能。在社会信用环境不佳、相关制度不健全的情况下，反而成为众多企业寻求逃废债务的重要途径，在以间接融资为主的金融市场中，银行业成为最大的受害者。新的《企业破产法》出台后，在很大程度上弥补了原破产法的制度性缺陷，平衡了破产债务人、债权人、股东等利害关系方的利益，但部分企业长久以来以破产逃废债务的做法仍可能存在惯性。因此，尽管新企业破产法出台至今颇受好评，但仍需相关部门制定操作性更强的各项配套法律制度或司法解释，以充分发挥企业破产法这一重要民商法律制度的实效，兼利金融业在健康的企业经营环境下的发展。

（二）金融立法仍存在一些亟待解决的问题

金融立法的指导思想相对滞后，尚不适应现代金融发展的需求。在监管理念上，存在着重加强监管、轻视鼓励创新和放松管制的误区，导致金融立法中禁止性规定多、鼓励和引导性条文少。这点主要表现在：金融市场准入

受到严格法律限制、金融业务创新缺乏宽松法律环境、金融综合经营于法无据、问题金融机构市场退出及存款保护法律机制不健全等。这在一定程度上抑制了金融业的资金配置功能，使金融业难以及时应对因实体经济增长而产生的需求。作为我国金融改革开放的前沿，金融中心所在地应该在更多方面获得先试先行的授权，以形成发展现代金融服务的先发优势。另外，现行金融法律体系本身还不健全。例如，在金融主体法方面，政策性银行、金融控股公司、财务公司等金融机构的法律地位及性质还没有完全明确，业务运行缺乏足够的法律依据；信用行为相关的法律欠缺；监管部门间的协调合作机制还没有法律规范，监管部门间的合作仍有待加强；现行的一些金融法律制度的法律层次比较低，法律执行的权威性还不够高；金融立法质量有待提高，一些金融立法过程中缺乏充分协调，导致重复规定与立法真空并存，法律执行的可操作性较差。

（三）金融刑事制裁乏力

近年来，金融犯罪案件呈上升势头，并呈现出犯罪主体向多层次发展、犯罪形式日趋多样化、智能化，危害后果延伸、扩大等新特点。金融犯罪多势必影响金融业健康发展，不利于国际金融中心建设。减少金融犯罪，除了金融机构本身加强内控外，还必须加大对金融刑事犯罪的打击力度，给犯罪分子以强有力的威慑。

（四）行业整体水准、职业道德等有待提高

法律服务水平是衡量金融中心法律环境的重要标准，金融发展离不开高水平的金融法律服务。从一定程度上说，目前，国际金融中心的几大城市也是世界一流的国际金融法律服务中心。而我国目前专业素质高、经验丰富、具有国际化视野的高端金融法律专业人才还非常稀缺，还不能满足提供国际金融中心所需的复杂金融法律服务的需要。

四、改进我国金融业相关法律法规的思考

从推动国际金融中心建设的角度出发，如何进一步完善法律环境，充分发挥法律环境在金融中心建设中的推动作用，是亟待解决的问题。从目前的

情况看，我国应着眼于改善民商法律等基础法律与金融法律的立法，提高法律执行效率，并发挥好地方专门规定对于改善区域金融法律环境的助推作用。

第一，完善法律制度，形成产权保护完善、契约执行有效、企业破产规范的基础法律环境，应尽快贯彻落实《物权法》。《物权法》作为确立（有形）财产关系的基本法律制度，其“定纷止争”和促进财产利用的作用，有助于形成良好的产权保护机制。物权法贯彻“私有财产不受侵犯”的宪法原则，并与《公司法》等其他法律法规一起，构造完善、灵活、可操作性强的产权保护体系。鉴于金融交易中物权担保的重要性，完善物权法中有关担保物权的条款也将为金融债权实现提供坚实保障。应增强契约的执行效果，“契约必须信守的原则是市场经济的基石”。契约的有效执行是复杂金融交易中金融债权得以实现的重要保障，也是金融中心建设的根本要求。要形成诚实守信的契约文化，一方面应通过司法途径加强合同的可执行性。另一方面应及时出台《征信管理条例》等法规，加强信用立法，创造良好的信用环境。新《企业破产法》实施后，应建立市场化的企业破产机制。重点是改变忽视债权人利益保护的立法取向，消除企业借助破产之机逃避金融债务的途径，实现企业优胜劣汰，优化社会资源配置。尽快建立破产管理人制度，完善债权人会议、破产重整、破产申请和受理以及债务人财产清算等制度，并对债权偿还顺序给予合乎法理的利益衡量。

第二，完善金融法律制度，着力改善金融法制生态。首先，在规范金融主体方面，应加快金融机构产权制度改革，特别是推进国有商业银行股份制改造，鼓励更多非国有资本进入金融业，促进金融机构股权多元化，改善金融机构公司治理结构。及时出台金融控股公司条例，为金融机构综合经营提供法律依据。其次，尽早制定金融机构破产法律制度，完善金融机构市场退出机制，促进金融市场主体优胜劣汰。改变长期以来金融机构倒闭后个人存款绝大部分由国家偿付的现状，增强存款人、投资人的风险意识，降低金融机构管理人员的道德风险，从而增强对金融机构的市场约束。建立存款保险机制，既要让不具备竞争能力的金融机构尽快退出市场，为其他金融机构营造一个更好的发展环境，同时又要切实保护中小储户的利益。为此，应尽快出台《存款保险条例》《银行卡条例》等各项配套行政规章，填补金融立法空白，完善金融运行的基础法律环境。

第三，明确对金融犯罪的从严处罚态度，要坚持对金融犯罪处罚绝不手软的执法标准，维护良好金融市场秩序。2006 年通过的《刑法修正案》对涉及金融犯罪的部分条款作了重大调整，将有助于加强金融犯罪行为的打击。但此次修改仍有缺憾，比如，对于增设违法处置不良资产罪的建议，本次《刑法修正案》未加采纳；刑法中部分条款存在的定罪标准模糊、可操作性欠缺的问题也没有得到很好解决等。此外，由于金融行业的特殊性，为有效打击金融犯罪，还需要公检法部门与金融监管部门建立良好的沟通协调机制，畅通对金融违规行为的刑事与行政制裁渠道，为金融业健康发展提供安全保障。

第四，在一些较为开放，经济基础较好的地方，要大胆地开展先行试点，不断地探索改革。在地方立法权限内，研究制定促进国际金融中心建设的地方性法规。在商务、税务、人力等方面实施更多优惠措施，进一步改善国际金融中心城市金融发展的软、硬件环境，吸引金融机构集聚，促进金融市场朝着国际化、法治化、自由化的方向发展。相关行政机关和当地立法机关应对新金融产品、金融业务的推出和交易程序、监管程序、投资者利益保护、金融风险控制等相关问题及时制定实施细则；合理运用税收减免等优惠政策对市场主体行为的刺激作用。

第五，改善法律执行水平和执行效率，营造良好的地方司法环境。首先，借助最高法院进行司法改革的契机，从制度上构造独立、公正、有效的司法环境，支持金融业发展。其次，在国际金融中心法律纠纷解决机制方面，应加快培养一批精通金融法律和行业规则、熟悉金融国际惯例的专业法官。同时，考虑建立专业高效的金融仲裁机构和制度，共同促进金融业争端解决机制的良好运行及改进。国际金融中心经常发生跨境金融争议，因涉外诉讼成本高昂、法律关系复杂，仲裁的上述优势显得更为突出。香港、新加坡国际仲裁中心分别是香港特区和亚太区内解决各类争端的独立公正仲裁中心。对待执行难等问题，要从严处置，做好榜样。

五、在构建金融中心过程中的金融监管问题

（一）市场是资源配置的基础性手段

现代金融产业也不例外，总的来说，市场供求力量决定了金融服务的价格，引导资源配置到金融产业中最有效率的地方。然而，如同其他市场一样，

现实生活中提供金融服务的市场远非一个完美的市场。各种各样的市场缺陷会导致金融价格的扭曲和金融资源的无效配置，从而造成市场失灵。行业中存在着诸多的垄断，例如去年的热点“银行业垄断，利润暴利”。经过长期的竞争，很多国家最终形成了几个大型银行占据银行业主导地位的局面。一方面，规模经济和范围经济有利于降低金融服务的平均成本；另一方面，卖方力量的强大使消费者处于不利地位，造成社会福利的损失。金融市场主体的行为，不仅会给其本身带来成本和收益，而且也会给其他市场主体或者整个社会带来影响，这就是外部性。市场主体在进行金融决策时，它是不会将外部性的收益或成本考虑在内的。因而，从单个市场主体本身考虑是最优的决策，对于整个社会而言，可能并非最优。也就是说，仅仅依赖市场机制和各市场主体的分散决策，外部性有可能造成社会资源的浪费或者无效配置，信息不对称。在金融领域，信息不对称普遍存在于金融中介与客户、金融中介与其经理人以及金融市场的买卖双方之间。信息的不对称，内幕交易的存在等等，导致了弱势市场的存在。

在现实中，若造成市场失灵的因素同时发生，所导致的后果就更为严重。例如，当一家金融机构经营不善时，按照市场优胜劣汰的规则，破产将是最优的选择。然而，如果该金融机构在整个金融市场中具有举足轻重的地位，那么它的破产将会导致金融体系配置经济资源的功能立即受到较大损害。如果金融机制不能有效运转的时间过长，整个社会经济必然遭受巨大的损失。除此之外，由于金融机构和社会公众之间存在着严重的信息不对称，主要金融机构的破产将使公众丧失对其他金融机构的信心。即使其他金融机构经营状况良好，它们也将不可避免地受到破产机构的牵连。主要金融机构的破产也许会给整个金融体系带来不安与动荡。

金融领域中的市场失灵，不仅使金融产业自身的资源配置失去效率，更为重要的是，它将损害金融功能的发挥，导致整个社会的经济资源无法在时间和空间上得到合理的配置。金融是现代经济的核心，当市场失灵影响了金融功能的发挥时，经济增长必然受到损害。此时，政府这只“看得见的手”就需要发挥作用，对金融行业和金融活动进行监管，弥补市场机制本身所具有的缺陷。

（二）金融中心的风险问题

根据金融的功能观框架，国际金融中心应该是能够为金融功能在全球范围内的发挥提供最好的客观条件和制度安排的地方。这里有两个层次的内容：一是效率；二是安全。除了追求高效率之外金融体系的安全性对金融功能的发挥也具有十分重要的意义。金融业是一个非常特殊的行业，与其他行业相比，这个行业蕴含着更为巨大的风险。从某种意义上说，现代金融业就是经营风险的行业，金融与风险相伴而行。具体而言，银行负债经营和流动性不足的特征使其具有天生的脆弱性，挤兑现象的发生甚至会造成整个银行系统的崩溃；在经济过热时银行过度放贷，意味着经济收缩时它们将面临贷款人无法还贷的信用风险。证券市场上，市场风险会因投资者的非理性投资而引起较大市场价格的波动，提高了风险。信息不对称更加恶化了金融行业的风险状况，金融机构的管理者为了追求自身利益，会令金融机构参与过多的高风险业务。而金融市场上的虚假信息、内幕交易在破坏资源配置效率的同时，也将使投资者承担额外的风险。

（三）金融中心的功能监管

在制度观和功能观的不同框架下，金融监管的思路大相径庭制度观认为，保证现有制度的延续和繁荣是监管的首要目标。银行、保险公司等金融机构和股票、债券、衍生产品等金融市场是目前在金融领域占据主导地位的制度安排，那么监管就是要维护这些制度形态，促进其传统业务的存续和发展。当这些制度安排本身受到挑战时，金融监管就应该坚决地压制那些形成挑战的因素。而在功能观的视角下，促进金融功能的发挥才是金融监管的最终目的。无论哪种制度安排，只要有利于金融功能的发挥，便应该受到鼓励。我们把功能观思路下所进行的金融监管称作金融的功能监管（Functional Regulation）。

对金融创新与金融监管关系的不同理解，突出地表现了这两种观点的差异。为了说明这个问题，我们这里借用美国经济学家罗伯特·C. 默顿的一个有趣的比喻：整个金融体系就像一个铁路系统，各种金融产品和服务便如同在铁路系统中运营的列车。效率对于这个系统而言至关重要，然而铁轨、调度等方面的因素却限制了列车的运行速度，一旦列车的速度超过了铁路系统的承载能力，那么就会危及安全。效率与安全，是这个系统所要追求的两大主要目标。当某项创新产生时，一列车可以实现的最高速度有了提高，甚至可能超过系统所能够承受的速度。如果没有规则的约束，那么这一列车也许就会冒险，以最高速度行驶。当事故发生时，列车的乘务人员和乘客都将付出沉重的代价，不仅如此，事故也会给整个铁路系统的运行带来麻烦，影响到系统内其他客车和货车的正常行驶。为了避免事故的发生，必须采取措施防范这种风险。最简单的办法是设定一个能够确保安全的速度，要求所有列车的速度必须低于这个限制。然而，如果顽固地坚持这个速度限制，固然保证了行驶的安全，却也使创新带来的好处永远无法实现。因此，更加合理的做法应该是，在对速度加以限制的同时，对铁路系统的硬件、软件进行升级。待升级完成之后，再将速度限制提高到一个新的水平。配套条件不具备时，技术创新会增大事故的风险。

同样，金融创新也有可能增大金融体系的风险。特别是当金融创新发生时，原有的监管技术和监管要求可能已经无法有效识别和预防新的金融产品和服务所带来的风险。为了保证整个系统的安全运行，监管当局必须有所作为。

在制度观的视角下，金融创新构成了对现有制度安排的挑战，因而监管当局必须对其进行压制。这种对于创新的简单压制，便犹如限速的措施，安全虽然得以保障，金融创新所能够带来的系统效率的提高却无法实现。在功能观的框架下，金融创新过程实际上是发现能够更好地发挥金融功能的制度安排的过程。因而，积极的金融创新有助于金融功能更为有效地实现。同样，金融监管的根本目的也是为了促进金融功能的更好发挥，不过除了效率之外，监管还必须关注安全。金融创新与金融监管的目的从根本上说是相同的，只不过由于硬件、软件方面的约束，创新可能会暂时带来风险，给金融系统的安全带来隐患。所以，在条件尚不具备的时候，有必要对创新业务进行适当的约束。然而，约束本身不是目的，金融的功能监管也绝非仅止于此。功能观指导下的金融监管，还应该及时地研究金融创新，分析创新是否带来了新风险以及带来了哪些风险，并在此基础上调整监管方法，提高监管水平，在保证金融安全的前提下，最终解除约束，从而实现创新给金融体系带来的效率改进。

金融创新日益频繁，现代金融产品和服务的边界越来越模糊，不同金融机构开展的业务也有着更多的交叉之处，以制度观为指导的金融监管变得越来越力不从心。相反，金融的功能监管对那些功能相似的产品和服务进行更为一致的监管，将提高监管的效率和水平。同时，功能监管对金融创新更为积极的态度，有利于金融功能更好的发挥。在建设国际金融中心的过程中，功能监管为我们提供了一个很有意义的思路，值得我们思考和借鉴。

（四）对待金融中心监管应采取适度原则

监管环境是双刃剑，不断调整严格管制与宽松监管之间的度量选择是国际金融中心持续发展的关键。考察各金融中心发展初期，一方面，政府对其本国金融机构离岸业务采取严格监管、逐步放开的策略，对监管指标采取严要求、高标准；另一方面，又通过各种方式提供相对于周边地区更为宽松的监管环境，实施“积极不干预”的监管政策，鼓励金融创新，吸引其他地区的金融机构开展离岸金融业务。

以新加坡为例。作为全球竞争力排名前三的新兴发达国家，新加坡的金融稳健性居全球首位，金融中心建设与金融风险控制之间的平衡掌握得非常好，成为成功减少 1997 年东南亚金融危机损害的几个国家之一。在创建金融中心之初，监管当局对于离岸金融业务采取有保有压的策略，在有效控制国内金融市场适度开放的前提下，对国外游资进入新加坡开展离岸金融业务提供宽松的金融监管环境，促使新加坡在短期内赶超香港，成为区域性的金融中心。新加坡对金融衍生产品采取内紧外松的策略，在强调新元非国际化管制的前提下，严格控制（在很长时期是禁止）有关新元的金融衍生产品交易，保护新元免受短期大量游资冲击；而另一方面，新加坡积极推出并开展非新元金融衍生产品，参照周围金融城市不断修正自己的监管策略，创造适度宽松的监管环境，以吸引香港等周边国家和地区资金进入新加坡从事离岸金融业务。

与此形成鲜明对比的是，在 1982 年撤销外币利息税以前，同为亚洲重要金融中心城市之一的香港，则采取较为保守的严格监管环境，担心过多的外汇流人可能导致对港元的冲击而危及出口以及大量的游资利用离岸市场进行“背靠背贷款”逃避税收，因而不肯撤销针对境外存款的 15% 利息预扣税并严格控制外资银行牌照，相对严格的监管致使亚洲美元市场旁落新加坡。

但是，过于宽松的监管环境也会导致金融秩序的混乱，不利于树立公众投资者信心，从而引起金融机构投资兴趣的衰减。过于宽松的监管环境一开始会吸引大量的国际游资。为了逃避金融管制，金融机构总是善于利用监管的空隙，以金融创新的方式把风险向监管宽松的地区转移。但是，从全球或全国的角度看，金融创新仅仅是转移或分散了某种风险，并不意味着风险的消失，一旦潜在的风险转变为现实损失，其破坏性会远远超出人们的想象。例如 1997 年之前，部分东南亚国家金融自由化、国际化步伐脱离了国内经济市场化和货币化改革的基础，在相应的金融法制与监管环境尚不成熟的条件下，过早、过快地开放国内资本市场，大量吸收国外短期游资，最终为日后的金融危机埋下伏笔。

适度监管理论依据来源于不完备法律理论，其理论核心在于有目的地赋予监管机构一定的自由裁量权，确保监管与实践相适应。通过制定业务指引或者行业自律协议促进金融机构自我约束，提高其自我监管的积极性。此外，适度监管还要求监管当局处理好行政监管与司法监管之间的界限。一般认为，两者的不同在于损害行为外部性是否足够大，司法监管更注重对私权或者个人权益的保护，强调对损害后果的恢复性补救；而行政监管则着眼于整体金融体系安全，强调对系统危机的预防监管。与行政监管注重事前监管不同，司法监管通常属于事后监管，在高度不完备的法律环境下，可以有标准的界定其行为的持续会产生外部性，如此，我们可以说行政监管比司法监管更好，反之亦然。

（五）运用激励制度来促进金融市场建设

金融市场和其他产品市场一样是建立在委托－代理关系的基础之上的，如银行系统是接受客户的存款委托从而运营资金而存在的。可以委托代理中适当运用激励措施来促进金融市场发展。

六、现行建设凸显的问题分析

（一）缺乏与激励相容的监管理念、机制

现实中，地方政府还往往通过抽肥补差、给予特许经营业务资格、额外注资等方式扶持特定金融机构，客观上将竞争力较差的金融机构置于较优的竞争环境中。

（二）整体监管机制并未形成

虽然监管的理念从“分业监管”向“功能监管”逐步的转变，而且“一行两会”的监管体系为功能监管提供了初步的机构设置安排，但是在运行机制上，特别是在监管内容、监管协调以及监管手段上“分业监管”的痕迹仍然随处可见，阻碍了功能监管优势的发挥。

（三）监管体系中审批环节过于严格

我国金融监管部门市场化监管机制还处于摸索和学习阶段，很多情况并不能在事前就预测到，只能在后续的阶段不断完善。监管手段以表内业务为主，监管重点仍然停留在资产质量上。偏重规则型监管手段，对于类似于前置监管、入市监管等新兴监管方式的实践经验不足，尤其是缺乏“面向过程”的风险导向型监管手段和经验。从国际经验看，监管技术手段与金融市场发展的脱节所导致的缺陷，极易在投资性功能快速增长的国内金融市场发展中急剧放大，导致对金融风险预警指标与信号缺乏敏锐性，最终导致累积的金融市场风险灾难性爆发。此外，我国的金融信息电子化程度低，金融机构信息披露制度缺失，监管问责制尚未全面建立等因素，均在一定程度上影响了金融监管技术的提升。

（四）整体上看还缺乏对监管行为的评价机制

考察我国金融中心金融监管的现实情况，现行金融监管机构对金融机构或者某项业务的风险衡量仍然以规则性的指标化判断为主，这些指标的确定往往缺少监管政策的成本分析，一方面公平性与科学性很难得到金融机构认可，另一方面也无法适应“适度监管”的发展趋势。由于上海金融市场特征明显有别于其他地区，区域性金融业务数据指标不能反映商业银行整体资金的运用情况，如果一味地照搬全国监管标准或者参与金融监管机构总部布置的统一执法专项检查，有时并不能实现监管活动的效益最大化。例如，目前监管机构仅对商业银行总行设定了相关的风险监控指标，而对商业银行分支机构缺乏一套有效的监测指标体系和惩戒制度。由于在日常监管中，金融中心监管部门对各金融机构在当地的分支机构的风险认定，存在类似于缺少合适的风险判断指标等障碍，致使监管效率大打折扣。

七、对国际金融中心建设中的监管环节的认识

作为国际金融中心建设系统工程的重要组成部分，完善金融监管环境对于整个目标能否顺利实现起到至关重要的作用。如同宏观调控一样，在金融业里面的监管也是一把双刃剑，对金融业的监控可以降低金融运行风险，但过于严厉的监管将遏制金融创新动力，降低金融市场效率，阻碍金融业的发展。因此，我们既要通过适度监管为金融机构发展提供一个稳健、透明、负责的金融监管环境，也要转变监管理念，革新监管技术，加快建立面向过程的功能风险监管机制，在金融监管与金融创新之间寻找合适的平衡点。

目前，我国在金融创新的审批权限上限制过高，这对金融机构创新业务开展与吸引资金聚集产生较大障碍。在《上海浦东综合试验区改革方案》中有明确表示："配合国家金融监管部门完善风险防范和处置的协调机制，进一步扩大在沪金融监管机构的权限，稳步推进金融领域的改革开放。"这可以使上海在金融领域的创新上可以拥有"先行先试"的优势。对于现在国内的监管体系建设的进程与国际监管准则接轨存在很大的差距，那么上海可以尝试大胆的改革，向中央金融监管部门建议，赋予上海金融监管机构开展一定范围的放松管制试验的权力，率先实施国际监管标准，对国际上已经比较成熟的产品采用"负向清单"做法，即法律没有禁止的就是允许的，为金融市场、金融机构预留充分的创新发展空间，给予和经济发展水平相适应的金融创新的机会；允许经认定的跨国公司地区总部进行内部资金统一管理的试点，将部分金融创新产品由核准制改为备案制，赋予上海地方金融监管机构适当的业务审批权，在授权范围内开展自行核准并向中央监管部门备案。

第三节　国际金融中心的未来之路
——金融人才聚集及信用制度建设

一、金融人才的集聚效应在金融中心的体现

在国际金融中心形成的条件中，人力资源状况通常被视为最重要的微观基础条件之一。从国外国际金融中心的建设和发展的实践来看，具备以下特

征的金融人才将是我们培育和引进的重点。首先，具有丰富的专业知识。国际金融中心建设需要各种各样的人才，除了银行、证券等金融从业人员外，还需要大量的会计师、律师、保险精算师、计算机等方面的专业人才。随着金融行业的不断深化发展，目前已经形成了对各类专业人才比较成熟的评判方法，比较典型的就是各个领域的专业头衔和资格认证，金融理财师（CFP）、金融分析师（CFA），等。这些专业资格都有不同的严格要求，重点分别放在专业的知识、技巧、经验及专业操守等方面，一些专业头衔的公信力正在世界范围内越来越得到认同。我国国际金融中心建设要在培养和吸引这些具有一定专业头衔和资格认证的人才方面下大力气，尽快夯实国际金融中心的人才基础。其次，是充分的国际交流能力，以及金融创新能力。最后一点应该是各个行业中都提倡的，各个行业除了对人才的技能需求以外还有对其较高的职业精神需求。职业精神要以专业知识和职业道德为基础，要求专业人才具有独立的人格，要以专业为标准，坚持原则、规范行事。

二、伦敦、纽约金融中心的人才状况借鉴

据伦敦城 2000 年进行的一项调查，1998 年英国金融从业人员总计为 102.8 万人，而伦敦的金融从业人员就有 30 万人，占英国全部金融从业人员的将近 30%；同年纽约的金融业（FIRE，即 Finance，Insurance，Real Estate）从业人员约为 48.5 万人，其中银行业从业人员 11.5 万人，占美国银行业从业人员总数的 6%，证券业从业人员 16.5 万人，美国的证券业从业人员中有 1/4 都聚集在纽约（主要是华尔街），保险和房产业从业人员约为 21 万人。纽约和伦敦金融从业人员不仅在数量上甚多，而且在教育背景、专业技能和从业经验方面均属金融业精英人士。

三、信用氛围对金融中心构建的重要性

金融是以信用为核心的人类活动，尊重游戏规则、诚实守信是一切金融活动的基础。衡量一个国际金融中心基础建设是否完善的标准也应该包含信用体系建设的完善程度。

信用是市场的一个主要构成要素，市场交换的成功有赖于成员保持诚实

并履行经济上的偿还责任。推进信用体系建设的重要作用应该包括：

（一）良好的社会信用有利于现代国际金融中心资源配置功能的发挥

从功能上讲，现代金融中心是聚拢和分配金融资源的全球性平台，而这种资源配置功能的发挥首先是以良好的社会信用为前提的。此外，信用杠杆还可以借助资本集中手段扩大金融中心资源配置的深度与广度。

（二）社会信用体系的完善可以推进国际金融中心核心竞争力的建立

国际金融中心是金融机构和金融市场的集合和集聚，因而，金融机构和金融市场的数量与规模就成为衡量国际金融中心竞争力的一个主要标志。作为金融机构和金融市场运行的基础性平台，良好的社会信用环境对于提升国际金融中心的核心竞争力有着重要的意义。

（三）金融部门也会把大量资金调往和投入该地区

民间资本和金融资本的共同投入就会使得金融资源在该地大量聚集，形成规模经济和范围经济的优势，直接提高国际金融中心的竞争能力。社会信用好，企业保持正常的生产经营，严格履行贷款合同到期及时还付本息，形成良性循环，银行不良资产就会下降，降低金融业运行的整体风险，有利于形成一个稳定的金融环境。

（四）信用环境的构造有利于催生征信、信用衍生品等信用管理产业的发展

发展以征信、信用衍生品交易为主要内容的信用管理产业是各国提升信用水平的一个主要环节，信用环境的优化也为信用管理产业的发展提供了较好的机会。成熟的国际中心一般都有比较发达的信用管理机构或信用交易市场，并逐渐形成了从信用风险评级到交易转换的完整产业形态。

综合以上对信用重要性的分析，我国经过十几年的努力，社会信用体系初步建成，为金融中心的形成打下了良好的基础，但仍然存在很多薄弱环节。我们要从政府、企业、个人、金融机构、信用中介等方面全方位推进社会信用体系建设，为国际金融中心的建设提供优良的信用环境。

四、国内金融信用体系构建进程及设想

改革开放以来，我国内地的信用体系建设取得了长足进步，为维护市场秩序和保持国民经济的快速持续发展做出了重要贡献。但是，脱胎于新兴加转轨的特殊国情，我国内地的信用建设还相对滞后，符合社会主义市场经济要求的信用体系的形成还需要一个长期的过程。在个人和企业信用数据库系统逐步完善的同时，我国的信用中介服务行业也逐步发展，目前已经初具规模。

通过相关学者的文章我们可以了解到，我国目前有信用征集和调查咨询公司500多家，信用评级公司100多家，大大小小的信用担保机构有5000多家。尽管信用中介机构规模和实力与国外同行相比还处于较低层次，并且市场秩序也有待规范，但对我国信用体系的发展完善起到了很好的促进作用。从督促者的角度出发，一方面，虽然政府主导的社会信用体系建设模式能够加快信用体系建设，在短期内取得明显的成效，但也会对市场力量造成挤出效应。另一方面，资信评估业发展与金融市场的发展不协调，缺乏对金融机构以及金融机构内从业人员的资信评估、信用登记、信用风险预警等业务。对于金融市场运行的基础平台中的金融中心的社会信用体系的建设在某种意义上也就是金融中心的建设。合理、全面的社会信用体系由政府信用、企业信用、个人信用以及金融中介组织信用四方面组成。这四部分在信用体系运行机制的扶助下，互为支持，对于构建整个社会信用环境起到决定性的作用。

我国现有的信用体系现状与国际金融中心建设目标存有较大差距，需要四个信用体系建设主体共同努力。以企业信用建设为起点主要是考虑到导致企业失信的原因很多，其中有企业自身的因素，比如企业的产权问题、企业信用管理制度缺失问题等，也有一些与企业自身的经营理念和社会诚信文化建设力度有关。在实践中，企业信用缺失主要表现为五种情况，分别是逃避监管，失信于政府逃债废债，失信于银行拖欠贷款，失信于银行假冒伪劣，失信于顾客，违法竞争，失信于同行。解决企业信用和道德缺失问题，是一个整体性的社会系统工程。第一步，要从企业外部建立起一个切实有效的监督奖惩制度体系，对信息公共平台及接口等进行规范，并以此平台为切入点进行功能扩充，组建全国性的征信系统。下一步，就应该逐步推行构建下属的区域性的子信息体统。由于我国的公安、保险、税务、工商等部门也掌握个人信用信息，因此，就必须整合各个部门、各个行业的信用信息资源，由

同业征信向联合征信发展，并以法律的形式，对这些部门履行信用管理的权利和义务进行明确。关于个人信用的建设方面，我国在《反不正当竞争法》《公司法》《保险法》等专门法律中都有涉及，但并没有把其作为个人基本权利的一部分在《民法》里面确定下来。但采集、加工、储存、提供信用信息必然涉及保护个人隐私，应当通过立法或者司法解释将个人信用与隐私区别予以明确。关于保护个人隐私，我国有十几个部门法律对此做出了直接或者间接的法律保护规定，但对于什么是个人隐私，一直缺乏明确的法律定义。尽管保护个人隐私和商业秘密是个极为复杂的问题，成文法难以做出个体界定，但有一点必须明确，国家建立信用制度，企业和个人都必须让渡部分权利，相关的法律法规必须尽快修改完善。金融中介信用建设，我们应该从金融中心建设的一般规律谈起，金融中心是建立在金融机构中介服务的基础上，金融机构中介服务的基础是信用，因此具有信用创造功能的金融中介组织信用的构建也是信用环境的必然组成部分。

一国金融中心往往汇集了众多金融机构，一个优胜劣汰的机制是决定该金融市场是否有效的一个重要表现特征。严格来说，我国只有两家银行（不包括重组成功的）以破产方式退出市场的先例，分别是海南发展银行和河北省肃宁县尚村农信社。由于银行业长期以来累积、隐藏了较大的金融风险，我们认为未来银行破产的潜在可能性不容忽视。此前曾有银行以行政关闭方式退出市场的先例，但这种方式存在操作随意性较大、退出成本高昂、政府责任过重、易引发道德风险等诸多弊病，并非银行退出市场的最佳选择。目前，我国对于问题金融机构的处理仍然缺乏明晰的法定程序，过度依赖政府援助手段，央行再贷款支付也缺乏固定的法律程序可循。在金融中心自身的集聚效应下，个体的金融机构危机容易产生连锁效应，进而发展成为“蝴蝶效应”。因此对一个操作性强、体系完备、程序透明的金融机构退出机制应当予以立法考虑。由于金融机构破产的特殊性，应当区别《企业破产法》的制度安排，制定《金融机构破产条例》，健全金融安全网制度，同时重点考虑《存款保险条例》《证券投资者保护基金管理办法》《再贷款管理办法》等在内的金融机构市场退出配套法律机制。各类金融机构要从监控把关、量化分析、风险预警以及严格管理等方面人手，审慎地控制和管理信用风险。对涉及信用风险的各个业务品种和业务环节进行规范化，确立评估、审查、监督三权分立的信贷管理模式。对于某些金融业务的市场准入，应当通过立法明确规定提供信用产品的特殊要求，如规定所有发行股票、债券、基金必须进行信用等级评定，未达到规定信用级别就不予以发行。金融机构发放个人信贷业务，必须查询当事人的信用报告，政府有关机构在办理工商注册、质量监督等事项中，要按规定查询企业信用报告等。其次，应该是信用法律体系的构建。社会信用不仅需要道德约束，更需要法律约束。金融产品一定程度上就是信用产品，而信用金融的外在表现形式就是有健全的社会信用法律法规和规章制度。作为金融中心制度供应的一部分，立法机构应按照充分保护债权人利益的原则，健全社会信用的法制保障体系，促进金融市场稳健发展。还有一点应该是信用技术系统的构建。许多信用服务或产品需要采取先进的技术将相关的信用信息进行采集、加工处理，作为外界信用评估所需的有用资料，要提高信息采集、数据分析和信用报告处理的自动化程度和工作效率。同时分行业制定信用中介机构服务行为规范。随着企业信用评级工作逐年开展，相关数据信息不断积累，适合国情的评级模型不断优化，这些都为开发新的信用产品提供了最有力的帮助和依据。通过多样性的信用增值服务，向企业提供诸如财务评价书、信用融资咨询等扩展业务，提高市场主体的决策合理性，达到经济效益和社会效益双丰收。总而言之，信用缺失严重地阻碍了企业正常的市场竞争，对整个经济运行的正常秩序产生威胁。我国应在积极地引进西方先进经验的同时，根据自身的实际情况进行修正，使其真正为我所用。

参考文献

[1] 宋国祥. 上海国际金融中心的构想 [J]. 上海金融，1993（08）：9–10.

[2] 刁仁德. 关于上海构建国际金融中心的若干理论探讨 [J]. 国际金融研究，1994（02）：51–55.

[3] 陈聪，孙超波. 对建立上海国际金融中心问题的探讨 [J]. 国际金融研究，1994（02）：56–59.

[4] 胡定核. 建设上海国际金融中心的意义与对策 [J]. 国际金融研究，1994（09）：59–63.

[5] 国务院研究室财金贸易研究司课题组. 将上海建成国际金融中心的研究 [J]. 管理世界，1994（05）：59–66.

[6] 黄亚钧. 上海如何成为国际金融中心 [J]. 上海经济研究，1994（11）：37–41.

[7] 胡坚. 国际金融中心的发展规律与上海的选择 [J]. 经济科学，1994（02）：9–14.

[8] 黄亚钧. 建立上海国际金融中心的内部条件 [J]. 上海金融，1994（09）：12–14.

[9] 唐海燕. 关于上海建成国际金融中心的战略构想 [J]. 华东师范大学学报（哲学社会科学版），1994（05）：8–13，31.

[10] 胡坚. 建立国际金融中心评估指标体系的基本设想 [J]. 经济科学，1995（02）：38–43.

[11] 王欣欣. 上海重建国际金融中心工作的现状及近期对策 [J]. 上海金融，1995（07）：16–18.

[12] 尤安山. 香港国际金融中心地位的崛起及其前景 [J]. 世界经济研究，1997（01）：36–39.

[13] 纪元. 香港：国际金融中心 [J]. 中国金融，1997（02）：44–45.

[14] 蒋为清. 上海：未来的国际金融中心 [J]. 当代亚太，1998（03）：38–39.

[15] 陈杰，王传辉. 建立上海国际金融中心的意义及目标模式 [J]. 世界经济文汇，1998（05）：18–20，17.

[16] 王传辉. 国际金融中心产生模式的比较研究及对我国的启示 [J]. 世界经济研究，2000（06）：73–77.

[17] 杨咸月. 上海成为国际金融中心的发展战略研究 [J]. 上海经济研究，2001（03）：29–34.

[18] 李 豫. 借鉴新加坡经验，尽快将上海建成国际金融中心 [J]. 金融研究，2001（08）：

73-79.
［19］连平，郑重．利率市场化与上海国际金融中心建设［J］．上海金融，2001（04）：8-10.
［20］佚名．以全新的视角观察上海国际金融中心的建设［J］．上海金融，2001（08）：1.
［21］李豫．金融创新与上海国际金融中心建设［J］．上海金融，2001（08）：11-13.
［22］张幼文，刘金．推进上海国际金融中心建设的重点［J］．上海金融，2001（12）：4-6.
［23］游碧蓉．透视国际金融中心的百年变迁［J］．亚太经济，2001（02）：11-13.
［24］李虹，陈文仪．建立国际金融中心的条件和指标体系［J］．经济纵横，2002（02）：35-38.
［25］胡坚，杨素兰．国际金融中心评估指标体系的构建——兼及上海成为国际金融中心的可能性分析［J］．北京大学学报（哲学社会科学版），2003（05）：40-47.
［26］杨再斌，黄运成．上海建设国际金融中心的模式选择与约束条件分析［J］．国际金融研究，2003（11）：70-76.
［27］黄运成，文晓波，杨再斌．上海建设国际金融中心的基础性条件与主要差距分析［J］．上海经济研究，2003（09）：48-55.
［28］秦凤鸣．亚洲国际金融中心的角逐［J］．上海金融，2003（01）：52-54.
［29］潘英丽．中国国际金融中心的崛起：沪港的目标定位与分工［J］．世界经济，2003（08）：15-21.
［30］黄运成，杨再斌．关于上海建设国际金融中心的基本设想［J］．管理世界，2003（11）：103-110.
［31］许明朝，高中良．人民币离岸中心发展与监管研究［J］．金融理论与实践，2008（02）：36-42.
［32］姜波克．上海国际金融中心建设的基本思路［J］．新金融，2003（07）：3-5.
［33］中国博士后特华科研工作站、北京特华财经研究所、《首都金融业发展战略研究》联合课题组．国际金融中心发展及对我国的启示［J］．中国城市经济，2003（Z1）：56-59.
［34］罗伯特·蒙代尔．金融体系中中国的地位和作用［J］．国际金融研究，2004（07）：4-6.
［35］尹仲胜，陈湛匀．期货市场与上海国际金融中心建设的突破口［J］．国际经贸探索，2004（03）：40-42.
［36］麦挺，徐思嘉．上海建成国际金融中心的四大难题［J］．上海经济研究，2004（05）：35-38.
［37］胡平西．全国人大代表胡平西：改进金融生态环境推进上海国际金融中心建设［J］．中国金融，2005（07）：27-28.
［38］林宇．香港国际金融中心的现状分析及前景展望［J］．特区经济，2005（06）：34-35.
［39］徐冬根．论上海国际金融中心法制建设［J］．金融论坛，2005（07）：11-15，62.
［40］中国人民银行上海分行课题组．论金融生态与上海国际金融中心建设［J］．上海金融，

2005（12）：4–7.
［41］复旦大学中国金融史研究中心. 上海金融中心地位的变迁［M］. 上海：复旦大学出版社，2005.
［42］李小牧，于睿. 发展中国家的离岸金融市场：回顾与展望［J］. 国际贸易，2005（11）：44–48.
［43］张泽慧. 国际金融中心指标评估方法及指标评价体系［J］. 社会科学研究，2005（01）：45–48.
［44］陆红军. 上海与国际金融中心差距几何［N］. 第一财经日报：2006-09-07.
［45］杨咸月. 上海与国际金融中心的差距及其缩短思路［J］. 上海经济研究，2006（03）：62–68.
［46］王欣欣，储伟. 上海国际金融中心建设中的金融市场风险研究［J］. 上海金融，2006（03）：4–9.
［47］张宏鸣. 离岸市场：上海国际金融中心建设的战略突破口［J］. 上海金融，2006（04）：14–17.
［48］黄牧旸. 上海国际金融中心建设的现状与路径［J］. 浙江金融，2006（07）：18–20.
［49］本刊特约评论员. 加快推进上海国际金融中心建设［J］. 上海金融，2006（12）：1.
［50］王湘东. 国际金融中心建设的机遇把握［J］. 上海金融，2006（12）：66–68.
［51］谢太峰，粟国敏，王建梅，等. 国际金融中心论［M］. 北京：经济科学出版社，2006.
［52］胡专政. 世界主要的金融中心［J］. 中学地理教学参考，2006（05）：19.
［53］华民，曹宏成. 构建国际金融中心的路径［J］. 南京大学学报（哲学. 人文科学. 社会科学版），2007（01）：50–56.
［54］王晓静. 新加坡离岸金融市场发展状况及启示［J］. 价格月刊，2007（04）：69–71.
［55］刘刚. 上海国际金融中心建设的进程判断——基于与主要国际金融中心的比较分析［J］. 经济问题探索，2007（05）：149–153，190.
［56］张亚欣. 国外金融中心形成与发展的经验及启示［J］. 经济问题，2007（04）：100–101.
［57］许明朝，贾伟. 论建立我国的离岸金融市场［J］. 上海金融，2007（04）：45–47.
［58］戈建国，王刚. 上海建设国际金融中心的法律与监管环境研究［J］. 上海金融，2007（08）：8–12.
［59］张云，孙桂芳，程丽萍. 国际金融中心形成模式和条件及对上海的启示［J］. 改革与战略，2007（09）：66–69.
［60］李扬，余维彬. 多元化：亚洲金融危机后国际金融中心发展的新格局［J］. 中国金融，2007（22）：20–21.
［61］李平，陈俊义. 外资银行在我国的区位分布［J］. 经营与管理，2007（11）：60–61.
［62］吕晓蔚. 全球金融中心的分类和区位布局［J］. 特区经济，2007（07）：17–18.
［63］许明朝，高中良. 论中国离岸金融模式的选择［J］. 国际金融研究，2007（12）：70–

76.
[64] 刘卫. 上海金融中心的形成与现状分析——金融服务业地理集聚 [J]. 上海经济研究，2007(11)：27-37.
[65] 瞿兵. 新环境下对上海建设国际金融中心的战略思考 [J]. 特区经济，2007(12)：50-51.
[66] 王倩，薛波. 香港、新加坡和上海国际金融中心的比较研究 [J]. 亚太经济，2007(06)：102-105.
[67] 宣文俊. 关于加快推进上海国际金融中心建设的研究 [J]. 上海经济研究，2007(12)：77-89.
[68] 陆红军. 发展我国国际金融中心的战略思考 [J]. 上海金融，2008(01)：27-30.
[69] 黄波，谭秋梅. 香港作为国际金融中心对内地金融业国际化的借鉴 [J]. 经济问题探索，2008(02)：124-128.
[70] 苏宁. 上海国际金融中心建设：回顾和展望 [J]. 中国金融，2008(18)：11-13.
[71] 许明朝，高中良. 人民币离岸中心发展与监管研究 [J]. 金融理论与实践，2008(02)：36-42.
[72] 周天芸. 香港国际金融中心研究 [M] 北京：北京大学出版社，2008.
[73] 王力. 中国区域金融中心研究 [M] 北京：中国金融出版社，2008.
[74] 王志军，李新平. 国际金融中心发展史 [M]. 天津：南开大学出版社，2009.
[75] 薛波，杨小军，彭晗蓉. 国际金融中心的理论研究 [M]. 上海：上海财经大学出版社，2009.
[76] 蒋三庚. 建设具有国际影响力的金融中心研究丛书——基于北京市研究 [M]. 北京：首都经济贸易大学出版社，2009.
[77] 陶冶. 主要国家国际金融中心发展比较分析 [J]. 中国流通经济，2009,23(6)：69-72
[78] 闫云凤，杨来科. 国际金融中心建设中的财税政策：纽约的启示 [J]. 上海金融，2009(02)：62-65.
[79] 高山. 国际金融中心竞争力比较研究 [J]. 新金融，2009(03)：20-26.
[80] 张启富. 区域性金融中心建设研究 [J]. 浙江金融，2009(01)：34-35.
[81] 景建国. 有关我国建立离岸金融中心的建议 [J]. 新金融，2009(02)：14-17.
[82] 时辰宙. 国际金融中心的金融监管——伦敦、纽约的经验教训与上海的作为 [J]. 上海经济研究，2009(03)：71-78.
[83] 本刊特约评论员. 加快推进上海国际金融中心建设 [J]. 上海金融，2009(04)：1.
[84] 屠光绍. 实现长三角金融合作与上海国际金融中心建设的良性互动 [J]. 中国金融，2009(10)：10-11.
[85] 姜淮. 我国国际金融中心构建研究 [J]. 国际经济合作，2009(05)：79-83.
[86] 高山. 国际金融中心竞争力比较研究 [J]. 上海金融，2009(03)：20-26.

[87] 王力，盛逖. 我国区域金融中心竞争力研究 [J]. 中国社会科学院研究生院学报，2009 (03)：46–53.

[88] 方星海. 抓住机遇——加快推进上海国际金融中心建设 [J]. 中国金融，2009 (13)：10–12.

[89] 蒋逸民，范炘. 上海国际金融中心建设的路径选择 [J]. 经济导刊，2009 (12)：56–57.

[90] 李豫. 上海国际金融中心的战略布局与发展模式研究 [J]. 浙江金融，2010 (01)：8–9+7.

[91] 杨长江，谢玲玲. 国际金融中心理论研究 [M] 上海：复旦大学出版社，2010.

[92] 李豫. 金融危机下的新加坡国际金融中心 [M]. 北京：企业管理出版社，2010.

[93] 吴弘. 上海国际金融中心建设的法治环境 [M]. 北京：北京大学出版社，2010.

[94] 彭炳耀，齐明. 浅议国际金融中心的地理分布格局及其区位因素分析 [J]. 地理教学，2010，(23)：8–11.

[95] 郭家华. 上海“两个中心”建设的历史与现状分析 [J]. 特区经济，2010 (02)：41–42.

[96] 佘秀荣. 上海国际金融中心功能建设研究 [J]. 宏观经济研究，2010 (04)：68–72.

[97] 刘丹. 上海离岸金融市场建设的模式及路径研究 [J]. 宏观经济研究，2010 (04)：32–37，79.

[98] 陶冶. 论建设国际金融中心的条件和指标 [J]. 中国流通经济，2010,24 (05)：72–75.

[99] 方星海. 在国际金融中心建设中培养和造就国际金融人才 [J]. 中国金融，2010 (09)：18–19.

[100] 梁嘉丽. 香港国际金融中心建设过程中的人才发展战略 [J]. 中国金融，2010 (09)：20–21.

[101] 肖本华. 新加坡国际金融中心建设的措施、成效与启示 [J]. 亚太经济，2010 (03)：35–41.

[102] 天大研究院课题组，王元龙. 布局建设中国国际金融中心的战略与策略 [J]. 武汉金融，2010 (11)：10–14.

[103] 吴晓求. 中国构建国际金融中心的路径探讨 [J]. 金融研究，2010 (08)：199–206.

[104] Gordon C. K. Cheung. The 2008 – 2009 Global Financial Fallout：Shanghai and Dubai as Emerging Financial Powerhouses? [J].Asian Politics & Policy，2010,2 (1)：77–93.

[105] 原毅军，卢林. 离岸金融中心的建设与发展. 大连：大连理工大学出版社，2010：121–126

[106] 汪鼎喜，张迎春. 浅谈人民币的跨境流通对经济的影响 [J]. 湖南医科大学学报（社会科学版），2010,12 (2)：61–62.

[107] 刘佳娣. 世界城市对北京建设国际金融中心的启示 [J]. 北京规划建设，2010，(5)：50–53.

[108] 计京旺. 浅谈我国目前的金融监管 [J]. 法制与社会，2010,（28）：92–93.
[109] 胡晓磊. 上海建设国际金融中心比较分析 [J]. 知识经济，2010,（21）：51–52.
[110] 陈德霖. 人民币离岸市场发展之我见 [N]. 第一财经日报，2011–07–18.
[111] 李豫. 人民币国际化与上海国际金融中心建设 [J]. 上海金融，2011（01）：31–35.
[112] 贺瑛. 国际金融中心比较研究 [M]. 上海：上海财经大学出版社，2011.
[113] 谢太峰，高伟凯. 北京金融中心建设研究 [M]. 北京：知识产权出版社，2011.
[114] 余秀荣. 国际金融中心历史变迁与功能演进研究 [M]. 北京：中国金融出版社，2011.
[115] 刘玉平. 上海国际金融中心建设过程中的金融机构研究 [M]. 上海：上海财经大学出版社，2011.
[116] 刘玉平. 上海国际金融中心建设过程中的金融机构研究 [M]. 上海：上海财经大学出版社，2011.
[117]（美）尤瑟夫·凯西斯（Youssef Cassis）著，陈晗译. 资本之都：国际金融中心变迁史（1780–2009 年）[M]. 北京：中国人民大学出版社，2011.
[118] 陈磊. 从伦敦、纽约和东京看世界城市形成的阶段、特征与规律 [J]. 城市观察，2011（4）：84–93.
[119] 周光友，罗素梅. “大国”金融中心形成模式研究：经验与启示 [J]. 湖南商学院学报，2011,18（2）：5–10.
[120] 袁海勇. 上海国际金融中心建设中的法制问题 [J]. 上海政法学院学报（法治论丛），2011,26（3）：86–91.
[121] 雷俊. 人才高地铸就希望之金融人才：金融人才的上海磁石效应 [J]. 人才开发，2011,（1）：11–13.
[122] 许传华，汪星星. 武汉区域金融中心建立的问题与对策 [J]. 湖北经济学院学报，2011,8（9）：25–26.
[123] Chanikarn Teresa Tosompark，Kevin Daly. Australia as an International Financial Services Management Centre：An Assessment [J].International Journal of Management，2011，28（3）.
[124] 李宝峰. 美国建设国际金融中心的经验借鉴及其启示 [J]. 商业时代，2011（06）：82–83.
[125] 张蓉. 金融创新与国际金融中心城市发展研究 [J]. 河南大学学报（社会科学版），2011,51（02）：43–49.
[126] 胡俊华. 国际金融中心建设视角下金融市场业务发展的思考 [J]. 新金融，2011（03）：40–44.
[127] 余秀荣. 国际金融中心功能的历史演进 [J]. 河南师范大学学报（哲学社会科学版），2011,38（02）：91–95.
[128] 王信. 上海国际金融中心建设与人民币走出去 [J]. 中国金融，2011（15）：57–58.

[129] 陈洪辉. 金融危机后国际金融中心发展的最新动态 [J]. 新金融，2011（10）：15-17.
[130] 陈彤. 香港与新加坡国际金融中心发展比较研究 [J]. 亚太经济，2012（01）：94-98.
[131] 余秀荣. 国际金融中心功能演进的动因、路径及启示 [J]. 武汉金融，2012（02）：29-33.
[132] 肖立伟. 上海金融动态（2012.02）[J]. 上海金融，2012（03）：120.
[133] 冯邦彦，彭薇. 香港与伦敦、纽约国际金融中心比较研究 [J]. 亚太经济，2012（03）：87-92.
[134] 郭红. 我国金融中心城市竞争力指标体系构建与评估研究 [J]. 湖南社会科学，2012（03）：143-147.
[135] 胡莹. 上海在岸金融市场的发展与思考 [J]. 浙江金融，2012（06）：38-40.
[136] 上海市国际金融中心建设工作推进小组. 上海国际金融中心法治环境建设 [M]. 上海：上海人民出版社，2012.
[137] 曾之明. 人民币离岸金融中心发展研究 [M]. 北京：经济科学出版社，2012：76-80.
[138] 方星海. 建设上海国际金融中心 [M]. 上海：上海人民出版社，2013.
[139] 王朝阳. 金融服务产业集群研究——兼论中国区域金融中心建设 [M]. 北京：社会科学文献出版社，2013.
[140] 闫彦明，何丽，田田. 国际金融中心形成与演化的动力模式研究 [J]. 经济学家，2013（02）：58-65.
[141] 严晨. 国际金融中心建设的历史比较分析 [J]. 上海经济研究，2013,25（06）：33-38.
[142] 许少强. 国际金融中心建设的决定因素：经济实力抑或金融政策——基于历史的思考 [J]. 上海金融，2013（06）：14-16，116.
[143] 王旭祥. 关于上海国际金融中心建设若干问题的思考 [J]. 浙江金融，2013（11）：57-60.
[144] 中国外汇交易中心课题组，尹秀资. 国际金融中心的市场数据发布与利用研究及其借鉴意义 [J]. 上海金融，2013（11）：100-105.
[145] 张蓉. 金融创新与北京国际金融中心发展——基于环境金融理论的研究 [M]. 北京：经济科学出版社，2013.
[146] 戴小平，付一书. 金融产业发展研究：兼论上海国际金融中心建设 [M]. 上海：复旦大学出版社，2013.
[147] 冯科. "去工业化"之都市金融中心研究：以北京为例 [M]. 北京：北京大学出版社，2014.
[148] 许文鸿. 俄罗斯与离岸金融中心 [M]. 北京：社会科学文献出版社，2014.
[149] 廖群，王向燊. 构建国际金融中心新格局 [J]. 中国金融，2014（07）：80.

［150］肖小和，邹江，汪办兴. 国际金融中心建设背景下上海加快票据业务创新的政策思考［J］. 上海金融，2014（03）：94–97，119.
［151］裴长洪，付彩芳. 上海国际金融中心建设与自贸区金融改革［J］. 国际经贸探索，2014,30（11）：4–18，65.
［152］上海社会科学院经济研究所课题组，沈开艳，李凌. 创新驱动发展与上海“四个中心”建设关系研究［J］. 上海经济研究，2014（10）：3–15.
［153］马欣. 国际金融中心建设进程中的上海金融人才发展研究［M］. 北京：中国金融出版社，2015.
［154］郑杨. 加快发展现代保险服务业 推进上海国际金融中心建设［J］. 上海金融，2015（02）：3–5.
［155］张新. 深化上海自贸区金融改革［J］. 中国金融，2015（09）：9–11.
［156］陈卫东，钟红，边卫红，陆晓明. 美国在岸离岸金融市场制度创新与借鉴［J］. 国际金融研究，2015（06）：33–41.
［157］焦瑾璞. 稳步建设上海国际金融中心［J］. 中国金融，2015（18）：19–21.
［158］宋湘燕，李文政. 纽约国际金融中心的资源配置［J］. 中国金融，2015（18）：22–23.
［159］张懿. 伦敦国际金融中心的创新［J］. 中国金融，2015（18）：24–25.
［160］苟天昱. 欧元区金融中心法兰克福［J］. 中国金融，2015（18）：26–27.
［161］鄂志寰. 香港国际金融中心的经验［J］. 中国金融，2015（18）：28–30.
［162］卢季诺，孟辰. 离岸金融市场建设的国际经验借鉴与启示［J］. 价格理论与实践，2016（01）：126–128.
［163］王敏，张辉. 新加坡金融业税收优惠政策及其借鉴［J］. 国际税收，2015（11）：10–13.
［164］刘忠. 新兴经济体金融中心城市金融服务满意度的比较［J］. 统计与决策，2016（02）：172–175.
［165］史广龙. 上海建设国际金融中心应在重点领域和关键环节实现突破［J］. 经济纵横，2016（05）：113–118.
［166］贾彦乐，张怀洋，乔桂明. 人民币在离岸汇差波动特征及影响因素研究［J］. 新金融，2016（08）：21–27.
［167］潘闻闻. 区块链与国际金融中心建设［J］. 中国金融，2016（16）：78–79.
［168］乔章凤. 国际金融中心评价指数比较研究［J］. 新金融，2016（09）：13–17.
［169］程静. 国际金融中心理论：基于案例的研究［J］. 经济问题探索，2016（11）：138–147.
［170］沈立强. 传承与创新——上海国际金融中心建设战略［M］. 上海：上海人民出版社，2016.
［171］李迅雷. 2020 年上海国际金融中心发展战略研究［M］. 北京：中国金融出版社，

2016.
［172］综合开发研究院（中国·深圳）课题组. 中国金融中心指数（CDI CFCI）报告［M］. 北京：中国经济出版社，2016.
［173］肖立伟. 上海金融动态［J］. 上海金融，2017（01）：96.
［174］曾晓昀. 金融中心城市促进法：上海国际金融中心开放发展机制研究［J］. 上海金融，2017（02）：81–87.
［175］白玉，樊丽明. 国际金融中心建设的税收政策比较研究——国际金融中心形成模式视角的分析［J］. 税务研究，2017（06）：61–67.
［176］卓群. 全球金融基础设施发展趋势及对上海国际金融中心建设的启示［J］. 上海金融，2017（09）：79–82.
［177］戴国强，邓文慧. 上海、北京、深圳国际金融中心建设对比研究［J］. 上海金融，2017（05）：84–88.
［178］周仲飞. 国际金融中心法制环境研究［M］. 北京：经济科学出版社，2017.
［179］贾德铮，朱文生. 国际金融机构体系与国际金融中心建设研究［M］. 上海：复旦大学出版社，2017.
［180］杨晔，计小青. 上海国际金融中心建设服务“一带一路”战略研究［M］. 上海：格致出版社，2017.
［181］郑杨. 努力建设新时代的国际金融中心［J］. 中国金融，2017（22）：47–49.
［182］刘洪愧，谢谦. 上海自由贸易试验区金融开放创新实践及制约因素辨析［J］. 经济纵横，2017（12）：56–66.
［183］金鹏辉. 推进上海国际金融中心建设［J］. 中国金融，2017（24）：22–25.
［184］卓群. 以开放创新构建上海国际金融人才比较优势［J］. 上海金融，2017（11）：74–76+86.
［185］李猛. 建设中国自由贸易港的思路——以发展离岸贸易、离岸金融业务为主要方向［J］. 国际贸易，2018（04）：20–26.
［186］宋依佳. 金融机构是上海国际金融中心建设的重要主体［J］. 新金融，2018（07）：7–8.
［187］国际金融中心发展报告编写组. 国际金融中心发展报告 2018［M］. 北京：中国金融出版社，2018.
［188］国家开发银行. 上海国际金融中心发展报告（2018）［R］. 上海：上海交通大学出版社，2018.
［189］孙福庆，刘亮. 转型国家的国际金融中心建设：上海国际金融中心建设的实践与经验［M］. 上海：上海社会科学院出版社，2018.
［190］吴大器. 2017 年上海国际金融中心建设蓝皮书［M］. 上海：上海人民出版社，2018.
［191］周宇，孙立行. “一带一路”建设与人民币国际化新机遇——兼论与上海国际金融中心的协同发展［M］. 上海：上海社会科学院出版社，2018.

[192] 万阿俊. 人民币国际化的历史逻辑与战略前景——上海国际金融中心建设相关问题研究 [M]. 上海：格致出版社，2019.
[193] 徐美芳. 全球竞争格局下的国际金融中心建设——上海探索与实践 [M]. 上海：格致出版社，2019.
[194] 孙国峰，邓婕，栾稀. 后 2020 时期上海国际金融中心建设的远景目标 [J]. 上海金融，2019（03）：1–9.
[195] 肖远企. 国际金融体系的演变研究 [J]. 国际金融研究，2019（04）：3–13.
[196] 中国人民银行上海总部课题组，金鹏辉. 上海国际金融中心建设框架下跨境金融业务税收政策研究 [J]. 上海金融，2019（05）：13–22.
[197] 程翔，杨宜，张峰. 中国自贸区金融改革与创新的实践研究——基于四大自贸区的金融创新案例 [J]. 经济体制改革，2019（03）：12–17.
[198] 陶冶. 浅析我国汽车金融服务业 [J]. 中国流通经济，2007（12）：55–57.
[199] 陶冶. 逆周期的金融宏观审慎管理制度构建 [J]. 中国流通经济，2012,26（11）：121–125.
[200] 陶冶. 北京发展国际金融中心战略分析 [J]. 中国流通经济，2006（03）：58–61.
[201] 陶冶，杨玲. 以股票市场为突破点加快建设上海国际金融中心 [J]. 中国集体经济，2008（10）：83–86.
[202] 陈虎城. 上海和香港建设国际金融中心的比较分析 [J]. 开放导报，2010（05）：91–95.
[203] 胡兆量. 香港与世界级金融中心的差距及发展优势 [J]. 城市问题，2007（05）：2–5.
[204] 钟晓青. 香港经济社会发展的生态边缘优势效应 [J]. 鄱阳湖学刊，2017（01）：42–54+126.
[205] 庄云曲. 香港走向国际金融中心的竞争力分析 [D]. 暨南大学，2007.
[206] 陶冶. 关于中国区域金融中心发展问题的研究 [J]. 中国流通经济，2011,25（08）：84–88.
[207] 王力，张红亮. 国家战略视角下的国际金融中心建设 [J]. 国际金融，2011（03）：54–58.
[208] 陶冶. 人民币离岸金融中心的建立与监管分析 [J]. 中国流通经济，2014,28（05）：71–76.
[209] 肖灼基. 我国资本市场的现状、问题及发展前景 [J]. 经济导刊，2000（01）：14–19.
[210] 王婧. 对当前我国资本市场的思考 [J]. 北方经贸，2009（05）：119–121.
[211] 叶柯. 中国上市公司控制权安排的制度分析 [D]. 武汉大学，2009.
[212] 王允贵. 金融自由化、全球化对我国经济的影响及对策研究——金融自由化浪潮冲击下的机遇与挑战 [J]. 经济研究参考，1999（Z4）：50–59.
[213] 单豪杰，马龙官. 国际金融中心的形成机制——理论解释及一个新的分析框架 [J].

世界经济研究，2010（10）：28-34+87-88.
［214］李享.上海国际金融中心建设问题的比较研究［D］.上海师范大学，2010.
［215］刘方，吴德晖.伦敦金融中心发展的背景、特点及对上海金融中心的启示［J］.海南金融，2010（08）：48-50，54.
［216］林江鹏，黄永明.金融产业集聚与区域经济发展——兼论金融中心建设［J］.金融理论与实践，2008（06）：49-54.